KB069572

인지정서행동치료 [REBT]와 집단상담

REBT 집단상담의 실제를 중심으로 | 박경애 저 |

학지사

이 책을 집필하도록 2016년 연구년을 허락한 광운대학교에 감사드립니다.

인지정서행동치료(Rational Emotive Behavior Therapy, 이하 REBT)
가 한국에 소개된 지 40여 년이 넘었다. Stewart와 Chambless의
2007년 연구에 의하면 미국심리학회 회원들이 자신의 이론적 지향
으로 가장 많이 활용하는 것은 인지적 접근으로 나타났다. 상담과
심리치료가 가장 많이 발달한 북미, 영국 등의 영향으로 한국에서
도 많은 관련 전문가가 상담의 인지적 접근을 활용하고 있을 것으
로 추정된다.

REBT는 상담의 인지적 접근의 원조 이론으로서, 필자는 1995년
미국의 엘리스연구소에서 엘리스 학자(Ellis Scholar)로 선정되고
1997년 REBT 지도감독자격증(supervisory certificate)을 취득한 후
20년 이상의 관련 경험을 쌓았다. 꾸준히 REBT 관련 저서의 집필
과 REBT 상담, REBT 관련 슈퍼비전 등을 수행해 오면서 관련 연
구자 및 상담자들이 교류하고 소통하는 모임의 필요성을 느껴오

던 차에 2019년 3월에 드디어 한국REBT인지행동치료학회가 결성되었고, 이 이론과 기법이 구현될 수 있는 한국REBT인지행농치료상담센터가 건립되었다. 만시지탄이지만 다행으로 여긴다. 이 두 기관은 서로 긴밀하게 소통하고 협력하면서 한국형 REBT의 보급과 현장 적용 그리고 관련 연구가 발표되는 장으로 기능하게 될 것이다.

이 책의 제1부는 REBT 집단상담에 관한 기초 내용을 담고 있으며, 제2부에서는 REBT 집단상담의 실제를 담았다. 필자는 10여 년 전부터 여름방학, 겨울방학 때마다 REBT 집단상담을 경험하고 싶어 하는 상담학도 등을 대상으로 교육적 성격을 띤 REBT 체험집단을 운영해 왔다. 이 책의 사례는 REBT 집단상담의 형식을 빌려 14명의 집단원들이 자신의 이야기를 하고 REBT를 근간으로 그들의 이야기 속에 담긴 호소문제와 비합리적 신념을 찾아가는 과정, 그리고 신념을 바꾸도록 논박하는 과정을 담았다. 즉, 14명의 집단의 역동을 활용하여 변주되고 있는 3일간 30시간의 여정을 정리하여 수록한 것이다. 벌써 수년 전에 이루어진 집단상담이라 이번에 정리하면서 다시 읽어 보니 각 집단원이 누구인지 거의 기억이 나지 않았다. 14명의 집단원 중에서 자신의 이야기를 허락해 준 10여 명의 이야기를 중심으로 REBT 관련 내용이 훼손되지 않는 범위에서 그들이 살고 있는 지역, 나이, 형제관계 등의 개인정보를 임의로 바꾸었음을 일러둔다. 이 책을 집필하는 데 자신의 사례를 활용하도록 허락해 준 집단원들과 이 책을 집필하도록 연구년을 허락해 준 광운대학교에 감사를 전한다. 또한 연구년 후에 아버님을 여의는 사건과 여러 가지 개인적 사정으로 출간이 미루어진 점에 대해서 미안함을 표한다. 부디 이 책이 REBT를 활용하여 집단상담을 진행하고 싶은 독자들에게 작은 길잡이 역할을 하게 되길 바란다.

2020년 광운대 연구실에서

저자 박경애

⊙ 머리말 / 3

Part 1
REBT 집단상담의 기초

01 · REBT 집단상담의 이해 ⸺⸺⸺⸺⸺⸺⸺⸺⸺⸺ 11

1. REBT 집단지도, REBT 집단상담, REBT 집단치료 / 11

2. REBT 집단상담의 목표 / 14

3. REBT 집단상담자의 역할 / 15

4. REBT 집단상담자의 인간적 자질 / 16

5. 집단원의 선정과 특성 / 20

6. REBT 집단상담에 필요한 일반적 기술 / 23

7. REBT 집단상담에 필요한 구체적 기술 / 35

8. REBT 집단상담의 제한점 / 36

9. REBT 집단상담에서 윤리적으로 고려해야 할 사항 / 37

Part 2
REBT 집단상담의 실제

02 • **REBT 마라톤 집단상담** ⋯⋯⋯⋯⋯⋯ 41

1. 집단의 도입단계 / 41

2. 집단의 전개단계 / 57

3. 집단의 종결단계 / 253

03 • **REBT 클로버 보드게임을 활용한 집단상담** ⋯⋯⋯ 265

1. REBT 클로버 보드게임의 소개 / 265

2. REBT 클로버 보드게임의 상담 실제 / 269

📄 부록

1. 나우리 철학 / 313

2. REBT 집단상담의 규칙 / 314

3. REBT 집단상담의 목표 / 315

⊙ 참고문헌 / 317

Part 1

REBT
집단상담의
기초

REBT 집단상담의 이해

1. REBT 집단지도, REBT 집단상담, REBT 집단 치료

'집단'이라는 용어는 영어로는 'group'이라고 표현하고 한자로는 '集團'이라 쓴다. 민중서관에서 발행하는 『에센스 국어사전』에는 "모임, 떼" 등으로 설명하고 있으며, 단순히 불특정 다수나 무작위의 다수를 의미하지 않는다. 여기에서는 자신들의 어떤 목적을 관철시키기 위한 두 사람 이상의 모임을 집단상담이라고 정의할 수 있다.

생활지도, 상담, 심리치료의 영역이 각각 독립적으로 존재하는 독특한 부분과 서로의 영역을 구분짓기 어려운 공통적인 부분이 있는 것처럼, REBT 집단지도, REBT 집단상담, REBT 집단치료도 이와 유사하다. 이에 대한 각각의 설명은 다음과 같다.

1) REBT 집단지도

REBT 집단지도는 학교에서 생활지도 담당 교사나 아동·청소년이 많이 모여 있는 현장의 청소년 관련 전문가 또는 교정시설의 공무원 등이 일반 학생이나 아동·청소년, 교정시설에 있는 청소년 등을 중·소집단 또는 대집단으로 구성하여, 학교, 가정, 교정시설, 사회에서 당면하는 적응, 발달, 성장상의 문제를 돕기 위해 마련되는 교육적·사회적·도덕적·직업적 영역 등의 계획적 지도활동을 말한다. 특히 REBT 집단지도는 REBT의 원리와 기법을 활용하여 집단지도의 대상자들이 잘못 인지하고 있는 내용을 지적하여, 그것을 교육적인 접근으로 바꾸어 줄 수 있는 효과가 있다. 예를 들면, 어떤 아동·청소년들은 자신이 가지고 있는 여러 가지 부적응 행동이나 알코올 및 흡연, 각종 화학물질의 사용 등이 해서는 안 되는 행동이라는 인식이 없다. REBT 집단지도에서는 이러한 물질에의 노출은 당장에 생리적 기쁨은 줄 수 있으나 궁극적으로는 자신의 삶을 파괴로 몰고 갈 수 있다는 위험성을 진작시킬 수 있다. 특히 REBT에서는 이러한 물질의 사용이 유도하는 감각적이고 단기적인 기쁨(short term hedonism)보다는 장기적인 기쁨(long term hedonism)을 지향하고 있음을 분명하게 알려야 한다.

2) REBT 집단상담

REBT 집단상담은 1명 또는 2명의 집단지도자가 5~15명 정도로 구성된 적정한 다수의 집단원을 대상으로 일정 기간 동안 정기적으로 만나면서 집단의 지도자와 집단원 사이 또는 집단원과 집단원 사이의 관계에서 파생하는 역동을 활용하여 바람직한 변화를 이루어 가는 과정이다. REBT 집단지도가 주로 아동과 청소년을 대상으로 하는 것이라면, REBT 집단상담은 아동·청소년뿐만 아니라 성인도 그 대상이 될 수 있다. 특히 정상적인 사람들의 정상적인 문제의 범주에 드는 것들을 주로 다룬다. 여기에서 집단의 리더는 주도적 역할을 할 뿐이고 나머지 집단원들도 그들의 관점과 체험 등을 함께 나누면서 문제를 정확히 보고 해결해 가는 과정에서 치료적인 도움을 준다. REBT 집단상담은 문제를 보고 해결해 가는 과정 동안 다양한 REBT의 원리와 기법을 활용하는데 그 과정에서 집단원의 수만큼 다양한 기법을 적용할 수 있다.

기간은 주 1회씩 90분에서 2시간 정도이며, 4~12주의 비교적 단기간 동안 이루어지는 경향이 있다.

3) REBT 집단치료

REBT 집단상담이 정상적인 집단을 대상으로 이루어지는 것이라면, REBT 집단치료는 고질적이고 만성적인 문제를 지니고 있는 대상으로 치료가 이루어진다. 또한 정신과 의사나 임상심리학자 같은 전문가들에 의해 정신과 병동에서 장기간 동안 치료가 행해진다.

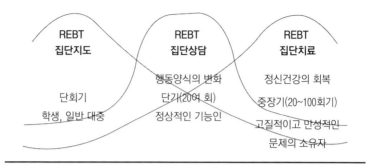

[그림 1-1] REBT 집단지도, REBT 집단상담, REBT 집단치료 영역의 비교

출처: 박경애(2020)에서 발췌하여 수정함.

2. REBT 집단상담의 목표

REBT를 활용한 집단상담의 목표는 다음과 같다.

- 현재 호소하고 있는 증상의 원인을 파악하고 극복한다.
- 다른 구성원들의 어려움을 이해하고 치료적 도움을 준다.
- 자신과 타인을 포함한 인간에 대해 무조건적 수용(unconditional acceptance)의 방법을 배운다.
- 인간은 누구나 실수할 수 있고 잘못을 저지를 수 있다는 것을 깨닫는다.
- 자신의 정서적 문제에 대한 책임이 본인에게 있음을 알게 한다.
- 집단원들이 지니고 있는 자기평가적 사고, 징크스적 사고, 마

술적 사고 등 자기파괴적 사고를 포기하도록 돕는다.

• 집단원들이 지닌 비합리적 생각의 제거를 통해 행동적 변화를 돕고 궁극적으로 삶에 대한 심오한 철학적 변화를 성취하도록 한다.

3. REBT 집단상담자의 역할

REBT 집단상담자는 REBT의 원리와 기법이 집단상담에서 구현될 수 있도록 해야 하며 그 역할은 다음과 같다.

1) 교사의 역할

기본적으로 심리교육적 접근을 하고 있다. 집단원들에게 REBT의 원리를 가르치고 이에 따라 상담이 이루어질 수 있도록 해야 한다. REBT 관련 교육은 집단상담이 시작할 때 이루어지고 상담이 진행되는 과정에도 일어날 수 있다.

2) 지시자의 역할

REBT를 활용한 집단상담자들은 적극적이고 지시적으로 집단원이 자신의 문제를 보고 그 문제의 원인이 비합리적 신념에 있음을 알게 하며 논박하는 과정을 통해 문제의 해결을 도모한다. 비합리적 신념의 가장 근원적인 사고인 당위적 사고를 찾아 얼마나 경직되어 있고 절대적인 특성이 있는지 깨닫도록 하고, 이것이 결국 집단원의 정서적 문제 그리고 행동적 문제와 연결되어 있다는 것을 알게 한다.

3) 격려자의 역할

아울러 집단의 리더는 집단원들이 서로가 서로에게 위와 같은 점을 볼 수 있도록 독려하고 강화하는 역할을 주도한다. 그리고 수치심 공격하기 연습 등의 새로운 행동을 실험해 보도록 격려한다.

4) 분석자의 역할

REBT 집단상담자는 내담자가 가지고 있는 비합리적인 생각을 그의 이야기 속에서 정확하게 찾고 분석해 내는 능력이 필요하다.

4. REBT 집단상담자의 인간적 자질

집단상담의 리더가 한 인간으로서 어떤 성품을 지니고 있느냐, 그가 어떤 경험적 삶을 살아오고 있느냐, 그리고 그가 집단구성원에 대한 태도나 그들의 문제를 바라보는 지각체계가 어떠하냐에 따라 집단의 과정과 결과에 많은 영향을 미친다. 다음은 REBT 집단상담의 리더로서 갖추어야 할 인간적 자질에 관한 내용이다.

1) 첫인상의 관리

REBT 집단상담을 성공적으로 이끌기 위해서는 집단의 리더가 첫 시간에 보여 주는 모습이 무엇보다도 중요하다. REBT 집단에 대한 여러 가지 기대와 호기심을 갖고 참여한 구성원들은 리더의 첫 시간에 나타나는 태도를 보면서 향후 집단에 대한 그림을 그리게 된다. 특히 REBT 집단을 표방하는 상담자는 인지이론에 대한 확실한 전문가라는 인식을 심어 주어야 한다.

2) 유머감각

REBT 집단상담의 초기 과정에서 리더의 유머는 집단원과의 관계를 친근하게 만들어 가는 시간을 단축하게 도와준다. 집단상담이 진행되는 동안 여러 가지 갈등이 표출되고 심각한 상황이 드러날 때에도 집단의 리더가 보이는 적절한 유머는 갈등상황을 재치 있게 치료적으로 승화할 수 있다. 또한 집단원 간의 결속을 강화시키기도 한다.

3) 균형 있는 따뜻함

집단상담의 내용과 목표가 무엇이든 간에 집단상담의 기저에는 집단상담자와 구성원들 상호 간에 인간적 만남이 일어난다. 집단 상담의 리더가 인간적으로 따뜻한 품성의 소유자라야 집단원들도 이를 모델링하면서 전체적인 집단상담의 기조가 따뜻하게 형성되며 밀도 높은 인간적 만남을 유도할 수 있다. 그러나 과유불급이라는 말처럼 무엇이든지 지나치면 좋지 않기 때문에 균형 있는 적절한 따뜻함을 유지해야 한다. 따뜻함(warmth)을 강조하는 인간중심 이론의 창시자 Rogers와는 달리, REBT를 창시한 Ellis는 지나친 따뜻함은 그가 제시한 비합리적 사고의 하나인 "인간은 타인에게 의지해야만 하고 의지할 강한 누군가가 있어야만 한다."를 강화하기 때문에 경계해야 한다고 하였다. 따라서 REBT 집단상담에서 리더는 균형 있는 조절된 따뜻함을 보여야 하며 그럴 때 집단의 구성원들 역시 따뜻함의 마약에 중독되지 않으면서 적정수준의 따뜻함을 유지할 수 있다.

4) 적정수준의 에너지

REBT 집단상담자는 구성원이 호소하는 문제 속에 담긴 비합리적 생각을 찾고 그것을 논박해야 하는 과정에서 에너지와 힘이 필요하다. 또한 구성원들이 집단의 역동에 적극적으로 참여하게 하기 위해서 집단상담자와 같은 기능을 할 수 있도록 교육하는 역할까지 해야 한다. 집단상담의 많은 부분을 리더가 담당해야 하므로 리더는 적정수준의 심리적 에너지가 필수로 요구된다.

5) 수용적인 태도

집단상담의 구성원들은 리더가 얼마나 수용적인 태도를 보이냐에 따라서 자신이 호소하는 문제의 깊이와 범위를 결정하는 경향이 있다. Ellis는 인간에 대한 무조건적 수용(unconditional positive regard)의 태도가 그 어떤 기법보다도 중요하고 힘이 있다는 것을 강조한다. 이는 Rogers가 강조하는 무조건적 긍정적 존중(unconditional positive regard)과는 다른 개념이다. Ellis는 '존중'이라는 단어 속에는 긍정적이긴 하지만 인간에 대한 '평가'의 의미가 스며들어 있는데 인간은 너무나 소중한 존재이기 때문에 평가의 대상이 되어서는 안 된다고 한 것이다.

6) 자기개방적 용기

집단상담은 기본적으로 집단의 구성원들이 자신의 문제를 해결하기 위해 참여하고, 그렇기 때문에 모든 상황의 중심은 집단의 구성원들에게 있다. 그러나 간혹 상담적으로 필요한 경우 집단의 리더는 자신을 개방할 수 있는 용기가 필요하다. 이를 통해 집단원들도 리더가 그들과 같은 인간이며, 유사한 문제의 소유자라는 사실에 안도하고, 더욱 자신들의 문제를 드러내고 해결하려는 의지를 보이며 집단의 역동이 활성화될 수 있다.

7) 유연성과 창의성

REBT 집단상담자는 REBT로 구조화된 프로그램뿐 아니라 비구조화된 상황에서도 그때에 맞게 프로그램을 변형할 필요를 느낀다. 그리고 REBT에서 강조하는 기법은 아니지만 집단원들에게 적용하고 싶은 기법이 떠오르기도 한다. 이때 새로운 방법을 시도하고 적용해 나가다 보면 집단의 과정이 신선해지면서 집단원 간의 새로운 역동이 나타난다. 그러므로 집단상담의 리더는 REBT 관련 기법이 아니더라도 다양한 상담기법이나 방법을 유연하고 창의적으로 적용할 수 있어야 한다.

5. 집단원의 선정과 특성

1) 집단원의 선정

필자는 지난 10여 년간, 3일 동안 30시간의 REBT 집단상담을 연 2회 운영해 오고 있다. 집단의 참여자들은 대부분 학회의 홈페이지를 보고 학회 자격 취득에 필요한 체험을 하러 온 경우였기 때문에, 군이 집단원의 선정을 위해 인터뷰를 한 적은 없었다. 그러나 최근 들어 상담과 치료를 받아야 할 사람들이 학위과정에 입학하는 경향이 많아지면서 집단상담을 체험하러 오는 사람들 중에도 성격장애로 추정되는 집단원을 쉽게 볼 수 있었다. 그러므로 교육

집단이라고 하더라도 그들이 병리적 특성은 없는지 인터뷰나 사전 검사 등을 통해 유심히 살펴보아야 한다. 병리적 특성을 지닌 집단원이 있게 되면 집단상담 과정의 원활한 흐름을 방해할 뿐 아니라 집단원 및 집단상담자를 공격하게 되어 뜻하지 않은 상황이 발생할 수 있음도 유념해야 할 것이다.

2) 집단원의 성과 나이

집단상담의 주제가 여성만을 위한 것 또는 남성만을 위한 것이 아니면, 굳이 성은 구별할 필요가 없다. 집단원의 나이는 20대부터 60대까지 다양하며, 대체로는 30~50대 사이가 많다. 최근에는 70대 이상의 참여자도 증가하는 추세에 있다.

3) 집단원의 수

이상적인 집단원의 수는 8명에서 10명 내외가 가장 역동이 활발한 것으로 알려져 있다. 그러나 매주 진행되는 집단상담의 경우 사정상 1~2명이 결석을 할 수도 있으므로 최대 13명 정도로 하면 좋다.

4) 집단의 종류

(1) 교육집단 vs. 치료집단

교육집단은 집단상담의 과정이나 전체적인 흐름 그리고 특별한 이론이나 기법에 대해서 체험이 필요한 집단원들에게 실시하는 집단이고, 치료집단은 다양한 심리적 어려움이나 고충이 있는 집단원들을 대상으로 순수한 상담 및 치료를 목적으로 이루어지는 집단이다.

(2) 정규집단 vs. 마라톤집단

정규집단은 대개 일주일에 2~3시간의 형태로 8~9주 정도 지속되는 집단상담이다. 반면, 마라톤집단은 30시간 또는 숙박을 하면서 5박 6일 동안 지속되는 상담 등을 일컫는다. 자신의 문제나 자신의 내면 여행을 탐색하는 데 일정시간 동안 몰입하는 체험을 할 수 있다.

(3) 폐쇄집단 vs. 개방집단

폐쇄집단은 일단 집단이 시작된 후에 새로운 집단원을 받아들이지 않는 형태의 집단상담이다. 개방집단은 집단이 시작된 후에 새로운 집단을 받아들이지 않는 폐쇄집단과 달리, 집단의 과정에 언제든지 그만둘 수도, 새롭게 시작할 수도 있는 규칙을 지니고 있어서 필요에 따라 언제든지 참여할 수 있는 장점이 있다.

(4) 동질집단 vs. 이질집단

동질집단은 집단의 참여자가 학력, 참여목적, 참여동기 등에서 유사성을 많이 지니고 있는 집단이다. 대부분의 교육집단은 여기에 속한다고 볼 수 있다. 이질집단은 어떤 의미에서 보면 집단상담의 특성과 장점을 가장 잘 살릴 수 있는 형태라고 볼 수 있다. 집단원의 문제의 유형, 나이, 성, 직업 등이 다양하여 집단상담의 묘미를 가장 깊숙이 체험해 볼 수 있기 때문이다.

(5) 구조화 집단 vs. 비구조화 집단

구조화 집단은 집단상담에서 다루는 주제를 워크북 형식으로 만들어 일정한 틀이나 구조를 가지고 이루어지는 집단이다. 교육집단이나 청소년 대상의 집단인 경우에 구조화 집단을 많이 활용한다. 비구조화 집단은 회기별 틀이나 수행해야 할 과제 등의 구조가 없이 자유롭게 이루어지는 집단상담을 일컫는다.

5) 집단상담의 물리적 환경

인간은 환경의 영향을 받는 동물이므로 집단상담의 과정에 몰두할 수 있도록 가능한 한 쾌적한 환경을 만들어야 한다. 온도, 공기, 습도 등이 잘 조절되고 조명도 몰입이 잘될 수 있도록 조정해야 한다. 외부의 소음으로부터 차단되고 특히 예외적인 상황을 제외하고 휴대폰 사용을 금지하고 외부와의 소통에 완전 두절되어 집단상담의 상황에 몰입할 수 있는 환경이 필수적이다.

6. REBT 집단상담에 필요한 일반적 기술

다음은 REBT 집단상담자가 연마해서 반드시 지녀야 하는 일반적 기술이다. 이 기술은 홍경자 등(1996)의 구분에 따라 다음의 세 가지 영역, 즉 ① 참여자들이 변화할 수 있는 요인을 형성하기 위한 기법, ② 새로운 관점에서 문제를 보도록 돕는 기법, ③ 참여자들의 권리와 인권을 보호하기 위한 기법으로 나누어 설명할 수 있다.

1) 참여자들이 변화할 수 있는 요인을 형성하기 위한 기법

(1) 적극적으로 경청하기

상담관계에서 상대방의 이야기를 적극적으로 경청하는 것은 가장 기본적인 기술이다. 적극적인 경청은 상대방으로 하여금 내가 그의 이야기를 듣고 있다는 것을 알게 하는 것이다. 상담장면에 많이 노출되었거나, 상담이 이루어지고 있는 당시에 다른 신경 쓸 일이 있을 때 상담에 철저히 몰입하지 못하고 잠시 딴 생각을 하게 되는 경우도 있다. 상담의 명인은 아무리 경험이 많더라도, 아무리 복잡한 다른 일이 있더라도 상담장면에 임하는 그 상황에 적절하게 긴장하면서 철저하게 몰두할 수 있어야 한다. 철저하게 몰두하는 것은 상대방의 이야기에 대한 적극적인 경청에서 시작함을 잊어서는 안 된다.

(2) 적절하게 반영하기

적절하게 반영하는 것은 상대방의 이야기를 다 들어주고 난 다음에 그가 한 말의 핵심을 파악하여 다시 한번 같은 내용의 말을 하는 것이다. 이러한 과정을 통해서 말을 주고받는 상호간의 의도대로 전달되고 있는지를 확인하는 것이다. 이때 특히 유의할 것은 말 그대로를 반영하기보다는 그 말 속에 담겨 있는 진정한 의미를 알아차려 이를 반영해 주어야 한다.

(3) 명료화하기

내담자는 자신이 혼란스럽기 때문에 자신의 의사를 정리되지 않은 상태로 표현한다. 이때 상담자가 그의 섬세하고 전문적인 안목으로 내담자가 겪고 있는 혼란스러운 경험을 정리하여 때로는 정서적인 언어로, 때로는 인지적이며 행동적인 언어로 명료하게 표현해 주는 것이 명료화하기다. 예를 들어, 내담자가 "선생님, 저는 저의 어머니 생각만 하면 기분이 불쾌해집니다. 그런데 또 한편으론 제가 어머니에 대한 기억이 그리 행복하지 않다는 생각을 하면 가슴이 미어지는 것 같기도 해요."라는 말을 했다면 상담자는 "○○는 지금 어머니에 대해서 싫어하는 마음과 미안한 마음 등 두 가지를 가지고 있군요. 이런 것을 소위 양가감정이라고 하지요."라고 말하여 그의 혼란된 경험을 명료화시켜 줄 수 있다. 이를 통해 내담자들은 죄책감을 경험하지 않고 두 가지 감정을 독립적으로 느낄 수 있다.

(4) 공감하기

공감하기는 상대방이 느끼는 감정을 그대로 공유할 수 있는 기술로서, 현재 상대방이 느끼고 있는 주관적인 경험세계를 체험할 수 있다. 즉, 역지감지(易地感之)하는 능력이다. 이는 집단원들이 이야기하고 있는 것을 '내가 마치 그 상황이라면'의 심정으로 집단원이 느끼는 정서를 느끼려고 노력하는 과정도 포함된다. 집단의 리더가 집단원들의 정서를 얼마나 잘 공감할 수 있느냐, 집단원들끼리 서로 얼마나 잘 공감하느냐도 역시 집단상담의 질을 결정하는 요인이다.

(5) 요약하기

집단상담 과정은 여러 사람이 참여하는 과정이다 보니 한참 진행하다 보면 집단의 목적이 무엇인지가 흐려지면서 이야기가 줄기를 잃고 중구난방으로 되는 경우도 있다. 때로는 난관에 봉착하거나 분열되는 상황이 발생하기도 한다. 리더는 이런 상황에서 집단원들에게 자신들의 이런 상황에 대한 느낌이나 드는 생각을 이야기하도록 한 후 이 전체에 대한 요약을 해 주어야 한다. 그때까지의 상황을 잘 요약해서 그 다음 어디로 갈 것인가에 대한 방향을 설정할 수 있다. 그리고 집단의 회기 마지막 부분에 집단원 중에서 1~2명이 그 회기의 쟁점이나 과정에 대해 요약함으로써 그때 무엇을 얻었는지에 대해서도 확연히 알 수 있게 해 준다.

2) 새로운 관점에서 문제를 보도록 돕는 기법

(1) 질문하기

상담은 어떻게 보면 일련의 묻고 대답하는 과정으로 되어 있다.

상담자는 질문을 과다 사용하거나 잘못 사용하지 않도록 특별히 유념해야 한다. '왜'라는 질문을 자주 하면 내담자는 변명을 대기 쉬울 수 있고, 또 자신이 평가받고 있다는 느낌을 받게 된다. 너무 개방형 질문을 하면 생각을 조직하기 어려운 집단의 구성원들은 상담자가 원하는 내용이 풍부한 대답을 하기 어려워하는 경우도 있다. 그리고 집단원이 대답할 충분한 시간을 주고 있는지, 일련의 질문들을 연속적으로 하고 있는 것은 아닌지 잘 점검해 보아야 한다. 또한 집단상담자는 전문가이고 집단원들은 비전문가라는 점을 잘 유념해야 한다. 자칫하면 자신들이 추궁받는다는 느낌을 가질 수도 있기 때문이다. 숙련된 집단상담자들은 '무엇을' '어떻게'라는 질문을 많이 사용할 것을 권한다. 그 순간의 경험이나 느낌을 이끌어 낼 수 있기 때문이다.

(2) 직면시키기

집단상담의 초보자들이 가장 어려워하는 기술이다. 자칫하면 집단원들의 마음을 상하게 할 수 있기 때문이다. 그러나 유능한 집단상담자일수록 세련된 직면기술이 있다. 직면을 통해 집단원들이 의사소통을 기능적으로 할 수 있으며 자신들의 행동이 다른 성원들에게 어떻게 보이는지를 바로 보게 해 준다. 직면시키는 것은 맞닥뜨림이라고 하기도 하는데 바로 집단원들이 말이나 행동이 일치하지 않을 때 이를 맞닥뜨려 그 모순을 지적해 주기 때문이다. 집단원들은 때때로 자신들의 의식적 말과 무의식적 감정이나 행동들이 일치하지 않음을 제대로 인식하지 못하는 경우가 많다. 직면을 잘하면 이를 통해 집단원들은 자기 문제의 원인을 찾을 수 있고 자신에 대한 이해를 높일 수도 있다. 이형득 등(2002)에 의하면 직면하기는 다음의 다섯 가지 경우에 사용할 수 있다.

- 이전에 한 말과 지금 하는 말이 불일치할 때
- 말과 행동이 불일치할 때
- 집단원이 스스로에 대해 인식하는 것과 다른 사람이 인식하는 것이 불일치할 때
- 집단원의 말과 정서적 반응과의 차이가 있을 때
- 집단원의 말 내용과 집단상담자가 그에 대한 느낌이 다를 때

(3) 연결짓기

연결짓기는 집단원 간의 응집력을 높이기 위해서 사용하는 것으로, 집단의 리더와 구성원보다는 구성원과 구성원끼리의 상호작용을 장려할 때 사용한다. 한 집단성원의 말이나 행동을 다른 집단원의 관심과 연결시킬 수 있기 위해서 집단의 리더는 이에 대한 예리한 통찰력이 있어야 한다. 예를 들어, 어떤 학생이 "선생님, 저는 시험에 대한 강박관념 때문에 집중해서 공부할 수 없어요."라고 했을 때에 다른 집단원이 "선생님, 저는 보통 때는 공부가 잘되는데, 시험 때만 되면 공부가 잘 안 돼요."라고 말했다면 재빨리 이 두 사람을 연결시켜서 서로 공통의 관심사가 있음을 알게 한다.

(4) 지지하기

상담의 기본 기법 중 하나가 지지하기이다. 그러다 보니 상담자들이 지지하기를 남용하는 경향이 있다. '지지하기'는 지지해야 될 상황에서 한다면 그 기능이 십분 발휘되지만, 그렇지 않은 상황에서는 오히려 비생산적인 역기능을 유도할 수 있다는 점을 유념해야 한다. 집단원이 의존욕구를 드러내거나, 고통스러운 느낌이나 갈등을 충분히 경험하기 전에 지지하는 것은 비생산적인 결과만 초래할 뿐이다. 그러나 자신의 바람직하지 않은 행동을 교정하기 위해 피나는 노력을 할 때, 다른 사람들을 공감적으로 이해하기 위해 진실로 상대방의 입장이 되어 보려는 노력을 할 때 지지하기는 실로 큰 힘을 발휘할 수 있다.

3) 참여자들의 권리와 인권을 보호하기 위한 기법

(1) 저지하기

숙련된 집단상담자는 집단원들 중에 돌출되는 행동을 하거나 다른 집단구성원이 사생활을 침해하는 이야기를 거침없이 할 때 이를 지적하고 제지할 수 있어야 한다. 물론 이때에 그 특정 집단성원이 마음의 상처를 받지 않도록 세련되게 저지할 수 있어야 한다. Corey와 Corey(김명권 외 역, 2001)에 의하면 다음과 같은 상황에서 리더가 저지할 것을 요구한다.

• 다른 집단구성원에게 질문을 퍼부어 대는 것

- 다른 집단원을 험담하는 것
- 핵심을 빗나간 말을 장황하게 늘어놓는 것
- 다른 집단에서 일어난 상황을 늘어놓으면서 비밀보장의 신뢰를 깨는 행동
- 다른 사람에 대한 정보를 탐색하고 사생활을 침해하는 행동

(2) 진단하기

REBT 집단상담자는 내담자의 문제 행동이나 증상을 보고 함부로 내담자에게 꼬리표를 붙이면 안 된다고 홍경자 등(1996)은 강조한다. 어떤 특정한 문제를 진단하는 기술은 행동을 명명한다거나 증상을 밝혀내는 것, 그리고 어떤 사람이 어떤 범주에 해당하는지를 알아내는 것이 아니고 그 이상의 것을 포함한다. 예를 들어, 한 집단원이 심하게 분노를 느끼고 있을 때 이것을 진단한 리더는 내담자에게 상처를 준다거나 역효과를 가져오지 않을 것이라고 생각되는 적절한 시점에서 "마음속의 억압된 분노를 다 표출하세요."라고 격려할 수 있다. 정확하게 진단을 내리는 능력은 임상적 전문지식과 경험적 장면에 충분히 노출된 숙련상담자가 어떤 문제를 평가하고 적절한 중재안을 선택할 수 있게 해 준다.

(3) 현실검증하기

집단상담 장면은 하나의 소(小)사회이다. 이 과정은 각 개인들이 지니고 있는 생각이나, 계획하는 행동이 사회에서 사람들에게 어떤 반응을 불러일으키는지에 관하여 검증해 볼 수 있는 좋은 관계

의 장(場)이다. 그러므로 유능한 상담자는 집단원들 각자가 마음속으로 지니고 있는 여러 가지 검증되지 않은 생각들을 집단 과정 속에 내놓고 서로 검증하는 시간을 갖게 할 수 있다. 예를 들면, 어떤 남학생이 여학생과 데이트를 하고 있는데, 자기는 이 여학생을 진정 사랑하기 때문에 성관계를 맺는 것이 괜찮다고 생각한다고 가정하자. 그렇다면 이 문제를 다른 학생들에게 드러내 놓고 다른 학생들의 생각은 어떤지 그들도 그렇게 생각하는지, 성관계 후 파생하는 문제들은 또 어떻게 해결하는지 등을 토의하게 해 봄으로써 그의 생각이 보편 타당한지에 관해서 검증해 볼 수 있다.

(4) 솔선수범하기

집단의 리더는 집단의 과정이 원활하게 진행되게 하기 위해서 필요에 따라 적절히 솔선수범하는 행동을 보여야 한다. 때로는 상담의 구조에서 자기의 경험담을 털어놓아야 할 때, 집단원들이 쭈뼛쭈뼛거린다면 자기가 먼저 자기의 경험담을 먼저 털어놓아야 한다. 그러나 이때 유념할 것은 집단원들은 집단상담자가 먼저 말을 하면 그 틀대로 자기의 경험을 구조화시키므로 집단원들의 창의성이 다소 억압될 수도 있다는 것이다. 집단원들이 개인적인 작업에 집중할 수 있도록 어떻게 하면 촉매 역할을 잘할 수 있는지, 집단이 의도하는 방향대로 잘 가고 있는지를 간간히 확인하면서 집단을 진행하는 여유를 가져야 한다.

(5) 모범을 보이기

모범을 보이기가 중요한 것은 집단상담자의 특성에 따라 집단의 성격과 과정이 많이 달라질 수 있기 때문이다. 리더가 어느 만큼 자기개방을 하느냐에 따라서 집단의 구성원들도 그 정도 깊이로 자기개방을 하기 쉬우며, 리더가 상대방에 대해서 얼마나 수용하고 직면하느냐를 보고 구성원들도 그대로 따라 하는 경향이 있기 때문이다. 그러므로 집단상담의 리더는 자기가 하는 행동을 잘 선택해서 본보기를 보이고, 이를 통해 집단원들이 집단과정을 원활하게 하기 위한 기술도 배울 수 있음을 유념해야 한다.

(6) 평가하기

평가하기는 집단상담자로서 지녀야 할 주요한 기술 중에 하나이다. 평가하기는 집단에서 진행되는 과정과 독특하고 다양한 역동을 분석하여 집단상담이 원래 의도대로 나아가고 있는 것인지를 판단하는 것이다. 홍경자 등(1996)은 각 집단의 회기가 끝난 후에 집단원들의 내면에 대해서 그리고 집단원들 간에 무슨 일이 혹은 어떤 변화가 있었는지 그 결과를 평가해 보고, 다음번에 어떤 종류의 중재가 이루어지는 것은 가치 있는 일이라고 하였다. 아울러 집단의 구성원들에게도 이러한 평가 기술을 가르쳐 상담이 진행되면서, 그 과정이 목적하는 방향대로 나아가고 있는지 스스로 판단할 수 있는 안목을 길러주어야 한다. 또한 집단의 리더는 집단 과정에서 일어나는 여러 가지 상황에서 치료적인 요인과 비치료적인 요인이 무엇인지 분석해 보아야 한다. 숙련된 집단상담자는 비치료적인 요인까지도 치료적으로 역전시킬 수 있어야 하기 때문이다.

(7) 촉진하기

집단의 구성원들의 의사소통에 장애가 되거나 그들 자신이 속마음을 열어 보이기를 꺼려할 때 집단상담의 리더는 어떻게 해서든지 그러한 요소들을 제거해야 한다. 이것은 다음과 같은 방법을 통해서 이루어 낼 수 있다. 먼저 나를 주어로 말하는 소위 'I message'를 활용하는 것이 너를 주어로 말하는 'you message'보다 훨씬 효과적이다. 너를 주어로 말하면 본의 아니게 상대방을 평가하게 되지만 나를 주어로 말하면 상대방을 평가하지 않으면서 나의 정서와 사고를 전달할 수 있기 때문이다. 다음은 그 구체적인 방법이다 (홍경자 외, 1996; 김명권 외 역, 2001).

- 집단원들이 느끼는 두려움이나 집단에 대한 기대를 솔직하게 표현하도록 돕는다.
- 서로 신뢰하고 수용적인 분위기 속에서 생산적인 교류가 이루어질 수 있도록 격려한다.
- 집단원이 자기 개인의 문제를 탐색해 보거나 새로운 행동을 시도하려 할 때 지지를 아끼지 않는다.
- 가능한 한 모든 집단원들이 참여하여 왕성한 역동과 상호작용이 이루어지도록 한다.

(8) 종결하기

상담과정에서 시작이 중요하지만 마지막 마무리는 더욱더 중요하다. 그러므로 집단상담자들은 종결에 대한 철저한 준비가 있어야 한다. 집단상담을 갑자기 끝내는 것이 아니라 어떻게 보면 집단상담의 초기과정부터 집단상담의 종결에 대해서 준비하는 자세로 상담을 이끌어 나가야 한다. 전체 상담과정의 3분의 2 정도 되는 시점에서 구체적인 준비를 하는 것이 일반적이다. 구조화 프로그램을 활용한 집단상담의 경우도 마찬가지이다. 준비된 종결만이 각 집단상담이 목적으로 하는 최선의 결과를 달성할 수 있음을 결코 잊어서는 안 된다. 다음은 종결 시 유념해야 할 몇 가지 사안이다.

- 종결할 때에는 집단상담 과정에서 배운 것을 구체적으로 어떻게 실천할 수 있는지에 대해 함께 생각해 보고 실천지침을 제안한다.
- 집단상담이 끝나면서 직면하게 될 심리적 문제에 대해 함께 논의해 본다.
- 개인에 따라서 추가 치료나 상담이 필요하면 이에 대한 정보를 제공한다.
- 집단상담의 추수지도를 계획한다.

7. REBT 집단상담에 필요한 구체적 기술

REBT 집단상담을 잘하기 위해서는 앞에서 기술한 일반적 기술 외에도 REBT에서 주장하는 개념과 독특한 기법을 적재 적소에 활용할 수 있어야 한다. 인간이 지닌 신념의 내용과 구조에 호소문제의 핵심이 있다고 주장하는 REBT 이론이지만, 호소문제의 해결을 위해 필요한 비합리적 신념의 논박에는 인지적, 정서적, 행동적인 기법을 다양하게 통합적으로 활용하고 있음을 유념해야 한다. REBT에서 활용할 수 있는 다양한 기법들은 필자의 또 다른 저서인 『인지·정서·행동치료』(1997)에 자세히 기록되어 있다. 그 책에 의하면 REBT 집단상담에서 사용하는 방법들은 위험 무릅쓰기, 자기개방하기, 수치심 공격하기 등 행동적인 노출기법을 집단의 구성원들에게 체험해 보도록 독려한다. 이는 집단상담이기 때문에 집단원들 앞에서 바로 실시와 적용이 이루어질 수 있는 이점을 활용하는 것이다. 또한 모든 구성원에게 REBT 이론서나 유관서를 읽도록 격려한다. REBT 집단이 효율적으로 운영되기 위해서, 특히 교육집단의 경우에는 이론에 대한 확실한 이해가 선행되어야 하므로 REBT 집단상담을 시작할 때 3시간 정도는 이론에 대한 설명을 하기도 한다. 교육집단이 아니더라도 REBT는 거의 모든 내담자에게 사고와 정서 그리고 행동 간의 관계 등에 대해 교육하는 회기를 필수적으로 요구한다. REBT 집단이 정규적으로 진행되는 과정에 2~3시간 정도를 할애하여 최근에 필자가 개발한 'REBT 클로버 보드게임'(2020, 학지사 와이즈박스)을 활용할 것을 권장한다. 이 게임은 REBT에 관한 주요 개념을 집단상담의 원리를 이용하여 재미있게 습득하도록 구성되어 있다. 이를 활용한 집단상담은 이 책 '2부 REBT 집단상담의 실제'에 수록하였다.

8. REBT 집단상담의 제한점

Ellis는 그의 명저 『Reason and Emotion in Psychotherapy』(1962) 에서 집단상담의 제한점에 대해 다음과 같이 밝혔다.

REBT 집단상담이 REBT 개인상담과 비교해서 지니고 있는 단점은 집단구성원끼리 서로 질투하거나 무시하고 잘못된 방법, 심지어는 해로운 방향이나 견해를 제시할 수도 있다는 점이다. Ellis는 특히 각 집단의 구성원들에게 어려움과 고충을 유도하는 비합리적 생각을 찾아 그것의 철학적 변화를 이끌어 내는 것이 무엇보다도 중요한 점이라고 생각하는 데 반하여, 집단의 구성원들은 현실적인 문제해결을 하려고 하는 데 주안점을 두고 있음을 지적하고 있다. 집단의 참여자 중에서 중요하고 어려운 문제를 드러내는 대신에 사소한 문제를 이야기하면서 시간을 소비하기도 하고, 리더가 지적하는 중요한 점을 거부하기도 한다. 내담자가 만성적이고 고질적인 문제를 호소하고 있는 경우에는 집단상담이 적합하지 않을 수도 있다. 필자의 경험에 의하면 보통 집단상담은 집단의 리더나 구성원 상호 간에 서로 지지적이며 격려하는 분위기에서 이루어지는 경우가 많다. 그러나 REBT 집단상담에서는 리더나 구성원들은 지지하거나 공감하거나 따뜻함을 표출하는 시간에 구성원들이 지닌 비합리적 생각을 찾고 이에 대해서 논박이 주로 이루어지기 때문에 지지나 공감을 기대하고 참석했던 구성원들은 이러한 분위기를 힘들어하기도 한다. 따라서 집단상담을 통해 지지와 공감을 받음으로써 치료적 효과를 보고 싶어하는 구성원들에게는 REBT 집단상담이 적합하지 않은 방법이 될 수도 있다.

9. REBT 집단상담에서 윤리적으로 고려해야 할 사항

집단의 리더와 여러 명의 집단원으로 구성된 집단상담에서 윤리적 이슈는 매우 중요한 부분이다. 구성원들은 집단에 합류할 때 그동안 아무에게도 말하지 못한 그리고 말할 수 없었던 은밀하고 어두웠던 삶의 과정을 타인에게 노출하게 된다. 그러므로 집단상담은 높은 수준의 비밀보장과 구성원 상호 간의 높은 신뢰를 요구한다. 만약 이러한 것이 잘 지켜지지 않는다면 집단의 리더를 포함한 참여자에게 상당한 해악을 끼칠 수 있다. 집단의 리더나 구성원들의 견해에 대해서 자신의 의견과 일치하지 않으면 받아들이기 어려워하며, 자신의 윤리적 잣대를 최고의 선으로 생각하는 경우도 있다. 이는 집단의 리더가 집단원을 선정할 때 특히 고려해야 할 사항이다. 구성원이 지나치게 경직된 사고방식과 인식의 틀이 터

널 비전처럼 제한적이면 집단의 원활한 운영과 흐름을 방해하며 급기야 외부에 집단의 내용을 노출하여 지켜져야 할 비밀보장의 원칙이 파괴될 수도 있음을 주의해야 한다.

Part 2

REBT
집단상담의
실제

REBT 마라톤 집단상담

REBT 집단상담은 상담의 이론과 기법을 배울 때 전문가가 진행하는 집단에 참여하거나, 집단상담의 프로토콜을 읽으면서 모델링이 가능하다. 이 장은 그러한 점에 착안하여 필자가 수행한 집단상담의 전체 과정을 소개하기로 한다.

1. 집단의 도입단계

이 단계에서 집단의 리더는 집단상담 오리엔테이션을 먼저 실시하는데, 다음과 같이 시작할 수 있다.

여러분 여러 가지 일을 제쳐 놓고 이번 집단상담에 참여해 주셔서 감사합니다. 비용과 시간을 들여서 여기에 온 이유가 있을 것입니다. 이번 3일간 30시간의 과정을 잘 참여하여 마지막 날 떠나실 때 이번 과정에 참여하기를 참 잘했다는 흐뭇함으로 가실 수 있게 되기를 바랍니다. 먼저 나우리 철학에 대해서 함께 낭송하도록 하겠습니다([부록 1] 참고).

'나우리 철학'의 내용은 집단상담의 의미와 기본 철학에 대해서 함축적으로 표현해 주고 있다. 이를 함께 낭송하는 이유는 집단원들 스스로 집단상담에 온 이유를 마음에 새기고 여기에서 주장하는 태도를 집단상담이 진행되는 내내 견지할 것을 암묵적으로 시사해 주기 때문이다. 이어서 집단상담에서 시간 사용에 대해 설명한다. 30시간 동안의 집단상담인 경우에 집단 오리엔테이션, 이론 설명, 마무리 과정 등 약 3시간을 빼고 나머지 27시간을 집단참석자 14명으로 등분하면 각 집단원당 약 2시간 정도 자신의 이야기에 할당될 수 있다는 것을 상기시켜 준다.

1) 별칭 짓기와 자기소개, 집단상담의 참가 목적 발표

필자는 REBT를 창시한 Ellis 박사가 진행하는 집단상담을 관찰한 적이 있었는데 Ellis 박사는 별칭을 사용하지 않고 집단원의 이름을 활용하였다. 미국식의 특유한 문화에서 친근함의 표현으로 그렇게 하는 것 같았다. 우리나라 문화에서는 집단상담 과정에서 자신의 이름으로 집단에서 불리는 것보다 별칭을 활용함으로써 집

단원을 상징적으로 더 잘 이해할 수 있는 특성이 있었다. 본 집단
상담에서는 별칭을 짓게 하는 시간을 주고 돌아가면서 자기에 대
한 소개와 참가 목적을 발표하게 한다. 이를 통해 집단원들이 서로
에 대해 알게 되고 관계 형성의 단초가 될 수 있다.

다음으로 REBT 집단상담의 규칙([부록 2]), 그리고 REBT 집단상
담의 목표([부록 3])에 대해서 유인물을 통해 함께 알게 하고 이를
공유하게 한다. 이 단계에서 집단상담의 규칙과 목표를 함께 낭송
하고 마지막에 집단상담의 규칙을 엄수하겠다는 내용에 사인을 받
아 보관한다.

2) REBT 이론의 소개

이론에 대해서 각 집단원마다 알고 있는 깊이가 다르다. 집단원
들이 이론을 정확하게 알고 있을 때에는 집단원들이 REBT에 입각
하여 자신의 어려움뿐 아니라 다른 집단원의 어려움을 이해하고,
문제를 정확하게 볼 수 있도록 돕고 해결과정에도 동참할 수 있다.
필자는 늘 집단상담에 필요한 만큼의 기본 개념, 기법 등을 소개해
왔다.

🐾 REBT 집단상담: 첫째 날 오전

평화: 저는 평화로움을 좋아합니다. 제 삶이 평화롭기 바라는 마음이
있어 평화로 지었습니다.

호기심: 예전부터 접근할 때 궁금하기보다 남이 결정을 했던 것 같아요. 이제는 세상을 있는 그대로 궁금해하며 살아가고 싶어서 호기심이라 지었습니다.

하이디: 사람들을 만날 때 '하이(Hi)' 하며 반갑게 만나고 스스로를 반갑게 디자인하는 조각하는 사람이고 싶어서 지었습니다.

나무: 나무라고 지었는데요, 집단 할 때마다 나무라고 해서 나무라고 지었습니다.

리더: 변함없이 이렇게 오래 꼿꼿하게 서 있는 게 좋은가 보죠?

나무: 처음에는 그랬어요. 시냇가에 심은 나무, 이런 식으로 처음에 집단상담할 때 나무라고 했고 그다음엔 별칭 지으라고 할 때 있으면 그냥 나무로 하고 있습니다.

어그: 겨울에 제가 잘 신습니다. 어그나 어그부츠나.

리더: 거기에 어떤 의미가 있어요?

어그: 그냥 제가 가진 어그 자체가 여러 가지인데 발이 따뜻해서 너무 좋아요. 좋아서 개인적으로 면접을 볼 때도 신고 보러 가야 하나 말아야 하나 고민해요.

리더: 뭔가 나에게 따뜻함을 주는 거라서 좋다 이런 거죠? 그래서 나도 여러분에게 따뜻함을 주고 싶다?

어그: 거기까지는….

리더: 나에게 따뜻함을 주는 존재. 별칭 지을 때 보면 의미 없이 짓는 경우가 많아요. 별칭 사용이 굉장히 애매해져요. 그래서 제가 사실은 여러분이 그렇게 할까 봐 가이드라인을 안 줬는데, 여러분이 항상 어디 가서 별칭 지을 땐 어떤 의미를 가지고 있는 별칭을 지어야 의미가 있어요. 오케이? 따뜻함을 나한테 주는 포근함이 좋아서 어그라 했다. 오케이.

코스모스: 저는 코스모스라고 지었거든요. 우주란 뜻도 있고 그냥 흔하디 흔한 꽃도 될 수 있고. 하지만 넓은 마음을 가질 수 있는 사람이 될 수 있게 포용하는 사람이 될 수 있게.

리더: 코스모스, 넓은 마음, 포용한다. 오케이.

들꽃: 코스모스 옆에 있는 들꽃입니다. 들꽃은 종류가 되게 많잖아요. 꽃들을 보면 사람들이 싫어하지는 않는 것 같아요. 사람들은 보통 누구에게나 인정받고 싶고 사랑받고 싶다는 마음이 기본적으로 있는 것 같고 저도 그런 것 같습니다. 그런데도 항상 그런 마음에 목말라 있으면 팍팍하고 힘들 것 같아서 그냥 평범한 들꽃이지만 그 나름대로 하루하루 즐겁고 추억이 있는 듯한 느낌이 있었으면 좋겠어서 들꽃이라고 지었습니다.

리더: 오케이.

천리향: 저는 들꽃 옆에 천리향으로 지었습니다. 왜 천리향으로 지었냐면요. 천리향은 꽃 자체가 나무 같기도 하고 아주 소박하거든요. 그 향기가 천리까지 간다고 천리향인데 제가 상담을 배우면서 다양한 지식과 상담가로서의 그런 천리향처럼 좋은 향기가 만나는 내담자에게 잘 전해졌으면 좋겠어서 그랬습니다.

푸른바람: 제가 이번에 종강할 때 읽던 책인데 절판이 되었지만 친구가 꼭 주고 싶다고 제본을 해 준 책이 있어요. 『나이 드는 기술』이라는 책인데 그 책을 읽어야지 고맙다 쌓아놓고 있다가 오늘 오면서 책을 읽었어요. 그런데 거기 보니까 나이가 들어 노인이 되면 주변이 사막이 되는 경우가 많다는 거예요. 그 부분을 읽는데 50살을 기점으로 그 작가는 나이듦을 이렇게 했더라고요. 제가 그 언저리에요. 그래서 사막 말고 나는 내가 나이들 때 내 주변이 숲이면 좋겠다. 그런 생각을 했어요. 그런데 숲으로 한 건 아니고요. 나무가 딱 떠오르면서 나무로 해야지 했는데 다른 분이 나무를 하셔서 저는 그냥 푸른바람으로 하겠습니다.

리더: 네, 그런데 바람이 푸르다는 건 무슨 뜻이에요?

푸른바람: 나무 사이에 바람이 막 이렇게, 제가 좋아하는 풍경이기도 하거든요. 바람 불 때 위로 올라가서 이렇게 내려다보면 나무가 막 흔들리고 그런 풍경을 좋아해요. 또 생명력 있는 것 같고 상담자

의 저의 정체성하고 그리는 이미지하고 연결이 되고.

리더: 오케이, 푸른바람 씨.

옹이: 저는 오이에요.

리더: 오이?

옹이: 옹이, 나무에 있는 옹이요.

리더: 옹이~ 특이하다.

옹이: 옹이 하면 상천데 상처는 감추고 싶었던 것들이잖아요. 그런데 언제부턴가 밋밋한 나무보다는 옹이가 아름답게 박힌 나무가 멋 있게 느껴지더라고요. 사람도 그런 거 같아요. 자기 상처를 무 조건 숨기려고 하기보다는 그 상처를 드러내고 그것을 바라보는 눈빛이 달라졌을 때 자기만의 삶을 살 수 있는 것 같아요. 그래 서 제가 상담자가 된다면 내담자 분들이 자신의 상처를 숨기려 고만 하지 않고 아름답게 바라볼 수 있는 눈을, 그런 역할을 했 으면 좋겠다는 생각을 해서 지었습니다.

리더: 옹이. 다음.

햇살: 저는 오늘 나무를 이렇게 좋아하시는 분이 많은 줄 처음 알았어 요. 사실은 제가 대학원 들어와서 대학원 선생님들이 저를 나무 라고 지어줬거든요. 그냥 편안하다고 편안한 의미로. 근데 여기 서는 다른 거로 바꾸었어요. 저희 아이들이 저를 햇살이라고 하 거든요. 그래서 햇살로 할게요.

리더: 우리 이번 집단상담을 진행하는 사흘 동안 많은 햇살을 좀 비춰 주시길 바라요.

푸른하늘: 저는 푸른하늘이라고 지었습니다. 아침에 일어나면 창문 열고 하늘을 먼저 보거든요. 날씨가 쾌청하고 푸르고 그럴 때 그날 하 루 시작이 기분이 되게 좋더라고요. 어릴 때부터 하늘을 보면서 느낀 거는 하늘에 굉장히 많은 것들이 보이더라고요. 바다에 그 런 형상도 보이고 어떤 때는 하트 모양 같은 것도 보이고 하늘을 통해서 저는 영감을 많이 얻었거든요. 그래서 사실 상담하면서

원래 별칭이 이것이 아니었는데 오늘 비로소 별칭을 바꿨어요. 오래전부터 좋아한 푸른하늘로 사용하게 되었습니다.

리더: 네. 푸른바람, 푸른하늘, 푸른색이 많네 오늘.

창: 다 둘러보고 다 볼 수 있는 창으로 할래요. 저는 창으로 하겠습니다.

리더: 다 보고 싶어요?

창: 다 보고 싶어요. 다 갖고 싶어서. 저는 창으로 하겠습니다.

리더: 널따란 창, 네, 좋아요.

길따라: 저는 5년간 사용하던 닉네임이 있었는데 그걸 굉장히 맘에 들어 하면서 사용하고 있었거든요, 오늘 아침에 리더가 '정해 봅시다.' 이 말 한마디에 약간 파문이 생기면서 짧은 시간에 뭘 하고 싶을까 이렇게 하면서 '길따라'라고 정해 봤어요. 길따라.

리더: 길따라.

길따라: 왜 그렇게 정했냐면 원래는 인생이 전반전 후반전 이렇게 된다고 하면서 살았는데, 요즘 장수시대여서 한 번 더 있는 거 같아요, 근데 지금 후반전에 들어선 거 같거든요.

리더: 에이, 벌써요….

길따라: 젊고 방황하고 혼돈에 청춘 시기는 가고 이제 뭔가 그걸 바탕으로 내 인생을 살아가는 거 같은데 순응하면서 살아가고 싶다는 의미로 길따라라고 정해 봤습니다.

리더: 네, 내가 한번 거꾸로 불러 볼게요. 여러분도 다 거꾸로 해 보세요.

푸른하늘: 리더는 별칭 안 지으세요?

리더: 지도자는 원래 안 갖는 게 좋아요, 난 안 할게요. 보통은 뭐 희망, 이룸 이렇게 했는데 이번에는 별칭 없이 리더로 할게요. 자, 푸른하늘, 햇살, 창, 옹이, 푸른바람, 평화, 천리향, 들꽃, 코스모스, 어그, 나무, 하이디, 호기심, 길따라.

평화: 푸른하늘, 햇살, 창, 옹이, 푸른바람, 천리향, 들꽃, 코스모스, 어그, 나무, 하이디, 호기심, 길따라.

리더: 오케이, You?

평화: Me, 평화.

리더: 또 누구야, 나무 씨가 한번 해볼래요?

나무: 푸른하늘, 햇살, 창, 옹이, 푸른바람, 천리향, 들꽃, 코스모스, 어그, 나무, 하이디, 호기심, 길따라.

리더: 오케이, 그럼 이제 대충 아시겠죠? 두뇌를 자꾸 훈련해야 해요. 예전엔 30명의 전문상담반이 있을 때 자기소개를 들어요. 그런 다음에 연상을 해서 이름을 외워봐요. 딱딱딱 30명을 얘기하니까 어떤 분이 이거 엽기다 이러는데 뇌는 훈련하기 나름이에요. 아셨죠? 그러면 여기 집단상담 비밀보장을 위한 약속, 여러분 성명 쓰시고 별칭 쓰시고 오늘 날짜를 쓰시고. 자, 여러분이 아래 모든 사항이 동의할 때 하나요. 1번 같이 읽읍시다.

중략

리더: 자, 다음 페이지에 보시면 REBT와 그 밖에 인지상담의 목표가 있어요. 크게 한번 같이 읽어요.

중략

리더: 집단상담은 서로 집단의 역동을 이용하는 거잖아요. 나도 여기서 치료를 받기도 하지만 다른 사람들이 성장하고 치료를 받는데 여러분이 도와줘야 돼요, 무조건 침묵하고 있거나 방관자적인 태도는 집단구성원으로서 옳지 않아요. 여러분이 필요할 때 적극적으로 개입해 주셔야 활발한 역동이 일어나서 서로에게 도움이 된다는 말씀을 드립니다.

중략

리더: 네, 자 그러면 이론을 좀 설명을 할게요. 다 알겠지만, 여러분이 다 좋은 대학원에서 공부하시기 때문에 아마 제대로 배우셨을 거예요. 배웠지만 또 이제, 혹시 제가 요구하는 내용을 모르실 수도 있어서 간단히 복습을 할게요. 여기 제가 나눠드린 유인물에 REBT와 그 밖에 인지기법을 활용한 집단상담 있지요?

🐾 REBT 집단상담: 이론과정

리더: 무의식도 Freud가 먼저 이야기한 것이 아니라 이미 철학자가 이야기하였습니다. 그래서 여러분들이 책을 많이 읽어야 합니다. Freud는 인간을 본능적인 존재로 평가절하를 하였습니다. 그런데 REBT를 창시한 Ellis는 Freud와 상반된 태도를 취했습니다. Rogers도 말했지만 인간은 자기실현 가능성이 있는 존재라고 했잖아요. 그것처럼 여기에서도 인간을 매우 존엄한 존재라고 보았어요. 극악무도한 범죄를 저지른 인간일지라도 그의 행동이 극악무도한 것이지 그 사람이 극악무도한 것이라 말하지 않아요. 인간의 존재하고 행동을 늘 분리해서 생각해야 돼요. 그런데 우리나라 사람들이 그것이 잘 안 되지요. 우리나라의 전통적인 문화는 통합적 요소가 많아요. 통합. 수업시간에도 언젠가 말했지만 우리는 음식을 먹을 때에도 분리해서 먹지 않잖아요. 여러 가지 양념으로 무친 나물을 먹고, 비빔밥을 먹잖아요. 우리나라는 통합하는 문화예요, 통합. 분리하는 것을 잘 못해요. 그래서 REBT 상담이 어려운 이유가 무엇이냐면 그 사람의 생각이 무엇인지 어려워서 문제이지 제대로 할 줄 알면서 나는 이게 안 맞아 이게 아니에요. 내가 대체로 보면 이걸 잘 몰라요. 그러니까 맨날 감정을 다루는 데 익숙한 사람들이 여기서는 마치 감정을 안 다루는 것처럼 오해를 하시는데 알면 사랑하게 되는 거예

요. 몰라서 그러는 거죠. 인간의 존재와 행동을 늘 분리해서 생각해야 돼요.

아이들을 야단 칠 때도 엄마는 너를 참 사랑하는데 네 행동 때문에 꾸짖는 것이다. 행동을 핀포인트(정확하게 찾아내다) 해야 되잖아요. 여기서는 뭐예요, 생각을 키포인트로 분리해 놓아야 해요. 그것이 우리들의 능력이에요. 인간존재와 행동, 인간존재와 사고, 이것들을 구분해서 행동이 잘못된 것이고 생각이 잘못된 것이지 그 사람 존재 자체가 잘못된 것이 아니라는 것을 분명히 알아야 하는 거죠. 그래서 나오는 이야기가 Carl Rogers는 무조건적 존중을 강조했어요. Ellis는 좀 달라요. Ellis는 존중이라는 말을 쓰기보다는 수용을 많이 썼어요. 존중은 인간을 좋게 평가하는 것이지요. 반대는 나쁘게 평가하는 것? 비하? 인간을 평가한다는 것이지요. Ellis는 인간은 너무나 소중한 존재이기 때문에 인간이 평가의 대상이 되서는 안 된다고 주장해요. 그냥 수용해야 하는 것이지요. 이렇게 무조건적 수용을 매우 중요하게 이야기해요. 여러분들이 잘못 배우는 경우에는 Ellis가 매번 상담시간에 비합리적인 생각을 논박만 할 것 같죠? 천만의 말씀이에요. 논박이 10이 나오면 70~80이 수용이 나와요. 수용을 강조해요. 여러분들도 수용을, 정말 누군가에게 있는 그대로 수용되는 체험을 하게 되면 우리가 가지고 있는 문제들이 해결되는 경우가 많아요. 좋은 부모가 되겠다고 아이들에게 일일이 지적하면 오히려 잘못되게 돼요. 큰 주의나 가이드라인을 지시하고 그 아이가 하는 대로 수용하면 우리 인간은 스스로 자각을 할 수 있는 능력이 있어요. 스스로 판단하고 스스로 옳은 길을 찾아가는 능력이 있어서 오히려 잘되는 것이지, 일일이 지적하면 아이들이 잘못되는 지름길이에요. 수용을 굉장히 강조해요. 이번 집단상담 과정에서 Ellis 박사 비디오를 보여드리지 못하는 것을 애석하게 생각하는데 논박보다 수용을 굉장히 중요하게 이야기해요. 인간은 선천적으로 실수할 수밖에 없는 존재라는 것. 그런 운명을 타고난 존재임에도 불구하고 완벽하게 하고 실수하지 않으려고 할 때 문제들이 일어난다. 인간은 태어났을 때부터 실수할 수밖에 없다.

인간의 본성의 양면성이 무엇이냐면, 인간은 합리적으로 생각할 수 있고 비합리적으로 생각할 수도 있는 본성을 타고 났다는 것이에요. 인간이 매사를 합리적으로 생각한다면 전쟁도 나지 않을 것이고 여러 가지 문제들이 생기지 않을 것이고… 우리는 타고나기를, 비합리적인 것을 타고난 것처럼 합리적인 것도 타고 났다. 이것이 인간의 관점이죠.

우리는 많은 생각을 가지고 살아가잖아요. 이 생각이 언제부터 생겼을까? 태어날 때 가지고 태어난 것인가? 여러분이 자녀를 키워보니까 그들은 부모와 환경과 주변 사람들의 영향을 받죠. 영향을 받아서 중요한 것은 셀프톡(self-talk, 자기언어)에 의해서. 저는 이렇게 설명해요. 저는 초등학교를 다닐 때 어머니가 학교에 가서 선생님 눈만 바라봐라. 우리 엄마가 나한테 그랬어요. 내가 나에게 반복적으로 '선생님 눈만 쳐다봐.' 그게 셀프톡이었던 거예요. 자기가 스스로에게 하는 말. 그 스스로에게 하는 말을 반복적으로 하다 보면 그것이 내 생각으로 변환이 되어서 나의 머릿속에 저장이 되는 거예요. 그 사람의 셀프톡을 보면 그 사람을 알 수 있다는 이야기를 하잖아요. 그 사람의 셀프톡이 밝고 건강하면 그 사람의 사고도 건강한 거예요. 그런데 여러분이 상담을 해보면 알 거예요. 상담을 받으러 오는 사람들은 셀프톡조차 굉장히 부정적이에요. '나는 한심하고 내 인생은 거지같다.' '선생님, 저 같은 사람을 상담하려고 하지 마세요.' 상담자는 실제 거기서부터 그 셀프톡을 가지고 상담을 하면 돼요. 셀프톡이 중요한 것이고 내가 지금 강조하는 이야기는 역기능 신념을 찾으면 합리적인 신념으로 바꾸는 것인데 생각을 바꾼다는 것은 결국 말을 바꾸는 것입니다. 그러니까 그 사람의 비합리적인 셀프톡을 건강한 셀프톡으로 자꾸 바꿔 줘야 합니다. 잘못된 생각 때문에 이런저런 어려움과 장애가 생기는 것이고, 어려운 문제·호소문제·증상, 여러 가지 부적절한 행동, 증상 등 이런 것들을 고치기 위해서는 그 사람의 사고를 고쳐야 하고 그 사람의 사고를 셀프톡에서 찾아낼 수 있다는 것입니다. 그 다음의 행동변화의 가능성은 어려운 것이지만 가능하다고 봅니다.

일단 만들어진 것은 고치기 어렵습니다. 아이들을 교육시킬 때 제대로 해야 합니다. 일단 마음속의 시스템으로 자리를 잡으면 고치기 어렵기 때문에 기를 때 잘 길러야 합니다. 우리나라는 비합리적인 생각을 집단적으로 주입하는 대표적인 나라인데, '1등을 해야 한다. 2등은 아무도 기억해 주지 않는다. 잘하지 않으면 안 하는 것이 낫다.' 어렵기는 하나 그 다음에 행동변화의 가능성은 그럼에도 불구하고 행동변화가 가능하다는 믿음이 있어야 상담도 하고 봉사활동도 하고 그러는 거 아니겠어요? 행동변화는 어렵지만 가능해요. 비합리적인 생각이 만들어지고 완전히 형성이 되면 이것이 내 마음속에 깊은 커튼, 커튼 속에 숨어 있어요. 우리가 만나는 내담자들은 자신의 비합리적인 신념을 다 알지 못해요. 우리가 상담 전문가가 되기 위해 REBT 집단상담의 참여 등을 왜 해야 하냐면, 자신이 가지고 있는 비합리적인 신념을 최소한 알아야 하고 고쳐야 해요. 상담자가 REBT 상담을 통해 도움을 받지 못하고 REBT 상담의 체험이 없으면서 REBT로 상담을 하는 것이 생명력이 있어요? 없겠지요.

여러분이 이 기법을 사용하는 전문가로서 정체성이 있으려면 여러분이 먼저 이것으로 도움을 받아야 합니다. 그리고 그 경험으로 내담자들을 도와줘야 해요. REBT 관련 워크숍에 참여하고, 나는 어떤 비합리적인 생각이 있는지 분석해 보고, 내가 먼저 솔선을 해야 한다는 거예요. 그러니까 정신분석가가 되려면 자기가 먼저 정신분석을 받지 않으면 안 된다는 논리와 같은 것이에요. 자기가 체험이 없으면서 배운 이론으로만 하면 생명력이 떨어지고, 생명력이 떨어진다는 것은 좋은 상담을 하기 어렵다는 뜻이죠. 나의 비합리적인 신념을 호시탐탐 탐색하고 찾아내고 그래서 나를 먼저 바꾸고, 그리고 내담자에게 활용하는 것이 정석이라는 것이에요.

우리 마음속에 숨겨진 신념을, 다 알지 못합니다. REBT 상담에 참가하는 작업을 통해 자신이 지닌 비합리적 생각을 탐색하고 바꿔야 합니다. 비합리적인 신념이 숨어져 있다가 선행사건, 활성화 사건, 이것이 무엇이냐면 이 사건 때문에 비합리적인 신념이 활성화가 되어 나타나 나의 정서와 행동을 부정적인 정서와 부정적인 행동으로 하게 해요. 활성화된다는 것은 살다가 사건을 만나면 마치 화약에 기름을 만나면 불이 나는 것과 같아요. 불을 안 만나면 생각에 머물러요. 하지만 구체적인 사건, 부정적인 사건, 예를 들면 시험에 떨어졌다든지, 이혼을 했다든지, 부정적인 사건은 내 마음 깊은 곳에 있는 비합리적인 신념을 막 활성화시켜요. 기름이, 성냥에 불을 붙이면 활활 타는 역할을 해요. 보통 때는 모르지요. 사건이 일어나면 비로소 생각에 활성화가 일어나죠. 우리는 활성화가 나타나기 전에 이런 교육적인 작업을 통해 우리 안에 있는 비합리적인 사건을 찾고 미리 정리를 하자는 겁니다. 이해가 되시지요?

실제 상담의 과정에서는 부적절한 정서, 이게 문제죠. 이걸 제일 먼저 탐색해야 해요. 그다음에 이 사람이 우울인가 분노인가 짜증인가 잘 봐야 하고요. 주 호소문제가 그렇잖아요. '저는 불안해요. 우울해요. 살고 싶지 않아요.' 이렇게 호소하잖아요. 행동적으로 전화도 안 받고 밥도 안 먹고 등으로 나타나죠. 구체적으로 활성화 사건이 무엇이었는지 먼저 물어봐요. '어떤 계기가 있어요?' 계기가 없으면 상담실에 안 오죠.

유명한 집 딸. 그 딸. 며칠 전부터 죽고 싶고. 변호사인데… 일단 구체적인 사건들이 죽고 싶게 만들고 했느냐. 회사에 취직을 했는데 내부에서 카톡 SNS에서 '실력도 없는데 우리 회사로 빽으로 들어왔네.' 하죠. 죽고 싶은 생각이 들까요? 안 들까요? 그런 건 물어봐야 해요. 구체적인 사건을 물어봐야 해요. 구체적인 사건도 사건이고 처해 있는 상황도 환경도. 사건…. 사건을 잘 듣고. 이 사건엔 패턴이 있어요. '이렇게 카톡에서 내 이야기가 도는 것은 내 인생은 끝장이다. 아무도 알아주는 사람도 없어. 죽는 게 낫지.' 허약한… 연예인들이 어떻게 해요. 불특정 다수의 말에 민감하게 반응할까? 연예인들의 정신세계가 굉장히 취약하다. 이러한 사건에 대한 생각을 논박을 통해 바꿔 줘야 한다. 이해되었죠? 논박을 통해 생각이 바뀌었지요? 그다음에 정서가 바뀌고 행동이 바뀌죠? 이것을 '효과'라고 이야기해요. 그다음에 숙제를 제공한다. REBT 상담은 자기조력접근이다. 일상생활 속에서 자기 행동을 바꾸기 위한 과제를 해야 돼요. 무수히 반복적으로.

자기 스스로 실천적 노력을 해야 한다. 그다음 알아야 하는 것이 논박을 어떻게 해야 하는지, 비합리적인 생각과 합리적인 생각을 구분해야 하는 것을 배워야 합니다. 1954년 시카고에서 열린 미국 심리학회 연차대회에 가서 합리적 심리치료를 발표한 후에 계속 상담을 더 하면서 자기이론을 정교하게 다듬어 갈 때 1961년에 20세기 말이잖아요. 20세기 인류의 지성사를 바꾼 토마스 쿤의 『과학혁명의 구조』라는 책이 있어요. EBS에서도 그렇고 많은 과학 철학자들이 이 책에 대한 강의를 많이 해요. 토마스 쿤의 『과학혁명의 구조』에서 처음으로 패러다임이라는 말을 쓰기 시작했어요. 쿤이 처음으로 한 말이에요. 그게 인류의 지성사를 바꾼 책이거든요. 우리나라에서 김명자 장관의 번역서도 있어요. 제가 읽어보니 번역이 어려워서 잘 읽혀지지 않더라고요.

강의를 들으세요. EBS나 유튜브나 다 올라와 있어요. 토마스 쿤이 너무나 유명한 사람이기 때문에… 당연히 읽어 봐야 해요. 강의도 듣고. 거기서 토마스 쿤의 주장은, 그 전까지 과학적 발견이라는 것이 A-B-C-D를 불러온다고 생각했잖아요. 논리실증적인 방법인데 과학적 발견이 때로는 순간의 통찰, 패러다임의 변화로 인해 과학적 발전이 이루어진 경우도 있다. 과학자들은 고집이 세다. 웬만해서는 자신이 주장한 이론이 틀려도 우긴다. 그런데 이런 태도만 있으면 과학의 발달이 불가능했겠지요. 자신의 이론이 틀렸다고 수긍하거나 자신의 논리가 비논리적이라는 것이 확실하다면 인정. 내 이론이 우리가 경험이 현실에 맞지 않아요. 그걸 인정하는 것. 이 과학적 이론이 정말 인류의 삶에 도움이 안 돼요. 철회를 한다. Ellis도 독서를 많이 하는 사람이에요. 여러분도 심리학 책만 읽으면, 편식하면 안 돼요. 소설책도 읽고 정말 독서 범위가 방대하면 좋겠지요. Ellis가 쿤의 이 주장을 받아들여 비합리적인 생각과 합리적인 생각의 기준점으로 쿤이 주장했던 논리성, 현실성, 실용성을 기준으로 삼았어요. 비합리적인 생각들은 논리적이지 않거나 현실적이지 않거나, 실용적이지 않거나에 해당합니다. 논리성을 따지는 것을 우리나라 사람들은 어려워하는 것 같아요. 무엇이 쉽냐면 현실성, 실용성. '그 생각이 너의 인생에 무슨 도움이 되냐.' '반드시 ~해야 하느냐?' 현실성이라는 게, 키가 180cm이 넘는 사람이 몸무게 42kg가 된다는 것은 현실적으로 불가능한 것이지요. 우리가 경험하는 현실과 맞지 않지요.

소크라테스 식으로 논박을 할 때 질문을 활용하는 것이지요. 정곡을 찌르는 질문을 해야 돼요. 지시적인 논박이 단수가 낮다. 왜 그렇게 하면 안 되는 거죠? 그렇게 하는 것이 당신에게 어떻게 도움이 되죠? 스스로 깨닫게 하는 것. 그다음에 한다면 비합리적인 생각은 절대적, 극단적, 경직성의 특성을 지닌 경우가 많습니다.

풀잎은 바람이 불어도 뿌리 채 뽑힌 적이 없어요. 풀잎은 민초를 상징하잖아요. 생명력이 있고, 융통성이 있고, 탄력성이 있고, 다시 누웠다가 다시 일어날 수 있고. 아름드리 소나무는 탄력성이 없잖아요. 합리적인 사고는 탄력성이 있죠. 합리화와 같이 쓰는 것은 아니에요. 합리적 사고와 합리화. 합리화는 현실을 왜곡하는 것이라면, 합리적 사고는 현실을 있는 그대로 보는 거예요.

당위적 사고는 비합리적 사고와 합리적 사고의 구체적인 사고의 모순, '당위적이지 않다.' '반드시~해야 한다.' '그 다음에 파생된 대표적 생각이 반드시 1등해야 한다.' '한심하다.' '반드시 1등하지 않으면 참을 수 없어.' '그렇지 않으면 (낮은 인내심) 반드시 ~해야 한다.' '그렇지 않으면 끔찍해(과장성).' 그렇다 보면 세상에 끔찍한 일도 없어요. 언어로 규정함으로써 끔찍한 일을 만들어 내는 거예요. 죽고 사는 것 말고 무엇이 그렇게 끔찍해요? 무엇이 그렇게 끔찍한 일이 있어요? 비합리적 사고를 많이 하는 사람들의 언어가 과장성(큰일, 죽겠다), 사고 자체가 그렇다고 보면 됩니다. 이런 걸 중심으로 찾아가겠죠. 이론 설명은 여기까지 하겠습니다.

집단상담을 배워서 알겠지만 리더하고만 이야기하는 것이 아니라 집단원들과 골고루 이야기를 하면서 다양한 상호작용을 통해 집단의 역동을 만들어 가는 것이 필요합니다. 화제를 너무 독점하지 말고 골고루 발언하는 것이 좋겠어요.

2. 집단의 전개단계

앞의 과정을 모두 마친 다음에 집단원들이 원하는 대로 아니면 어떤 한 사람이 시작을 하면 순서대로 자신의 호소 문제를 탐색하는 시간을 갖는다. 이때 어떤 집단원의 호소문제를 듣고 그에 대해 바로 탐색하면서 그 문제를 다룬 다음에 다음 사람의 이야기로 넘어간다. 본 상담에서는 후자의 방법을 선택하였다. 전통적인 집단상담의 이론에서는 전개단계에서 위기나 갈등이 나타나고 이런 과정을 잘 극복해 나가면서 집단의 절차가 마무리되고 효과가 큰 것으로 주장하고 있다. 그러나 이것이 모든 경우에 나타나는 것이 아님을 체험적으로 알 수 있었다. 특히 이렇게 자격증 과정으로 체험을 목적으로 해서 참여한 교육집단에서는, 집단원 사이의 갈등과 위기가 쉽게 발생하지 않으며 이것이 간혹 나타난다고 하더라도 이것의 극복을 통해서만이 집단의 결과가 유의한 것이 아님을 체험하게 한다. 참석자의 '공감적 직면, 진심 어린 피드백, 집단원의 어려움을 이해하려는 태도' 등을 통해서 충분한 치료 효과가 드러날 수 있었다. 본 집단에서는 평화, 호기심, 하이디, 나무, 어그, 코스모스, 들꽃, 천리향, 푸른바람, 옹이, 햇살, 푸른하늘, 길따라, 창으로 총 14명으로 구성되었으나 이 중에서 4명은 자신의 사례가 드러나는 것을 원치 않아 여기에서는 나머지 10명의 사례만을 다루고 있다.

■ REBT 집단상담: 옹이

리더: 이론 설명 여기까지 할게요. 다 아는 내용을 해서 여러분 지루했어요? 그러면 우리가 이제부터 본격 집단상담에 들어갈 건데요. 모두 14명이거든요. 그러면 앞으로 우리에게 있는 시간이 총 30시간이죠. 오늘이 오후까지 한다 하면 한 사람당 1.5시간 정도 내외로 그 사람에 대해서 집중적으로 얘기하게 될 것 같아요. 이제 우리가 집단상담을 할 때는 시간도 계산해야 돼요. 모든 참여자의 어려움을 고루고루 다뤄야지 어떤 사람 문제만 집중적으로 다루고 어떤 사람은 침묵만 하고 가게 하면 안 되잖아요. 14명이면 14명이 다 자기 얘기를 하고 골고루 그 사람을 위해서 시간을 써야 하고 그다음에 이제 여러분이 집단상담을 배워서 알 듯이 리더하고만 상호작용하는 것이 아니라 리더하고도 하지만 여러분끼리 상호작용의 역동을 하는 것이 집단상담이잖아요. 그러니까 여러분도 적절하게 자기 얘기가 나오는 것 같으면 끼어들어 주고 그다음에 내가 이럴 때는 이런 발언을 해서 도와줘야겠다고 해서 해 주고 그래서 역동이 왕성하게 일어나야 된다는 거지요. 그리고 다 알겠지만 너무 혼자서 화제 독점하는 거 못하게 해야 되는 거 다 알죠. 여러분 다 아니까 일반집단에서는 또 그럴 거예요. 너무 침묵하고 있는 사람에게 계속 침묵을 허용해도 안 되지요. '그만 침묵하고 얘기 좀 해요.' 해서 끼어들기 해서 골고루 발언하는 시간들이 자기 문제 포함 1.5~1.8시간 정도 그렇게 하면 우리가 시간을 좀 효율적으로 쓸 수 있을 것 같아요. 그렇죠? 이제부터는 그동안 내가 해결하지 못했던 문제라든지 불편한 거라든지 여기 올 때는 다 하나쯤 생각해 가지고 오지 않았을까요? 내가 이번에 집단상담에 가면 이 문제를 해결해야겠다. 그동안 가지고 있었던 것도 좋고, 최근에 생긴 것도 좋고, 뭐 오늘 아침에 생긴 것도 좋고, 뭔가 이 집단을 통해서 도움

받고 싶은 것들 있잖아요. 그런 문제들을 다 좀 꺼내놓았으면 좋겠어요. 그러면 그러한 문제를 인지적으로 이해하고 해결해 나가도록 하겠습니다.

〈침묵〉

리더: 네, 옹이 님.

옹이: 그냥 생각해 봤어요. 어떤 문제점이 있을까? 그게, 제가 어저께 집들이를 했어요. 친정 가족. 저희가 1남 6녀예요. 그래서 어저 동생, 언니 다 왔는데 다 하니까 27명 정도 되더라고요. 워낙 형제가 많아서 그런 것일 수도 있는데 왠지 모르게 그렇게 친정 가족들하고 모이게 되면 뭐라고 할까, 모든 문제를 신랑한테 다 처리를 하게 하는 편이에요. 왜 그럴까 하는 생각에 궁금하게 되더라고요. 형제들이 싫은 것도 아니고 또 오랜만에 진짜 다 같이 모였었기 때문에 너무 기쁘고 좋았는데 모든 문제를 저희 신랑이 앞서서 처리를 해줬으면 좋겠고 그리고 뭔가 이렇게 음식을 준비해서 먹일 때에도 저는 거의 안 먹었거든요. 근데 왜 안 먹었을까 그 시간을 즐기지 못한다는 생각을 많이 하게 되더라고요. 그래서 왜 즐기지를 못할까 그런 부분들이 항상 조금 고민이 되더라고요. 친정 일에 대해서 되게 적극적으로 하는 편임에도 불구하고 놀러 와서도 그렇고 좀 많이 따로 또 같이 있다는 느낌 그런 느낌을 받거든요.

리더: 그러니까 같이만 있었으면 좋겠는데 따로도 있다는 게 문제인 거죠?

옹이: 같이 있는 게 참 좋으면 그것을 즐겼으면 행복하고 이래야 하는데 내가 그 안에서 무슨 일을 해야 하는지 고민한다든지 아니면 이렇게 기쁘게 즐기지를 못하는 나를 발견할 때.

리더: 자, 거기서의 문제가 기쁘게 즐기지를 못하는 게 문제예요? 아

니면 친정 관련된 모든 문제를 자꾸 신랑에게 요청해서 하는 게 문제인 거예요? 집들이 하는데 다 신랑이 처리해 주면 좋았겠어요. 나는 좀 빠져 있다는 상태였다는 얘기를 아까 했잖아요.

옹이: 네, 맞아요.

리더: 그게 어떤 게 더 문제예요? 친정 식구들이 오면 내가 이들과 즐기지 못하는 게 문제인지 아니면 친정 식구들이 올 때 늘 신랑에게 의존하고 신랑이 모든 일을 해결해 주길 바라는 게 나를 더 힘들게 하는 건지?

옹이: 두 개 다 문젠데요.

리더: 어~ 그래요, 어떤 게 그럼 더 문제가 될까요? 아마 두 개가 연결되어 있을 거예요.

옹이: 만약에 신랑이 다 처리를 하지 않으면 제가 하겠죠. 같이 한다든지. 그럼 그게 더 즐겁게 뭔가 적극적으로 임하는 자세가 될 것 같은데 어찌 보면 즐기지 못하고 빠지는 느낌? 어~ 신랑이 모든 걸 해결했으면 좋겠다, 이런 식으로 연결이 되는 거 같아요.

리더: 그러니까 내가 빠지고 신랑이 다 해줘야지만 우리 친정 식구가 만족할 것 같아서 그래요? 그래서 자꾸 신랑에게 맡기는 거예요?

옹이: 만족보다는… 친정 식구들이 신랑을 되게 좋아해요.

리더: 아~ 친정 식구들이 신랑을 좋아하니까 우리 신랑이 친정을 위해 뭘 하게 함으로써 더 좋아하게 만들고 싶은 거예요?

옹이: 그런 것도 있고요, 굳이 내가 아니어도 저 사람이 더 잘하고 식구들이 더 좋아할 수 있고 뭐랄까 즐기기를 원하는데도 즐기지 못하니까 내가 그 자리를 자꾸 피하게 되잖아요. 그 자리를 피하려고 하는….

리더: 그러면은 옹이 님은 친정 식구들이 우리 집에 오는 것이 별로 안 좋은 거예요?

옹이: 좋아요.

리더: 좋아요. 어~ 좋으면서 또 아~ 우리 남편이랑 더 좋으니까 행복

해하니까 행복해하는 시간을 더 주려고 하는 건가? 예를 들어서 신랑이 이제 다 해 주잖아요. 친정 식구 왔을 때 식구들이 더 흡족해 할 테니까 내가 빠져 줌으로써 친정 식구가 흡족해 하는 거를 더 느끼게 해 주려고 그러는 거예요?

옹이: 그런가. (웃음) 우선은 기본적으로 베이스에 깔려 있는 게 저희 아빠가 저희 신랑을 되게 좋아했었어요.

리더: 그럼 지금은?

옹이: 돌아가셨어요.

리더: 그러니까 아빠가 신랑을 좋아했고 엄마도 좋아했고?

옹이: 엄마도 좋아했고요.

리더: 그러니까 내가 더 행복하게 살고 있고 신랑이 우리 가족을 위해서 헌신 봉사한다는 거를 더 깨닫게 해서 그들에게 기쁨을 줄려고?

옹이: 어 그건 진짜 순수한 의도인 거 같고요. 우리 아빠가 신랑 좋아했을 때 전 그게 싫었어요.

리더: 어떤 이유로?

옹이: 나보다 더.

리더: 어~ 근데 그게 어떻게 가능하지? 딸보다 사위를 더 좋아하는 게?

옹이: 제가 느끼기엔 그랬어요. 그래서 사실은 친정에도 별로 가고 싶지 않다는 생각이 들었거든요.

리더: 그러니까 뭔가 불편함이 있었군요.

옹이: 네, 근데 아빠가 돌아가셔서 어쨌든, 그게 아빠와의 문제라고 생각했는데 아빠가 돌아가시고 나서 처음으로 다 같이 모인 거였어요. 그게 형제들하고 연결된다는 것이 저한테는 참 속상하다는 느낌.

리더: 아~ 형제들도 또 신랑을 더 좋아해요? 옹이 님보다?

옹이: 그건 잘 모르겠는데, 그러지 않을까 하는 생각이 들어요.

리더: 그리고 너희가 좋아하니까 너희끼리 잘해 봐 하고 나는 싹 빠져

준 거예요?

옹이: 그건 잘 모르겠어요. 저는 가족이 좋은데 글쎄요, 모르겠어요. 항상 인지행동치료(CBT) 생각을 하면서 노력을 하거든요. 아까 우리 아빠가 신랑을 더 좋아해서 친정 가기 싫어했겠구나, 그것도 사실은 근래에 들어서 알게 된 사실이고 그렇기 때문에 친정 아빠가 안 계시니까 친정 식구들을 볼 때는 그런 생각이 안 들 거라고 생각했는데 요번에도 불편한 걸 보면서 '내가 이제 그쪽하고 그런 식의 생각을 계속 이어서 하지 않을까.' 그 생각도 했었거든요. 근데 그럴 이유가 없거든요. 사실은 식구들을 내가 마다할 이유도 없고 형제들하고 사이도 좋고 그런데 참 아직까지도.

리더: 그래, 좀 독특하네요. 그 밑 마음이 뭘까요? 그게. 내가 형제들하고 사이도 좋아. 그리고 나도 또 내 남편하고도 사이가 좋아, 그렇지요?

옹이: 네.

리더: 그런데 우리 형제들이 왔는데 나는 거기 함께 해서 즐기지 못하고 그냥 남편하고 우리 형제들하고 재밌게 즐기는 거를 나는 방관자로 보고 있었어요. 그렇죠?

옹이: 네.

리더: 그게 좀 이상하다는 거죠. 내가 거기 왜 몰입하지 않고 쭉 빠져나왔을까? 본인이 찾아봐요. 왜 그런 것 같아요?

옹이: 잘 모르겠어요. 찾으려고 하는데 잘 못 찾겠어요.

리더: 그러니까 혹시 우리 식구들이 나를 더 좋아해야 하는데 왜 남편을 더 좋아하는 걸까? 거기서부터 문제가 나오는 거예요? 마치 우리 아버지가 나를 더 사랑해야 하는데 사위를 더 좋아했던 것처럼.

옹이: 그럴지도 모른다는 생각은, 근데 그거 나보다 아빠가, 나 아닌 우리 신랑을 더 좋아했던 게 서운하고 싫었거든요.

리더: 그것부터 탐색해 봅시다. 보통은 아빠가 내가 좋아하는 사람, 자기 사위를 더 예뻐해 주고 사랑해 주면 싫지 않을 것 같아요. 여러분 어때요?

집단원: 좋아요.

리더: 그렇지요. 근데 나는 싫잖아요.

옹이: 전 그게 싫어요.

리더: 그게 왜 그럴까? 거기에서부터 어려움이 있을 것 같아요.

옹이: 아, 그거는 저희가 1남 6녀니까 그중에서 제가 차녀예요. 그러니까 둘째로서 받았던 그런 서운한 마음이 되게 컸던 것 같아요.

리더: 음, 가만있어 보자. 1남 6녀니까, 오빠 있어요?

옹이: 없어요.

리더: 아, 언니 있고 두 번째예요?

옹이: 네.

리더: 자신이 두 번째니까 아버지한테 사랑을 못 받았군요.

옹이: 아빠한테 사랑은~ 음, 그렇게 생각할 수 있을 것 같아요.

리더: 나는 사랑을 못 받았는데 남편은 내가 못 받은 사랑을 받으니까 그게 힘든 거였군요.

옹이: 아빠가 워낙 공무원 생활을 오래 하시던 분이시라 표현을 안 하세요. 표현을 안 하시는데 둘째들의 성향이 그거잖아요. 인정받기 위해서 열심히 하는 스타일.

리더: 그렇지요.

옹이: 저한테 있었던 모든 일을 우리 아빠는 몰라요. 다 내 선에서 알아서 처리하니까. 아빠가 돌아가셨을 때도 제가 느꼈던 건데 아빠 돌아가신 다음에 형제들끼리 만나서 얘기해 보니까 다 사랑을 받았더라고요. 아빠가 뭘 해줬다, 그런 게 되게 많았어요. 근데, 어, 우리 아빠는 나한테 하나도 안 해줬는데. 사실은 거기서도 생각을 했거든요. 내가 아빠한테 인정받기 위해서 나의 힘든

점을 드러낸 적이 한 번도 없었기 때문에 우리 아빠는 나한테 도와줄 기회가 없었겠구나.

리더: 그런 거 같아요.

옹이: 사실은 그걸 깨닫고 나서 그다음부터 조금 어려운 일이 있어도 형제들이나 남편한테도 그런 것들을 많이 보여 줘서 알 수 있게끔 생각은 많이 했었는데 이거는 지금 깨달은 거고. 옛날에는 그런 식으로 했을 때 아빠가 애정이나 그런 부분을 주는 건 못 봤는데, 저희 신랑은 되게 좋아해서 신랑한테는 얘기도 잘해 주고 챙겨 주고 이런 것들을 많이 받을 때 그게 너무 스트레스가 되고 힘들 정도였어요. 그래서 내가 친정을 가지 말아야 되나, 이 생각을 우리 신랑 모르게 혼자서 했었던 경험이.

리더: 그러니까 그러면 신랑에 대해서 '왜 내가 받는 사랑을 가로채는 거야' 하는 그런 생각을 한 거예요? 저 사랑을 내가 받았어야 하는데….

옹이: 근데 웃긴 게 신랑에 대해서는 한 번도 미움을 가져본 적이 없었고요, 제가 생각할 때는, 제가 그렇게 커 오면서 사실은 세상을 살아야 될… 그게 뭐지?

리더: 존재의 이유가 없었어요?

옹이: 네, 살아야 될 존재의 이유가 없었어요.

리더: 그 가족구조에서는 그럴 수도 있었겠네요.

옹이: 네, 그런데 이제 신랑을 통해서 배우자로 애착관계 측면에서 저는 신랑하고 애착관계를 맺어서 '아~ 내가 살아야 될 이유구나.' 이런 식으로 생각했는데 신랑에 대해서 그게 너무 크다 보니까 신랑이 거의 아빠 같은 거예요. 아빠가 나한테 사랑 같은 거 그래서 모든 생활의 주인공은 우리 신랑. 내 인생이라는 영화 속의 주인공은 신랑. 그걸 이젠 없애고 싶어서 되게 많이 노력을 했었거든요. 그래서 요즘 많이 분리가 됐다고 생각을 했는데도 아직까지도 친정 식구들이 왔을 때 남편을 내세우고 있다는 생

각이 많이 들더라고요.

리더: 그러니까 친정 식구들이 오면 나하고 관계가 더 잘되고 나하고 더 융화가 잘되고 이래야 되는데 내가 소외된 채로 신랑하고 친하게 지내는 게 불편할 수 있을 것 같아요. 내가 소외됐다는 생각이 든 거 같아요.

옹이: 근데 소외를 다른 사람이 시키는 게 아니라 제가 하는 거잖아요.

리더: 내가 스스로 하는 거지요.

옹이: 내가 나서면 되는 건데 굳이 남편을 나서게 하고 그 습관이라고 할까.

리더: 그게 그러니까 나도 모르게 배인 그런 거 있잖아요. 투사적 동일시. 다른 사람하고 그렇게 하면서 내가 즐기는 거죠. 즐긴다는 말은 나의 표현이고 그런 상황을 또 익숙한 상황으로 만들어 가는 거죠. 그렇지 않나요? 그 상황이 익숙하니까, 익숙하고 편하니까. 만약에 그 반대였다면 내가 막 나서게 돼요. 신랑은 뒤처져 있고. 그러면 바람직하기는 하지만 뭔가 불편하지 않아요?

옹이: 음….

리더: 그죠, 그래 본 적이 없으니까?

옹이: 그래서 지금도 친정 식구들이 집에 있어요. 여기를 갑자기 오게 되는 바람에. 근데 남편이 아침도 차려주고 다 하는데도, 하나도 불안하지가 않고 맘이 되게 편하거든요.

리더: 좋은 거지.

옹이: 이런 거 좋은데, 욕심이 생기는 거 같지?

리더: 그러니까 옹이 님의 밑 마음에는 가족구성원으로서 제대로 기여하지 못한 것을 참을 수가 없다, 이런 생각이 있을 것 같아요. 내가 우리 가족구성원이면 나하고 좀 더 가까워야 되고 내가 그들하고 더 가까워야 되는데 나는 저 멀리 있고 내 남편이 그들과 더 가깝다는 거는 내가 우리 가족구성원으로서 기능하지 못한다. 기능하지 못하는 것을 참을 수 없고 견딜 수 없다는 생각이

있는 거 같아요. 맞아요? 좀 더 생각해 봐요.

옹이: 그럼 제가 어떻게 해야 될까요?

리더: 그러면 이제 우리 가족들이 나 말고 내 남편하고 친한 것도 문제없다, 좋다, 그렇게 생각을 바꾸면 되지, 그게 왜 문제가 될까요?

평화: 제가 한 가지 궁금해서, 여쭤봐도 될까요? 결혼하시기 전에 친정 분들과의 사이와 지금 결혼하고 남편분이 계신 후의 사이와 언제가 더 좋으셨어요?

옹이: 식구들하고요?

평화: 네.

옹이: 후자요.

평화: 후자요?

옹이: 왜냐하면 결혼하기 전에는 어쨌든 다들 어려서 실질적으로 따뜻한 정을 못 느끼고 살았는데 결혼한 후에는 나도 컸지만 식구들도 다 자기 가족들을 갖게 되면서 서로 바라보는 눈이 달라지면서 친하게 지내게 됐거든요.

평화: 남편 분께서 중간 역할을 지금 하고 계시지 않았을까? 그런 생각이 좀 들었거든요.

리더: 보통의 경우엔 그렇지요. 옹이 님이 중간 역할을 하고 남편하고 내 친정 식구가 친해지도록 내가 중간 역할을 하는데 그 집에서는 남편이 아마도 그거와 비슷한 역할을 하게 된 것이 아닌가 싶어요.

옹이: 여섯 명의 형제들은 다 같이 살아요. 상주에. 저만 따로 살고 있거든요. 안산에 살고 있는데 옛날 같았으면 제주도로 시집을 간다고 말할 정도로 친정하고 멀리 떨어지고 싶었는데 안산까지밖에 못 왔어요. 근데 관계나 이런 부분들은 신랑이 많이 가운데서 분배를 해 주는 편이에요.

리더: 근데 그거는 고통스러워 할 일은 아닌 것처럼 들리네요.

옹이: 고통스럽다기보다는 말씀하신 것처럼 제가 욕심이 생겨요. 그래
서 가족들이랑 더 잘 지내고 싶은 거예요, 적극적으로. 그런데
아직까지도 남편이 중간 역할을 했잖아요, 아직도 그 중간 역할
을 시키면서 '아 나도 하고 싶은데.' 하는 마음을 갖고 있는 거 같
아요. 그러니까 옛날에는 그렇게 해 줘서 너무 고마웠던 것이 지
금은 아 불편하구나.

리더: 그러니까 남편이 해 줘도 불편한 거네요. 거기서 비합리적인 생
각은 그거 같아요. 남편은 내가 원하는 대로 착착 해 줘야지, 그
때는 그걸 원했지만 지금은 그렇게 원하는 게 아니야. 그러니까
지금은 수위를 낮춰. 그러나 남편은 옹이 님의 속마음을 알 게
뭐야. 모르지요. 그거예요, 지금 호소하는 문제는 바로 거기에
있는 거예요. 남편은 내 구미에 맞게 이렇게 하라면 이렇게 하
고 저렇게 하라면 저렇게 하고 그때는 그런 걸 원했으니까 그렇
게 했는데 이제는 좀 나한테 그 자리를 물려줘야 되는데 왜 아직
도 눈치 없이 안 물려주고 자기가 다 알아서 하는 거야, 참 내 남
편 눈치 없네. 그게 참 내가 참기 어렵네. 이거지요. 그런 거 같
아요.

평화: 본인이 자리를 찾으시면 바로 딱 들어가실 수 있을 것 같은데요.

호기심: 질문이 있는데요. 결혼 전에 내가 가족하고 나와 가족 간에 있어
서 나는 가족한테 어느 정도로 하셨는지 궁금해요.

옹이: 그때는 무조건 집을 탈출해야겠다는 생각.

호기심: 남편이 빠진 상태잖아요. 그때는 지금은 중간 역할을 하는 상태
지만, 그러면 일대일을 직접적으로 관계가 이루어질 수 있는 건
데 그때는 관계가 어땠는지?

리더: 그때 힘들었다 했잖아요.

옹이: 그때 힘들었어요. 왜냐면 다들 어렸기 때문에 빨리 빠져나가고,
남편하고 결혼한 이유도 그거예요. 빨리 독립을 하기 위해서.
그거 때문에.

리더: 근데 보통의 경우에 목적을 달성할 수단으로 결혼한 경우에는 불행한 경우가 많은데 옹이 님은 다행히 남편이 참 좋은 사람인가 봐요. 굉장히 행복해 보이고 좋은 것 같아요. 남편이 너무 잘해 주니까 복에 겨워가지고 지금 뭐 불만할 거리가 아닌 것 같아요. 우리 남편이 알아서 친정 식구들한테 잘해 주면 나로서는 굉장히 고마운 거지 왜 내 자리를 침범해 와서 내가 다시 찾아 먹어야 하는데 그걸 못하게 한다고 지금 불평할 때가 아닌 것 같아요.

옹이: 그럼 제가 지금 남편한테 불만이 있는 거예요?

리더: 그렇지요. 지금 보니까 그런 것도 있잖아요. 남편한테 불만이 있잖아요. 나한테 지금 그렇게 말했잖아요.

옹이: 제가 그렇게 말했어요?

리더: 어~ 이렇게 말했잖아요. 나는 내 친정 식구들한테 남편이 했던 역할을 하고 싶은데 남편이 계속 하고 있으니까 내가 비집고 들어갈 자리가 없다. 그러면 남편한테 불평하는 것 아닌가요? 남편이 이제는 그만큼 했으니까 물러나 주면 내가 그 자리에 들어가겠는데.

옹이: 제가 그 마음을 몰랐던 거 같아요. 근데 어제 남편이 술 마시고 맛이 갔어요. 그래서 제가 어쩔 수 없이 방마다 대접을 해야 하잖아요. 스물여섯 명이 집에서 자야 하는데 대접을 하느라고 막 신경을 썼죠. 근데 그게 그렇게 나쁘지가 않더라고요. 되게 뭔가 역할을 한 거 같은 느낌. 만약에 남편이 술 먹고 맛이 안 갔으면 그것도 남편이 다 해야 될 일이거든요. 그런데 남편이 먼저 잠드는 바람에 제가 그걸 하고 나서 왠지 모르게 귀찮은 일인데 했는데 뿌듯하다는 느낌이 들었어요.

리더: 그러니까 그런 거 같아요. 내가 친정 식구한테 봉사를 하니까 이렇게 기분 좋은 거를 남편이 다 해서 내가 느낄 겨를이 없어서 남편에 대한 불만이었던 게 아닐까요?

옹이: 그랬던 것 같아요. 아빠와의 관계 속에서 내가 못 했던 걸 남편이 함으로 인해서 받는 사랑이 질투가 났던 것 같아요.

리더: 음, 그것도 우리가 살펴봐야겠어요. 대부분의 경우에는 우리 아빠하고 내 남편하고 사이가 좋으면 굉장히 기분이 좋은 것이고 행복한 일인데 그게 어떤 이유에서 질투가 났을까요?

옹이: 그런 거 같아요. 제가 나의 모든 흠을 아빠한테 보이지 않았다고 했잖아요. 인정받고 싶은 욕구가 많았던 것 같아요. 사랑받고 싶고. 그래서 아빠에게서, 어, ○○이는 네가 알아서 다 하는 애. 이런 말을 듣는 걸 되게 좋아했거든요. 저는 뭐 하다못해 이혼 위기에 처하든 미스 때 자동차 사고가 나든 아빠를 부르지 않아요. 그냥 제가 알아서 처리를 했어요. 그게 예전에는 되게 자랑스러웠거든요, 그땐. 지금은 철들고 나서는 참 불쌍하게 살았다는 생각이 드는 거죠.

리더: 그러니까 옹이 님은 기대할 수 없는 기대를 아빠한테 했던 거 같아요. 내가 척척 다 하기 때문에 아빠는 군이 나를 인정하지 않아도 얘는 다 하는 애야, 관심 주지 않아도 다 하는 애야. 관심과 인정이 갈 이유가 없었지요. 본인이 알아서 해 놓고 왜? 안 주냐고 그렇게 투정을 부리면 그 이유를 알 수가 없잖아요. 내가 알아서 척척 다 해버린 것 같아요. 그리고 이제 남편은 내가 받고 싶은 그 사랑을 받아서 그게 싫었던 건가요? 내가 아버지의 인정을 받아야만 하는데 왜 저 남편이 아버지의 사랑을 받는 거야…. 그럼 나는 이렇게 논박하지요. 그런 사랑을 남편이 받으면 좀 어떠냐, 내 대신 남편이 좀. 무슨 큰일이 나냐. 어때요? 큰일나요?

옹이: 그때는 속상했어요. 왜 자기 딸을 안 좋아하고 딸의 남편을 좋아할까?

리더: 그거는 옹이 님이 해석을 다시 해야 해요. 남편을 좋아하는 거는 나를 좋아하는 거 아닌가요?

옹이: 그런 생각이 안 들더라고요.

리더: 그러니까. 왜냐면 한 번도 아버지에게 사랑받은 경험이 없으니까 그 생각을 못 했던 거 아닐까요? 아버지가 나를 사랑 안 하는 게 아니라는 거죠. 그치. 오히려 아버지도 애한테 좋아한다든지 등의 표현을 한 번도 안했기 때문에 표현했을 때 딸에게 거부 당할 수 있다고 생각하고 불안할 수 있었어요. 한 번도 그래 본적이 없기 때문에. 그러니까 애를 사랑하는 방법을 우회적으로 사위를 사랑함으로써 나의 딸에 대한 사랑을 표현한 것 같아요. 그거를 나는 그때 읽지를 못한 거예요. 아버지는 나보다 사위를 더 사랑하나만 생각했어요. 그것이 나를 사랑한 방법이라는 거는 미처 생각을 못 했던 거예요. 그렇잖아요? 이 세상에 어느 아버지가 딸보다 사위가 더 사랑스러운 사람이 있을까요. 표현을 못 했을 뿐이에요.

평화: 남인데.

리더: 근데 내 딸을 이렇게 예뻐해 주니까 얘가 내 딸을 너무 사랑해 주고 예뻐해 주니까 예쁜 거지. 만약에 내 딸의 남편이 아니면 절대로 예쁠 이유가 있어요? 없어요. 그렇지요. 이제 옹이 님이 스스로 잘했기 때문에 아버지가 관심이 덜 갔던 건 아마 사실일 거고 그런 것 때문에 아버지가 미안한 마음이 있었을 거고 그래서 그 미안함을 상쇄하기 위해서 딸을 사랑하는 사위를 더 예뻐해 준 거고. 맥락이 그렇게 되는 거 같아요.

옹이: 한 번도 그 생각은 안 해 봤네요.

리더: 그러니까 이렇게 집단상담에 참여하면서 다른 관점에서 내 행동을 바라보는 거지요. 옹이 님은 굉장히 착한 딸이에요. 그렇게 형제가 7명인데 한 번도 아버지한테 요구하거나 부탁하거나 괴롭히거나 하지 않고 자기가 스스로 알아서 하는. 그러니까 아버지도 표현을 많이 안 하는 아버지였을 것 같아요. 표현을 안 했을 뿐이지 늘 마음속으로 그런 게 있어요. 그리고 느낌으로라도

직관으로라도 있어요, 그런 게. 그런데 얘를 이 남자가 이렇게 예뻐해 주니까 얼마나 사랑스러워. 그러니까 사랑하신 거예요, 사위를. 그리고 사위는 우리 장인이 사랑해 주니까 더 잘해야지 하고 처가에 더 잘한 거고요.

나무: 생각이 깊으셨던 것 같아요. 옹이 님께서 막 뭘 해달라고 할 수도 있었을 텐데. 나도 좀 줘, 할 수도 있었을 텐데.

평화: 가족을 생각하는 맘에 그랬을 것 같아요.

리더: 그렇죠. 1남 6녀 중 둘째니까. 존재의 의미가 좀 약한.

햇살: 신기해요. 어떻게 생각하느냐에 따라서 좋을 수도 있는데 힘들게 생각하고 있었다는 게.

리더: 얼마나 좋은 일이야, 자기 남편이 친정 식구 스물여섯 명을 이렇게 다 해 주고 집이 얼마나 크길래 스물여섯 명이 다 가서 자요.

옹이: 그렇게 안 커요.

평화: 원래 말씀이나 표현을 잘 안 하시는 편이세요?

옹이: 제가 제 생각을 표현은 되게 잘하거든요. 내가 어떤 생각을 가지고는 잘 표현하는데 감정을 표현하는 게 많이 서툴다는 걸 몰랐어요. 이제 알게 되더라고요. 상담 공부하면서.

리더: 그렇지는 않아요. 옛날에 1남 6녀 가족이 함께 살면서 아마 그 집안 조용할 걸. 가족들이 자기 얘기를 꺼내기 시작하면 되게 시끄러울 것 같아요.

옹이: 그때는 많이 내성적이어서 거의 말을 못하고 자랐던 것 같아요.

리더: 그리고 알아서 척척 잘하고. 이제는 그럼 정리가 좀 됐어요? 아버지에 대한 마음? 친정 식구들에 대한 생각은?

옹이: 네, 딴 걸 떠나서 그것까지는 혼자서 생각을. 아~ 내가 요구하지 않아서 아빠가 안 도와줬구나, 그것까지는 어느 정도 마음속으로 이렇게. 그런데 어떻게 보면 제가 합리화라고 생각을 했었어요. 내가 너무 아프니까 다른 형제들은 막 아빠가 뭐 도와줬다, 뭐 도와줬다 얘기할 때 할 말이 없는 게 우리 아빠가 저렇게

좋은 아빠였나, 다른 사람인가? 이런 생각이 들 정도로 장례식장 거기서는 되게 충격이었어요. 말은 안 했지만. 혼자 생각하면서 내가 그런 여지를 안 남겨서 우리 아빠가 못 보여 줬구나 하고 생각하면서 어찌 보면 내가 다치지 않으려고 합리화시키는 건가 이런 생각까지 했었는데, 금방 말씀하신 것처럼 전 신랑을 아빠가 많이 예뻐하고 제가 저희 신랑을 데려갔을 때 우리 아빠가 되게 좋아하셨어요. 6명의 사위 중에서 아빠가 가장 맘에 들어 하셨던 사위였거든요.

리더: 그러니까 아마 내 생각에는, 아버지가 옹이 님 자랄 때도 자신이 안 해 줘도 지가 스스로 다 잘하더니 결국 남자도 좋은 애를 데려왔구나, 그렇게 생각했을 가능성이 커요.

옹이: 걱정을 많이 안 하시고 저의 신랑에 대한 사랑이 저에 대한 사랑의 표현이라고는 한 번도, 꿈에도 생각을 못 해봤었던 것 같아요.

리더: 아마 내 해석이 맞을 거예요. 그렇게 생각하고 쓸데없이 신랑에 대해서 질투심을 느껴서 뭐해, 우리 가족한테 잘해주는데 그게 질투심을 느낀다는 건 나의 문제지 앞으로도 신랑이 잘해주게 하시고 나는 빠져 있으면서 편하면 좋지, 그렇지 않아요? 가족들도 내 식구가 막 잘해주는 것보다 우리 매형이 우리 형부나 제부가 잘해주는 게 훨씬 더 좋지 않아요? 나는 그런 것 같은데. 그럼 옹이 님이 굉장히 편안한 구조 속에 있는데 그런 경우엔 자신의 신념만 바꾸면 되지요. 이번에 바뀌길 바라고요. 앞으로 또 그런 상황이 되면, 이게 또 나를 제쳐 놓고 저 사람들끼리만 친하다고 생각하면 힘든 거예요. 내가 왜 친정 식구들에게 소외되어 있지? 소외되어 있는 것을 참을 수 없다. 이렇게 생각하면 힘들어요. 그런데 이제는 그게 아니라 우리 가족들이 우리 남편이 해 주는 걸 더 좋아하기 때문에 내가 그 기회를 준다. 이렇게 생각하면 어떨까요? 이번엔 확실히 그 생각이라도 바뀌갔으면

좋겠어요. 앞으로 그런 상황이 왔을 때 그 상황을 즐겨야지 굉장히 좋은 상황에서 걱정할 거리가 없으니까 그런 걱정을 하는 거지요. 질투할 게 없으니까 그런 걸 질투하지, 그쵸? 그런 거 같아요.

또 다른 분은 이렇게 얘기할 것 없어요? 이렇게 리더가 말을 많이 하게 하는 건 좋은 집단이 아니에요.

푸른하늘: 전 궁금한 게 있는데요. 옹이 님, 그러면 반대로 시댁에 갔을 때는 주로 어떤 역할을 하시는지, 그때도 남편 분이 더 옹이 님보다 많은 역할을 하시는지?

옹이: 시부모님을 모시고 살아요. 저희 신랑 쪽은 8남매예요. 그래서 항상 이렇게 생신 때 다 와요. 근데 뭐라고 할까 그때도 신랑이 더 잘해요.

리더: 8남매 장남이니까 그런 거 하는 건가요?

옹이: 장남이 아니고 막내예요. 근데 저희 신랑이 자식 중에 제일 잘해요.

리더: 굉장히 좋은 사람인가 보네요.

옹이: 제가 대학 다닐 때부터 사귀었던 사람이라 어머님 아버님이 신랑을 대학 보내려고 얼마나 고생하는지를 봤어요. 그래서 모셔야 된다고 생각은 했는데. 다른 건 트러블이 없는데 고모님이나 다른 식구들 오면 스트레스가… 그런데 알아서 해요. 저한테 얘기 안 하고 알아서 하기 때문에 제가 간섭할 게 없어요. 하던 그 행동 그대로 우리 친정에도 그래서. 나도 우리 신랑이 친정 식구들한테 너무 잘하니까 시댁 식구들한테 잘 해야겠구나.

리더: 그럼 어제같이 친정 식구가 많이 왔을 때 시부모님 계셔도 그냥 같이?

옹이: 네.

리더: 좋네요.

옹이: 어머님 아버님 같이 모셔서.

리더: 매우 좋아요.

옹이: 어머님 아버님이 너무 좋으셔서.

리더: 아우, 복이 넝쿨째 잘 들어왔네요. 하이디 씨는 무슨 질문을?

하이디: 옹이 님이 감정 표현을 잘 하지는 않지만 그 마음에 가지고 있는 행동으로 가족들에게 잘 보여 줄 수 있을 것이라는 생각을 하고서 푸른하늘 님께서 말씀을 해 주셔서 이해가 됐고요. 저는 하나 또 묻고 싶은 게, 이런 감정이 잘 전달되지 않지만 친정 식구들하고 같이 있을 때 계속 자랐잖아요. 함께 자랐으니까 그 가족들이 옹이 님이 접근하지 않는 양식에 대해서 어떻게 생각하고 그 마음을 알아주고 있는지 이해하고 있는지 그 점을 좀.

옹이: 얘기가 좀 길어지는데요. 저희가 7남매지만 사실은 3명의 동생이 엄마가 달라요. 아빠가 바람을 피워서 데리고 온 아이들이에요. 그래서 제가 자라면서 느꼈던 아빠에 대한 해석은 우리 아빠는 항상 옳으신 분이고 그런데, 그 행동에 대해서는 올바르지 않다는 것 때문에 되게 고민을 많이 했었거든요. 7명이 같이 자랄 때 저는 걔네들이 불쌍했어요. 우리 엄마가 구박하시는 분은 아니었지만 우선은 자기 엄마랑 자라지 못해서 불쌍했고, 우리도 다른 형제들은 다른 취급. 근데 중요한 건 저는 항상 가운데 있었던 것 같아요. 항상 가운데 있어서 너무 말똥말똥하게 서로를 다 보는 입장이어서 나중에는 그 분위기에 있는 것이 싫었죠. 스트레스 받으니까 그래서 빨리 빠지고 싶었던 거고. 아빠가 돌아가시기 직전에 저희 형제들이 거의 해체되기 일보직전이었어요. 아빠 간병을 누가 할 것이냐? 때문에 이것도 둘로 나눠져서 문제가 많았던 건데, 전 그냥 언니네가 옳은 것도 아니고 얘네가 옳은 것도 아니고 그냥 내가 할 도리만 하자. 한 달에 한 번씩 가서 아빠 요양원에서 데리고 와서 집에서 병간호하고 모셔다 드리는 거 한 번만. 그러면서 오겠다는 사람은 다 만나고, 그런데 내가 일부러 찾아가서 만나진 않아요. 둘 다 너무 사이가 안 좋

아서. 근데 아빠가 돌아가시는 날 모두 화해를 했어요. 결정적으로 아빠 돌아가시는 날 화해를 하면서 지금 같은 경우는 사이가 너무 좋아요. 엄마를 또 남동생이 모셔요. 사실은 남동생한테는 친엄마가 아니거든요. 그럼에도 불구하고 엄마에게 되게 잘해요. 모시고 있으니까 나머지 여자 형제들도 다 잘할 수밖에 없는 이런 구조가 되었어요. 항상 보면 제가 외로움을 느끼는 게 저는 머리로써 따르지 않으면 편을 못 들어요. 그래서 제가 언니랑 되게 친했음에도 불구하고 아빠 병간호를 남동생이 거의 다 했거든요. 언니는 남동생이랑 사이가 안 좋아서 남동생을 보러 안 갔어요. 아빠도 보러 안 갔어요. 근데 중간에서 제가 그 역할을 하는 게 너무 힘들었거든요. 사실은 그런 것들이 항상 나 혼자 따로 있다는 느낌 있잖아요. 편으로 나눠졌는데 나만 두 개로 너무 잘 보니까 이 편도 못 들고 저 편도 못 들고 중간에서 어떤 역할을 하다가 너무 힘드니까 둘 다 사이를 자르고, 올 테면 만나겠지만 일부러 가지는 않는다, 이런 식으로 해서 아빠 병간호하면서 아빠 돌아가시고 나서는 다시 잘 친해졌잖아요. 거기서 오는 소외감이 있어요. 저는 되게 힘들었는데 애네들은 언제 그랬냐는 듯이 자기들끼리 상주에서 다 사니까 되게 친하게 잘 지내요. 나 혼자 멀리 떨어져 있으니까, 그런 것에 대한 서운함도 있긴 했지만, 그건 지금 보여 주고 있는 형제들이 친한 거에 비하면 별로 문제는 안 된다고 생각을 했거든요.

리더: 그리고 또 몰라요. 겉으로 잘 지내는 거와 속에 내막을 들어가서 그 사이에 갈등이라는 것은 모르는 거지요.

옹이: 제가 그 생각이 들더라고요. 이번에도 언니한테 하고 싶은 말을 못 한 게 그거예요. 거 봐, 동생 착하잖아. 언니 왜 그렇게 미워했어. 이 얘기를 꼭 해 주고 싶었어요. 언니가 틀렸잖아. 이 말을 하고 싶었는데 언니는 또 언니니까 언제 그랬냐는 듯이 다시 친하게 지내는 것을 보면서, 사람들이 참 어려울 때는 다 자기

고집 가지고 하다가 풀리고 나서는 그 다음엔 그 어려울 때 지켜 줬던 사람에 대해서는 안 알아주는 게 되게 서운하더라고요.

리더: 그럼 거기에 비합리적 생각이 있는 거지요. 내가 이렇게 기여를 했는데 왜 아무도 나를 인정을 안 해 주냐? 와서 재미있게 놀기만 하고. 언니가 한마디라도 해 줬다면, '그때 네가 중립을 지켜 줘서 우리가 이렇게 끝까지 형제애를 잃지 않았어, 고마워.' 이 말을 아무도 안 해 줬네. 그게 애석하네요.

옹이: 그게 또 조금 서운한 게 있었어요.

리더: 그래서 증폭이 된 거고요. 그런 마음이 있어서.

하이디: 매개자의 역할을 그동안에 쭉 해오셨던 거군요.

리더: 그런데 결국 우리 집에 와서 또 놀고 있고. 그러면서 얘네들은 뭐야 고맙다는 말도 안 하고 이쪽도 안 하고 저쪽도 안 하고 나는 이쪽저쪽에 다 힘들었는데 억울하다, 이런 맘이 있었을 것 같아요.

옹이: 집들이도 제가 하고 싶어서 한 게 아니라 언니가 '너네 집에서 하지.' 해서 하게 된 거예요.

리더: 그거 보세요. 결국 필요할 때 또 나한테 오고 나한테 고맙다는 말도 안 하고 내가 그 양쪽을 건사하느라고 얼마나 힘들었는데 그 마음이.

옹이: 그 서운한 맘도 있었어요.

리더: 그 마음이 있었던 것 같아요. 그러니까 거기에.

옹이: 거기에 더 증폭돼서 그런 식으로 나왔어요.

리더: 근데 결국 중간자 역할을 하는 사람이 좋은 거 아니에요? 마음도 넓고 저 나름대로는 그렇다고 생각하는데 말씀하신 것처럼 누구 한 사람 그걸 인정해 주거나 이렇게 해 주면 아 뿌듯했을 텐데, 근데 생각들은 다 하고 있는데 일대일로 만났을 때는 그런 부분들을 약간씩 보여 주는데, 왜 사람의 마음이라는 게 귀로 확인하고 싶고 아빠한테 받고 싶었던 인정들에 대한 욕구를 가족들한

테도 요구하고 있었던 것 같아요.

그래서 Ellis가 그랬잖아요. 인류 공통으로 나타나는 제일의 비합리적 신념이 뭐냐면, '나는 내가 알고 있는 중요한 사람으로부터 인정받고 이해받고 사랑받아야 한다.' 그것이 바로 핵심이죠. 그러니까 옹이 님이 인정의 욕구가 많은데 결국 그들은 우리는 이런 공부를 했으니까 인정을 해 줘야 되고 말로 표현해 줘야 되고 알지만 그들은 모르잖아요. 마음속으로 인정하고 있잖아요. 나는 인정이라는 게 바깥으로 말로 표현해야 되는 것이냐 마음으로 더 중요한 게 아니냐, 언어화되지 않는 게 더 중요할 때가 많다고 논박하고 싶어요. 여러분, 시집간 여자들은 친정엄마하고 무언의 대화, 가슴으로 대화를 하잖아요. 그게 더 진한 대화 아니에요? 우리가 말로 표현해 버리면 그 의미가 상당히 퇴색이 되어 버리는 거예요. 그러니까 말로 해 줬으면 좋겠지만 옛날 아버지들이 그렇게 뭘 딸한테 '내 딸 최고다 너무 잘해.' 이런 말을 하는 사람이 얼마나 있었어요.

마음속으로 다 하시는 거고 그런 인정의 표현이 사위를 사랑하는 걸로 나오는 거고 옹이 님은 말로 내가 꼭 들어야만 한다는 비합리적 생각이 있는 거지요. 그들은 이미 마음속으로 인정하고 있어요. 무언의 대화 있잖아요.

들꽃: 리더께서 말씀해 주신 것처럼 인정과 사랑이 꼭 언어화되어야 하느냐 그거와 관련된 짧은 시가 있거든요. 전체적인 이야기는 떠오르지 않고 짧은 이야기가 '아버지'라는 시인데, 어머니는 자녀가 늦게 들어오면 애가 왜 이렇게 늦게 들어오지 계속 걱정에 말로 그 자녀를 생각하지만 아버지는 자녀가 들어오는 그 문을 바라보면서 계속 걱정하고 그리워한다. 이런 시가 있거든요. 꼭 언어화되진 않지만 눈으로 보진 않았지만 아버지가 나를 위해 생각하면서 했던 행동들 내가 확인할 수는 없잖아요. 보이지 않는 시간 속에 그런 인정과 사랑은 있었을 거라고 생각이 들어요.

리더: 그런 거를 우리가 포착해 내는 능력이 필요하다 생각해요.

하이디: 그런 면에서 옹이 님은 아버님이랑 닮은 면이 있으신 거 같아요.

옹이: 그리고 말씀하셨듯이 제가 되게 약해요. 행동관찰을 한다는 부분이 정말 약해요. 그래서 말로 듣고 싶은 이유가 내가 그 사람의 행동이나 표정들을 잘 관찰을 안 하기 때문에, 못하기 때문이 아니라 안 하기 때문에 그걸 잘 못 찾아낼 수도 있었겠다는 생각이 들어요.

리더: 또 하시고 싶은 말 있으세요? 우리 정리하고 나가야 돼요. 다 되었어요?

옹이: 네.

리더: 좀 도움이 된 것 같아요?

옹이: 우선은 맘이 편해졌어요. 맘이 편하고 혼자 알고 고민하고 있으니까 고민이더라고요. 어쨌든 제가 다른 듣고 싶은 말을 다른 분입을 통해서 듣게 되고 생각하게 되니까 마음이 한결 가벼워졌다는 생각이 들어요.

리더: 좋아요. 자 이런 식으로 진행하면 되겠어요. 좀 더 적극적으로 얘기 안 한 사람들도 끼어들고. 점심 먹고 1시 45분에 만날까요?

■ REBT 집단상담: 호기심

호기심: 얘기해도 될까요? (네~ 물론이죠! 예~ 호기심) 요즘에 뭐라고 해야 되지. 바위가 저를 계속 누른다는 느낌이 드는데 주변에 가까운 사람들의 어떤 기대치 이런 걸 따라가기가 좀 벅차다는 생각이 들어요. 작년에 어머니가 암수술을 받으시고 거기서 제가 아이들이 있는 채로 병수발 하고 따라다니면서 몸이 좀 힘든 것도 있었지만 그런 것 외에 남편이라든지 아이들이 저한테 요구하는 것들이 좀 많이 힘들다는 생각이 드는 거예요. 어머님 같은 경우는 '항상 너랑 있었으면 좋겠다.' '나는 쇼핑도 가고 싶지만

넌 항상 바쁘지 않니?' 항상 그런 말씀을 하시는데 그런 것들을 조금씩 거절하면서 마음이 진짜 불편하고 하지만 내가 좋아하는 것을 조금 하고 싶고 그러면서 대개 미안한 마음 그리고 남편도 이제 물론 제가 남편에 대해서도 배려도 많이 해 주고 들어주는 편이었는데 어느 순간 갑자기 너무 많은 걸 요구하고 있다는 생각이 들었어요. 남편이… 예를 들면 관계에 있어서도 밤에 잠자리나 이런 것도 강압적으로 요구했을 때 제가 '노(No).'라고 하거나 이랬을 때 비난하는 말로 자꾸 그런 식으로 차갑게 얘기하는 것들이 상처가 되고 너무나 힘들고 그리고 저는 안 울 줄 알았는데 (눈물) 어저께도 아이들하고 롯데월드에 갔는데 아이들이 넷이다 보니까 요구하는 것들이 너무 많은 거예요. 그런 것들을 다 들어주려고 하다 보니 아이들이 '엄마 저것 봐.'이러는데 아이들을 챙기다 하려고 하니 너무 힘든 거예요. 하려고 하는 모습이 너무 힘들어하는 모습을 보니까 가까운 사람들이 '너는 이랬으면 좋겠어.' '이렇게 해 주세요.' 이렇게 얘기하는 것이 너무 힘든 거예요. 벅찬 거예요. 남편도 그렇고 엄마도 그렇고 물론 다 사랑하는 사람들이긴 하지만, 말을 하면서까지 너무 하고 싶지 않은데 그걸 거절했을 때 마음이 편하지 않고 마음에 남아서 '아 나는 또 나쁜 딸이구나.' 예, 그런 생각들이 드는 것 같아요.

리더: 보니까 애들 요구는 거의 다 들어주네요. 근데 남편 요구를 못 들어주고, 엄마 요구를 못 들어줘서 마음에 짐인 것 같은데 어떤 게 나를 더 힘들게 해요?

호기심: 제일 힘든 거는 남편이 그런 차가운 말들을 저를 비난하는 얘기를 했을 때 그걸 들어주지 않는 것이 아니라 잠깐 노를 했지만 결국에는 또 그걸 맞춰주는 내 모습을 봤을 때 막 화가 나는 거예요. 나는 왜 내가 힘들다는 얘기를 하지 않고 자꾸 맞춰주고 있을까 가까운 사람들한테. 차가운 말을 내뱉었을 때 그걸 무시할 수 있는데 그거가 마음에 걸려서 또 그걸 따라주고 배려해 주

고 있는 저를 보고 있는 거예요.

리더: 차가운 말 어떤 말을 내뱉었어요?

호기심: 예를 들면 만약 그런 것을 거절했거나 이러면 '내가 거지냐?' 막 이런 식으로 약간 화가 난 것을 그런 식으로 경상도 사람이라서 차갑게 얘기하는 경향이 있는데 내가 너한테 구걸하니?

리더: 그럼 내가 뭐라고 대답했어요?

호기심: '그건 아니지, 내가 너무 피곤해서 그러지.' 이렇게 얘기하죠. 맨 처음 그런 얘기를 못했어요.

리더: 들었죠, 또.

호기심: 아니요. 흐흐 마음에 걸리는 거예요. 그리고 마음이 아이들도 마 찬가지고. 어떤 거절을 했을 때 그걸 엄마가 잘못이라고 이야기 를 하면 엄마도 힘들다고 이렇게 얘기하면 괜찮은데 그걸 자꾸 얘기를 해 놓고 뒤돌아서서 저를 탓하고 있는 거예요. 들어줄 수 있는데…. 왜 어…. 그러고 있나?

리더: 그러니까 주변 사람들이 나한테 많은 요구를 하는구나. 그리고 나는 그걸 들어줘야만 하는 생각을 하고 들어주지 않으면 '나는 좋은 엄마가 아니고, 좋은 딸이 아니고, 좋은 아내가 아니다.' 이 런 생각을 하고 있네요. 그러니까 결국은 또 내 뜻대로 하지 못 하고 그들이 원하는 삶을 살고. 자, 어떻게 해야 될까요?

햇살: (호기심을 보며 함께 운다.) 제가 울컥할 것 같아요. 너무 그 심 정을 잘 아니까! 앙(눈물), 근데 저는 입장이 너무 이해가 가는 게 어쩔 수 없이 내가 해야 될 몫이 있잖아요. (네~) 왜냐하면 저희 아버지도 흑흑흑(울음). 이제 뭐 손쓸 수도 없는 상황이었 고, 그 당시 논문도 쓰고 있었거든요. 그러니까 그때부터 제대로 다 안 되는 것처럼 들었고, 어, 아이들도 돌봐야 하고 일도 해야 되고 근데 저는 그 부분이 좀 힘들더라고요. 죄책감에서… 왜냐 하면 아버지를 적극적으로 모시는 것도 안 됐고 근데 어머님 자 주자주 봐야 되고, 요청은, 할 일은 너무 많고 제 일도 너무 어그

러지고. 음… 근데 아프신 분은 그런 생각을 잘 못하시잖아요. 엄마는 엄마대로 힘들어하시고 남편은 남편대로 너무 힘들고 한 분이 아프시니까 온 집안이 다 어그러지는 게 있는 것 같아요. 정신적으로나 물질적으로나 좀 되게 많이 힘들어진다는 생각이 들어요.

리더: 아고~ 그런 힘든 사람한테 간사까지 해달라고 했으니(웃음).

햇살: 거기에다가 애가 고3이고 이러니까. (맞아요. 아고~) 판명이 났어요. 아버님이 어떻게 손을 쓸 수 없다고… 숨을 잘 못 쉰대요.

리더: 지금 어디 병원 계셔요?

햇살: 음… 뭐가 안 되시니까 부분적으로 왔다 갔다가.

리더: 오래 못 있게 하는 거지요.

햇살: 네. 항암을 할 수 없다고 했음에도 너무 고통스럽지만 또 항암을 들어가세요. 이런 게 다 겹치는 거예요. 항암치료에 들어가시면 큰아이가 실기시험 보러 갈 때 제가 케어해야 되거든요. 이런 부분이 그것도 너무 이해가 돼요. 제가 왜 남편한테 더 섭섭해 하냐면 나는 더 위로받고 싶고 의지하고 싶은데 오히려 자신의 부분 중 제일 밑으로 저를 났거든요. 순서 중에서. 저희 남편도 다 알지만 제가 뭐가 잘 안 되고….

리더: 근데 다른 걸 뭐가 안 하잖아. 자기가 못살아~ 힘들어서. 다른 걸 뭔가 하면서 정신을 분산해야지 사는 거예요 지금. 아버지 옆에서, 아픈 아버지 옆에서 하루 붙어 있어 봐. 더 힘들지요. 근데 이렇게 일을 하고 뭐하고 그러면서 잊어버리는 게 훨씬 좋지 않을까요?

호기심: 저도 어머님한테 가면 어머님도 저한테 관심을 받으시고 싶으니까 이야기를 하시는데 저는 또 아이들이 옆에서 쫑알쫑알 대고 있으면 막 집중을 못하겠는 거예요. 어머님은 사랑을 받고 싶어 하고 남편도 그러고 있는 거예요.

리더: 하하하~~

호기심: 집에 끝나고 가잖아요. 남편도 쫑알쫑알 애들도 쫑알쫑알 휴우~ 계속 이게 저는 쉬고 싶은데 한꺼번에 몰려오면서 어머님은 전화 와서 '너랑 계속 같이 뭔가 하고 싶은데 공부는 무슨 공부냐.' 계속 그런 식으로 얘기하니까 저는 이런 걸 놓치고 싶지 않은데 저의 행복은 뭔가 배우고 이러는 게 참 재미있는데… 하긴 해요. 계속 할 건데 그 죄책감이 계속 들면서 아~ 미안한 마음이 들면서도 자꾸 혼란스럽게 반복되는 것 같아요. 거기서 계속 왔다 갔다 하고 있는 것 같아요.

리더: 이 시간이 힐링하는 시간이에요. 정말 ….

길따라: 맞아요. 저 같은 경우 저도 아이들도 저만 바라보고, 남편도 저만 바라보고, 이런 상황에서 제가 정리한 거는 내 능력, 내 주제 파악하는 것도 내 능력이다. 그런 생각을 해서 내가 할 수 있는 것, 없는 것을 구분했었던 것 같아요. 그래서 조금씩 자리 잡은 것 같아요. 마음 같아서는 아이 한 명하고만 24시간을 보내도 모자랄 시간인데 그렇게 할 수 없으니까 내 능력껏 내가 하고 싶은 것 하고 이렇게 좀 분산하고 포기할 것 포기해 가면서 그리고 또 이제 저는 교회를 다니는데 성경 말씀에 '네 이웃을 내 몸과 같이 사랑하라.'는 말씀이 있거든요. 교회에서도 막 봉사를 강요해요. 그래서 저를 잃어 버리고 봉사를 하다가 느낀 게 그 앞에 전제 조건이 네 이웃을 내 몸과 같이 사랑하라 이런 말이 있었는데 내 몸은 빼고 사랑만 했었다. 이런 생각이 들어서 내 몸 먼저 사랑하고 그 다음부터 내 이웃을 사랑하려고 조금씩 정리를 해 갔던 것 같아요.

리더: 그러면 이제 호기심에 문제를 인지적으로 해석하면 나는 엄마의 요구, 남편의 요구, 아이들의 요구를 다 들어줘야지만 나는 가치 있는 사람이라는 생각을 하는 거예요. 그런데 엄마의 요구를 못 들어주고, 남편의 요구도 못 들어주고, 아이들의 요구도 잘 못 들어주니까 '나는 참 한심하다.' 이런 생각 때문에 괴로운 거죠.

그래요?

호기심: 그렇죠.

리더: 자, 엄마의 요구는 내가 어차피 지금 보니까 들어줄 수 있는 상황이 아니에요. 그러니까 엄마를 교육시켜야 돼요. 좀 야박하지만, 엄마, 나는 지금 애들 네 명 길러야 하고 공부도 해야 하고, 돈도 벌어야 하니까 약속을 하세요. 내가 엄마한테 해 줄 수 있는 시간이 뭐 한 달에 한 번이라든지 이런 것을 약속해서 엄마가 나 아니고, 스스로 홀로 설 수 있게 해 줘야 돼. 그걸 마련해 주고 엄마가 내가 없더라도 요새는 교회에 노인대학도 많고 뭐 문화센터도 많고 얼마나 많은데 왜 굳이 나하고만 쇼핑을 가야 돼 엄마가…. 그러니까 그런 프로그램을 좀 봐서 그쪽으로 엄마가 취미를 붙일 수 있게 해 주고 그 다음에 이제 남편하고는 남편의 본능적 욕구를 어떡하니, 이것을? 내가 응해 주지 않으면 그 이가 바람피울 수 있는데~~

호기심: 그래서 저는 왜 저렇게 화를 낼까? 왜 약간 그런 것을 무시를 당하면 (남자들은 그렇게 말하지) 무시한다고 생각하는 그게 있더라고요. 저게 도대체 어디서 나왔을까? 제가 곰곰이 생각해 보고 얘기도 많이 해 보고 했는데. 음. 어머니가 남편한테 바랐던 것이 많았던 것 같은데 남편이 어렸을 때부터 하고 싶은 것도 많고 그랬는데 에너지가 참 많은 사람인데 부모가 그걸 다 끊었어요. 공부하라 그러면서 그래서 모든 게 다 좌절됐다는 걸. 그 다음부터 인지하고 나서는 그래서 뭔가를 거부당할 때 그런 어렸을 때 그런 게 올라와서 말을 그렇게 심하게 하는 게 아닐까 생각했는데 그래도 그런 걸 매번 당하다 보니 저도 사람인지라 차가운 말을 하거나 막 그렇게 저를… 자기의 욕심이잖아요. 어떻게 보면 그런 식으로 하는 것을 제 잘못이라고 자꾸 생각했었는데 이제 '아, 저 사람이 자기가 원하는 게 있는데 그런 것이 안 됐을 때 저렇게 표시를 하는구나.' 알면서도 그렇게 냉정한 말을

듣고 큰 소리를 낼 때마다 너무 속상하고 머리로 이해하고 또 상황이 닥치면 그렇게 하더라고요.

리더: 아! 네!

호기심: 음, 배려라는 것을 저는 모르겠어요. 저희 가족과 남편 집안이 다르잖아요. 근데 저는 배려라는 것을 많이 가족들에서 배우고 자랐거든요. 예를 들어서, 부인이 피곤하다면 다른 사람이 저렇게 피곤할 수도 있겠다는 고민을 할 수 있을 것 같은데 어떻게 자기 입장에서만 그렇게 생각을 하는 건지….

리더: 그러면 지금 다 우리가 이해돼요. 들꽃 씨도 이해가 되죠?

들꽃: 실제로 저는 그 말이 무슨 말인지 이해가 되네요.

리더: (웃음) 누구? 남편의 얘기가?

들꽃: 남편의 마음도 이해가 되고 아내의 마음도 이해가 돼요. 왜냐하면 상황이 조금, 아내가 현재 성관계를 맺을 수 없는 상황이잖아요. 예를 들면, 제 아내는 출산을 하고 성관계를 맺을 수 없잖아요. 할 수 없는 상황인데 근데 그 상황까지는 아니지만 내가 현재 신체적, 정서적으로 피곤한 상태인데 남편은 성관계를 요구하고 있잖아요? 근데 남자의 입장에서는 그것을 '이 사람이 나를 무시하고 내가 정말 싫구나.'라는 입장에서 거부한 것이 아니라는 것을 분명하게 얘기해 줘야 돼요. (모두들: 어….) 더 상세하게…. 상세하게 얘기해 줘야만 남편이 '아 내가 뭐가 거절되거나 부족해서 거절한 게 아니구나.' 알아요.

호기심: 아~ 그 자체를 모른다는 얘기인가요?

들꽃: 그것보다 그냥 욕구가 더 중요한 거죠. 그냥 하고 싶다는 것이, 욕구가 먼저 앞에 내려오기 때문에 그것에 대해서 좀 상세하게 얘기해 줬을 때. 경상도 사람들에게 좀 단순하게 빨리 얘기해 주는 게 중요하잖아요.

길따라: 저도 하나 보태면 저희 남편도 경상도 사람인데 이렇게 옛날 아버지들은 가부장적인 게 당연한 것처럼 성에 대한 인식 자체도

잘 모르는 것 같다는 생각이 들었어요. '왜 안 해 줘.' '당연한 거지.' 뭐 이러한 식의 인식 자체가 아내와 입장 차이가 다르다는 생각이 들더라고요. 그래서 그런 부분에 대해서도 계속 남편한테 마치 교육하듯이 얘기를 해 주는 게 필요했던 것 같아요.

들꽃: 그런 부분에 대해서 서로 합의가 되지 않으면 되게 곤란할 것 같기도 하고, 또 이게 혼자만 한다고 될 수 있는 게 아니잖아요. 신체적, 정서적으로… 그래서 그 부분은 반드시 서로 합의된 언어로 초점을 분명히 맞춰야 된다고 생각해요.

길따라: 그리고 저 같은 경우는 남편의 과한 욕구와 저의 낮은 욕구 차이가 많아서 힘들었는데 저희 남편한테 간접적으로 자위에 대해서도 물어보니까 남편은 자위의 이미지를 안 좋게 생각하는 거예요. 그래서 저는 그 부분에도 긍정적으로 메시지를 보냈어요. '서로 너무 차이가 나서 힘든데 그게 왜 나쁘냐?' 하면서 개인적인 시간을 갖도록 공간을 만들어 주고 시스템적으로 (하하하~) 진짜 고민을 많이 했거든요. 삶의 불화가 그걸로 많이 있어서 다방면으로 노력을 했던 것 같아요.

햇살: 저는 저희 아버지가 5년 전에 암이셨고 이번에 5년 후에 재발을 하셔서 어쩔 수가 없는데 이런 부분들은 있는 것 같아요. 저희는 서로 소통이 잘되는 편이라서 이야기를 많이 했어요. 싸웠거든요. 제가 뭔지를 알았어요. 왜 저러는지. 저희 남편이 이렇게 보니까 구체적으로 얘기해 줘야 되더라고요. 우유도 많이 사달라고 부탁을 하면 무슨 우유 몇 ㎖ 이렇게 이야기해야지 편해지는 사람이더라고요. 왜냐하면 배경 자체가 저희 남편이랑 좀 비슷해서 저희 아버님 집안이 서울대를 나오셨어요. 그러니까 '이 집안이 이렇게 살았으니 우리 남편이 숨을 못 쉬었겠다.' 이 생각이 들거든요. 중요한 것은 제가 뭐 써 달라고 이렇게 말씀을 드렸더니 저희 아버님은 자세하게 그런 지도 없이 지도처럼 그려 주시는데 저희 큰아버님이 더 심하게 자세히 신호등부터 시작해

서 깜짝 놀랐거든요. '이런 집안에서 살아남으려고 힘이 들었겠구나.' 이런 생각이 들었어요. 저희 남편은 거절에 대해서 심할 정도로 힘들어해요. 근데 신기하게도 지적을 그렇게 잘해요. 제가 한 번 지적하잖아요? 그러면 하나하나에 너무 많이 화를 내요. 이런 시스템인 걸 제가 공부를 하며 더 많이 우리 남편을 이해하게 됐거든요. 그래서 저희는 견뎌야 된다는 생각이 제일 많아요. 그리고 저희 아이들도… 얼마나 잘 견뎌야 되나 생각을 했어요. 우리 아이들이 잘 견뎌요, 대체로 잘. 제가 너희 아빠는 이런 사람이라고 알려주고, 예를 들면 저희 집 앞에 5월에 장미가 너무 예쁘게 많이 피었어요. 저 끝에서부터 여기 끝까지 그런데 장미가 너무 예뻐서 사진 찍고 나면 저희 남편이 산책하면서 뭐라고 하냐면 너무 지저분하대요. 저 많은 사람들이 사진 찍고 있는데….

호기심: 생각이 그렇게 달라요?

햇살: 네, 다르더라고요. 그래서 그만큼 불행한 마음이 많겠죠, 남편에게는…. 근데 그걸 하나하나 짚고서 넘어가면 내가 마음이 상하고 이러면 안 되겠더라고요. 제가 우리 남편에게 대처하는 능력이, 유머로 대처하면 우리 남편은 금방 직면이 돼요. 아이들도 그렇게 하거든요. 계속 잔소리하고 그러면 큰아이는 그걸 멈추게 하는 게 있어요. '알았어, 아빠. 알았어.' 이렇게 한다든지 입술에 대고 딱 대고서 '스톱' 이렇게 하면 깔깔 웃고 그다음부터 말을 안 해요. 근데 그전에 그러지 말아라부터 시작해서 이렇게 하면 어떠냐? 부모가 그렇게 야단을 치면서 왜 우리한테 야단을 치느냐 해도 소용이 하나도 없었거든요. 그 장미도 '당신 매력 터졌다.' 이렇게 이야기했어요. '아유 또 지적 매력 터졌네.' 이렇게 얘기하면 금방 그걸 깨닫더라고요. '어느 순간에 지적질 또 도발하셨군요.' 이렇게 얘기하면 막 웃어요. 그걸 얘기해요. '저렇게 뭐든지 싫어하고 지적하면서 왜 나는 이렇게 좋았을까?' 제

가 이렇게 얘기하면 그런 것을 개발해야지 안 그러면 못 살 것 같더라고요. 그래서 그만큼 해야지 되는 부분이 있어서 그 부분도 얘기했어요. '내가 너무 마음이 아프다. 그래서 동하지 않으면 할 수가 없다. 그것에 대해서 내가 왜 당신의 그런 욕구라는 게 내가 너무 아파서 안 되는 거다. 거절하는 것이 아니다.' 그것에 대해서 직접적으로 이렇게 얘기하지 않고 간간이 흘려듣는 것만 얘기하면 못 알아듣더라고요. 그때 가서 싸움부터 해요. 다 그런 거 아닌가요. (웃음)

푸른하늘: (웃음) 코드가 비슷한데 (웃음) 제 남편은 요리를 좋아하고 잘 만들기도 하고 근데 항상 뭘 해다 주면 저도 못하는 사람이 아닌데 갖다 주면 여기에 뭐가 빠졌다고, 여기 뭐가 들어가면 맛있다고 해요. 저도 그걸 10년을 들었잖아요. 저는 지금은 귀엽더라고요. TV 방송에서 요리프로가 나오는데 거기서도 그 유명하고 요리의 달인들이 나와서 하는데 저기에 저걸 넣으면 안 된다고 뭘 넣으면 된다고 이제는 방송에까지 잔소리를 하는구나. 대단하다. 어쩔 때는 가서 적어요. 다음에 뭘 넣으라고 옆에서 적어 줘요. 틀리는 것 있으면 빨리빨리 얘기해 나 까먹으니까. 그러면 적어요. 그럼 본인이 싸움으로 분란으로 오는 게 아니라 하다보면 자연스럽게 묻히는 거예요. 햇살 님 말대로 그냥 그것을 약간 개그나 유머로 가끔 승화를 시켜줘야겠다는 생각이 들어서 그게 싸움이나 이런 건 안 나오거든요. 근데 그게 제가 보니까 살면서 터득한 저만의 노하우라는 생각이 들었는데 선생님 얘기를 들으니까 코드가 좀 비슷하다는 생각이 들어요.

햇살: 맞아요. TV 속에도 화를 내요. 제가 '아무 상관도 없는 저 사람에 대해서도 화가 나?' 이렇게 물어보면 자기가 그러고 있다는 걸 알더라고요. '나도 아니고 당신이랑 연관도 없는데' 하면 좀 알게 되는 것 같아요….

리더: 호기심 님의 얘기로 돌아오면 일단 남편이 그런 욕구를 표현할

때 내가 거절을 하면 많은 사람이 얘기한 것처럼 자기를 거절하는 걸로 생각하니까 내 생각에는 기분 좋은 날 시간을 하루 좀 내서 그런 얘기를 남편하고 하는 거예요. 당신이 알고 있는 것처럼 내가 다 다룰 수 없을 만큼의 일을 지금 하고 있다. 일도 해야지, 공부도 해야지, 애도 보살펴야지, 엄마가 또 날 부르면 가야되지, 내가 너무 힘든데 당신이 요구할 때 내 마음은 너무 하고 싶지만 당신을 사랑하기 때문에 하고 싶지만 내 몸이 그게 잘 안 된다. 그걸 좀 이해를 못해 주느냐 이렇게 물어봐야죠. 그리고 천주교에서는, 성적 욕구를 매번 분출하는 것보다 참았다 분출하는 게 굉장히 지연 효과 이런 게 크다고 보는데요, 옛날에 김수환 추기경님한테 들었어요. 추기경님 자기가 어떻게 아는 줄 모르겠지만…(웃음).

피임을 자연피임을 하라고 그랬어요. 인공으로 하지 말고 자연으로 하면 훨씬 효과가 크고 만족도가 굉장히 높다고. '매번 느낄 때마다 그걸 해야 되느냐, 자연피임을 해라.' 이런 이야기하시는 것을 분명히 들었어요. 그런 얘기를 하면서 그래서 나에 대한 상황을 이해를 시켜야지요. 그리고 '나는 당신을 거절하는 것이 아니고 다음날 이런 일도 해야 하고 나의 가정을 위해서 당신을 위해서 내가 이렇게 하는 거다.'라고 말을 해 보면 그가 곧 이해하지 않을까요? 그리고 아닌 게 아니라 지연하거나 참았다가 하면 나중에 좀 더 큰 오르가슴을 느끼고 그러는 거 아닐까요? 그렇게 해결하고, 엄마하고는 '엄마, 난 제한된 시간이 있으니까 엄마가 이렇게 시간을 보내고 나한테 이렇게 하고….' 그래서 엄마가 딸이 없어도 내가 스스로 시간을 매니저 할 수 있게 해 줘야 돼요. 언제까지 맨날 쇼핑 다닐 거예요. 언제까지 엄마와 함께, 나는 지금보다 앞으로 계속해서 더 바빠져요. 이 산업 사회 특성이야. 지금보다 앞으로 절대 한가해지지 않을 거예요. 아마… 엄마는 그렇게 하고 남편은 그렇게 하고 애들은 커가면서 스스로 할 수 있게 하고 큰애가 작은애를 돌보게 시스템을 만들고 그렇게 해야 되지 않을까요. 그게 들어보니까 굉장히 힘든 상황이지만 막 울고불고할 상황은 아닌 것 같아요.

호기심: 그게 사고가 뭐라고 경직되고 융통성 있게 못했던 것 같아요. 얘기 들어보니까.

리더: 그 정도 인생의 짐은 다 있어요. 그것도 없는 사람이 어디 있어요. 그런 것을 슬퍼하고 힘들어하고 그러면 정말 인생의 쓴맛을 지금 못 본 거예요.

옹이: 저도 얘기해도 될까요? 아까 말씀했을 때 제가 느낀 것은 아, 여자들 형제들은 다 똑같은가 보다. 아이들 어릴 때, 또 부모님 문제, 남편 문제… 아까 저도 말씀드린 것처럼 아빠 때문에 고민됐을 때 저 혼자 안산에 떨어져 있었잖아요. 제가 할 수 있는 게 별로 없더라고요. 너무 하고 싶은 일은 많으나 또 할 수 없는 상황과 시부모도 모셔야 되고 그랬을 때 결심을 먼저 했어요. 한 달에 한 번 가자. 그 결심을 1년 정도 지켰더니 마음의 짐이 덜어지게 되었고요, 제가 가는 날을 생각했을 때 상주에 있는 다른 가족들이 다른 스케줄을 잡더라고요. 우선은 내가 뭘 할 거야를 나만 생각하는 게 아니라 상대방에게 얘기하면 내 스케줄 말고 다른 가족들이 해 줄 수 있는 일들이 생기게 되었고, 아빠가 돌아가시고 나서는 그다음부터는 이제 엄마가 몸이 좀 안 좋으시니까 한 달에 한 번씩 똑같이 가면서 엄마랑 목욕탕에 모시고 가서 씻겨드렸거든요. 그런 것들이 되게 많이 떨어져 있으면서 서운했었던 딸 노릇을 나중에 할 수 있다는 것이 많이 좋더라고요. 그리고 남편 문제는 사실은 아까 말씀드린 것처럼 저희 남편이 좋잖아요. 근데 남자가 너무 짐승같이 느껴졌어요. 왜냐하면 난 너무 힘들어 죽겠는데 그 욕구를 나에게 요구할 때 저는 사실 내가 거길 응해 줘야 된다는 것보다 '이거 뭐지, 남자는 원래 저래.' 그거에 대한 실망감이 컸어요. 어쩜 내

입장은 하나도 생각 안 하고 지 그거만 생각할까, 그것 때문에 책을 봤어요. 남자가 얼마나 여자랑 다른지. 보면서 아 정말 내가 생각하는 것처럼 남자가 나랑 같지 않구나. 근데 그러고 나니까 조금 생각이 들더라고요. '여보, 우리는 금요일 밤이다, 금요일 밤이야~' 그런데 약속을 했음에도 술을 마시고 오면 남자들이 제어가 안 돼요. 10분만 참아. 못 참아요. 자요. 나름대로 그런 것들을 하고 시부모님들을 모시고 있으니까 한 달에 한 번 하면 너무 하는 거 아냐. 한 달에 한 번은 자주 못하죠. 당연히. 근데 맞춰주려고 노력을 해요. 그러면 제가 얘기한 게 먹혀요. 저는 남편이 원할 때 해줌으로 인해서 제가 인정받는 느낌이 아니라 비참하거든요. '여보, 나 너무 힘들어. 그래서 오늘은 못 해.' 하면 참으면서 잘 거 아니에요. 그때 제가 인정받는다는 느낌이 들어요. 그런 식으로 길들여야 된다는 생각. 어, 남편도 그렇고 내 주변 사람들과 할 수 있는 역량을 확실하게 알려주고 그럼 기대하게 되거든요. 그런 날들을…. 그게 제일 좋았던 것 같아요. 아이들은 조금 커서 어렸을 때만 조금 힘들지만 조금 봐주고 어느 정도 크면 더 이상 애들은 한계가 있더라고요. 크면 더 이상 나한테 안 오든가 집에 들어가면 9시나 10시예요. 잠자기 전까지 2시간 정도만 같이 얘기하고 그런 식으로 고민했었던 것들이 하루아침에 다 되지 않았거든요. 조금씩 조금씩 노하우가 쌓이더라고요. 고민은 똑같지만 그걸 헤쳐 나가는 과정 중에서 우리 남편, 우리 아이들한테 알맞은 방법들이 있을 거예요. 찾아보시면 될 것 같아요.

리더: 맞아요. 다 도움되는 좋은 말씀이에요. 그리고 그 반대로 생각해 봐요. 내가 원하는데 그 사람은 별로야. 그러면 어떻게 할 거야? (그런 게 별로 없죠!)

들꽃: 제가 아는 누님은 올해 나이는 45살이고, 남편은 동갑이에요. 아내는 원하는데 남편이 아예 성기능 자체가 안 되는 거예요. 근데

병원을 가야 하는데 남편이 체면 때문에 못 간다고 거절하는 거죠. 7~8년을 그렇게 보내니까 아예 남편과 정서적인 관계가 다 부서진 거죠. 그런 케이스가 있어요.

리더: 그래요. 좋은 얘기고… 그러니까 남편과의 친밀감을 더 돈독해지는 걸로 만들어야지 내가 잘못해서 남편이 나로부터 멀어지게 하면 안 되는 거고, 그럴 때 미리 밑밥을 잘 깔아서 진지하게 얘기를 해 놓으면 어떨까요? 부부관계도 좋아지지 않을까요?

호기심: 제가 생각하고 있는 이런 것들을 잘 표현해야 하는데 제가 무뎠던 것 같아요. 제가 원하는 거 이런 것들을 부모한테든지, 남편한테든지 그걸 적절하게 주장하면서 상대방도 배려하는 기술을 못 익혔던 것 같아요. 거의 많이 맞춰 주는 식으로 했던 것 같아요. 그것을 표현하면 적절한 합의점을 찾아가는 게 중요한 것 같아요.

햇살: 그러면 리더 님, 호기심 님이 욕구를 들어줘야 자신이 가치 있는 사람이라고 생각하는 거예요.

리더: 이분이 그렇지요. 남편의 욕구를 들어주지 않는, 엄마의 욕구를 들어주지 않는, 아이들의 욕구를 들어주지 않는 나는 참 한심하다. 그러니까 눈물이 나고 힘든 거지요. 또, 또 하나는 남편에 대해서 왜 남편은 내가 들어줄 수 없는 요구를 나한테 하고, 나한테 저렇게 차갑게 대하고, 그런 게 내가 견딜 수 없다. 이런 거지요. 근데 이제 그렇게 만드는 것도 나라는 거예요. 남편이 내가 들어줄 수 없는 거는 요구하지 않게 만드는 게 나라는 거예요. 요구하지 않게 못 만들었어요. 보기는 호기심 씨가 되게 깍쟁이로 보여요. (저요~) 근데 실제는 자기는 이미지 관리 좀 해야 돼. 앞뒤가 안 맞아요. 사실은 부드러운 사람인데 얌체… (새침하고 차가운 이미지라고 그래요.)

호기심: 애기 낳고 까칠해 보이는데 왜 이렇게 털털해요. 아무 데나 팍팍 앉으니까. 보이는 이미지하고 많이 다른가 봐요? 사람들 느끼기

에….

리더: 그게 누구 책임이에요. 내가 보이는 거하고 실제 내가 같은 게 좋겠지요. 일치하는 거요. 실제 나는 부드러운 사람인데 까칠하게 보이는 게 좋아요? 속이 까칠하면 까칠하게 보여도 상관없지만 실제 나는 그런 사람이 아니라면 그렇지 않게 만드는 게 내가 해야 될 일 아닐까요?

호기심: 그러면 행동을 그렇게 한다는 건가요? 제가.

리더: 아니 행동은 부드러운 사람이에요. 오래 사귀면~~ 잘 모르면 까칠하게 느낄 수 있어요. 나만 그러는 거 아니죠? 알고 봤더니 너무 착한 사람이고 좋은 사람인데…. (어떻게….)

햇살: 수다스럽게 말을 안 하잖아요. 그래서 잘 못 느꼈는데… 이야기 해 보면 전혀 안 그러시더라고요.

호기심: 그런 표현을 하는 자체가 어려운 것 같아요. 저는.

리더: 그게 왜 그럴까요?

호기심: 어, 저는 왜 그랬을까? 어렸을 때부터 엄마가 저한테 항상 요구했던 게 그런 표현을 하는 게 좋은 것이 아니라는 것을 가르쳤던 것 같아요. 제가 웃거나 하면 옆에서 찌르면서 그렇게 웃으면 여자는 안 되는 뭐 약간 그런 식으로 하다 보니까 뭔가 마음을 얘기하거나 자연스럽게 행동하는 것들이 한 번 더 생각해 보게 되었던 것 같아요. 뭔가 제 안에 있는 것들이 솔직하게 얘기하는 것들이 좀 어려워요.

리더: 엄마의 가르침이 사실은 잘못된 것을 알았으니까 자연스러운 게 제일 좋은 것 같아요. 왜냐하면 호기심 님은 자기가 얼굴도 굉장히 서양적으로 큼직큼직하고 막 크잖아. 예쁘지~ 그러니까 새침하면 더 배가 되는 거야. 내가 그렇지 않음을, 내 속이 그러지 않음을 사람들이 쉽게 접근하게 하는 것은 나의 몫이다.

햇살: 표정이 그럴 때가 있었어요. 근데 알고 보면 너무 좋은 분이신 거 있죠. 제일 좋아해요.

호기심: 알부녀야. 알고 보면 부드러운 여자…. (웃음)

길따라: 근데 아직 저는 모르겠어요. 같이 인턴을 해도 같은 조여서 아실 텐테…(마음 씀씀이가 너무 좋으셔요.).

리더: 근데 본인은 왜 몰라요. 다른 사람은 다 아는데….

길따라: 얘기할 기회가 없었어요.

리더: 근데 자기도 그런 특성이 있어요. (웃음) 입 꽉 다물고 앉아 있으면 저 사람 도대체 무슨 생각을 할까 상대방이 그렇게 느껴져요. (네. 맞아요.) 난 집단상담 할 때 조금 길따라 님을 알았어요. 그전에는 전혀 어떤 생각을 하는지 몰랐어요. 자기가 별로 반응적이지 않거든. 인사하면 받지 먼저 인사도 못하고 늘 주저주저함이 있어요.

길따라: 네~ 약간 좀, 누군가가 저를 평가하는 자리에 있는 분한테 좀 더 그게 많은 것 같아요. (부자연스럽지 자연스럽게 해야지. 늘 거리 두기를 하고…)

리더: 다시 호기심 님으로 돌아가면, 어떻게 할 거예요? 그렇게 해서.

호기심: 하하, 아 뭐 이미지에 대해서 남편 아이들…. 하하하하.

리더: 여러 가지 이슈가 나왔는데 엄마한테, 남편한테, 나의 이미지.

호기심: 엄마한테는 사실 그런 부분들을 해 나가고 있어요. 차갑지만 냉철하다고 생각할 수 있지만 엄마는 엄마의 인생이 있고 나는 내 인생, 약간 그런 말들 약간 차가운 말들을 많이 하고 있거든요.

리더: 아니 그렇게 엄마는 엄마의 인생이 있다고 하고… 그렇게 말하지 않고도 부드럽게 얼마든지… '응 엄마가 스스로 시간을 쓸 수 있지 할 수 있지 않을까?' 엄마는 엄마 인생 나는 내 인생 그렇게 차갑게 느껴질 것 같다. '나는 엄마가 너무 좋고 엄마랑 시간을 보내고 싶은데 내가 제한된 시간으로 엄마한테 함께할 수 없어. 그렇지만 같이 안 가도 엄마랑 함께 있어.' 그렇게 문자도 보내고 통화도 하고 엄마가 시간을 유용하게 보내면 더 좋을 것 같아요. 엄마가 어느 동에 사셔요? 가까이에 살아요? (역삼동이요.)

거긴 웬만한 문화센터가 많고 많잖아….

호기심: 이게, 아프시니까 다 끊으시더라고요. 아무리 설명을 하더라도 육체적으로 아픈 것보다 마음적으로 본인이 그렇게 생각하는 게 더 무서운 거예요. 아무리 긍정적인 얘기를 해도 안 되더라고 요. 차라리 암, 이것보다 심리적으로 정말….

리더: 그럴수록 사람을 만나고 여행을 다니고 사람들을 만나서 밥도 먹고 이래야 하는 거예요. 내가 아프기 때문에 사람을 안 만나면 안 되는 거예요. 그런데 아프다는 것은 이런 실질적인 생각을 가 로막지요. 왜 공부하면 안 되는 건지 엄마한테 물어보세요.

호기심: 저희 어머님은 겉모습에 대해서 본인이 머리가 다 빠지고 그런 모습을 보여 주기 싫은 거예요. (머리가 나지 않아요.) 나는데 많이 안 나더라고요.

햇살: 근데 그러신 게 있어요. 저희 아빠도 이가 다 빠지고 다른 모습 으로 변해 가니까 다른 사람들이 죽었다는 소문이 날 정도로 못 나가시면서 그래도 운동해야 한다고 하니 새벽에 아무도 없을 때 운동을 하시더라고요. 그런 자존심이 있으시더라고.

호기심: 자존심이 거의 생명이셨던 것 같아요. 어렸을 때는 잘 몰랐는데 이제 아프시고 바닥까지 오시고 이러니까 확 튀어 올라서 남들 에게 인정받으려는 모습이 엄마의 전 인생에 있어서 그 부분이 전부 다였구나. 남한테 보여지는 모습에 신경을 쓰시는 거예요. 머리도 안 보이고 가슴이 하나 없고 목욕탕도 못 가고 센터에 다 니면서 어울려 다녔던 친구들을 전화로 다 끊으신 거예요. 가 족도 오빠하고 저인데, 딸한테 하소연하고 들어주고 그게 좋은 건데 저도 아이들이 있고 좋아하는 것도 하고 싶은데 엄마가 저 한테 완전 의지를 해버리시니까. (그러니까 얼마나 힘들어, 나 한테 집착이야.) 네. 예전에도 사실 집착이 심하셨거든요. 아프 시니까 더 하시더라고요. 예전에 어머니 말을 안 들으면 되게 심 해서 시집갈 때도 남편 머리끄댕이 잡히고 오직 남들보다는 자

식만 보고 살아오신 분인데 다른 생활이 끊겨버리니까 자식만 남는 거예요. 그래 가지고….

리더: 엄마를, 엄마도 상담을 해 줘야죠 내가. (상담을 하고 있는데 도 대체 안 들어요.) 그리고 모르겠다. 엄마를 심리상담가에게 보내야 할 필요가 있는 것 같아요. 사실 남이 뭐가 중요해. 그리고 머리가 정 필요하면 가발 써서 맞춰서 쓰고 나가면 되죠. 사람하고 교류하지 않으면 정말 병이 깊어져요. 유방암환우회도 있지. 그런 데 가서 사람들이 어떻게 후속조치를 하는지 그런 것도 듣고 함께 서포트, 지지하고 이런 그룹을 만들어야 해요. 사람을 끊는 순간 문제가 생겨요. 우리 동생이 시아버지를 모시고 살았거든요. 맞벌이하니 집에 아무도 없는 거예요. 혼자서 막걸리만 잡수셨어요. 나중에 죽게 되셨어. 변을 받아내기도 하고 무슨 요양병원으로 가셨거든요. 삼시 세끼 밥을 주지, 사람들과 말을 하지, 지금 바둑 두셔요. 사람들하고 관계가 이렇게 중요한 거예요. 말하고 소통하고 이제 점점 살아나셔서 지금 같아서는 판정을 못 받는대요. 하하하, 엄마도 어떤 식으로든 머리를 써 가지고 호기심을 발동해서 엄마가 다른 사람들과 소통하게 만들어야 해요. 나한테 집착하지 않게. 어… 내 생각에는 유방암환우회도 있고 얼마든지 많으니, 그들하고 같이 소통하고 같이 여행도 다니고 그런 프로그램도 분명히 있을 거예요. 어느 병원에서 수술하셨는지 모르지만 거기 분명히 있어, 환우회 모임 있을 거예요. 지금 나도 바빠 죽겠는데 나한테만 의지하면 어떻게 해요. 머리카락은 암수술하면 빠지는 거지 그걸 뭘 그렇게 생각해요. 머리카락은 날 때까지 가발 쓰고 다니고 그 다음에 나이 드신 분이니까 생각하기 따라서 아무렇지 않은 것을 스스로 침소봉대 해가지고 '나는 불쌍하고 한심한 것 같아.'라는 신념에 젖어 계신 것 같아요.

평화: 저는 어렸을 때부터 호기심도 감정 표현하면 안 돼 그만큼 나만

바라보고, 이런 생각이 들더라고요. 말씀하시기 전까지는 아, 엄마 삶, 내 삶, 그게 오히려 나은 방법일 수 있을 것 같아요.

호기심: 분리하는 게… 그래서 많이.

리더: 엄마가 좋은 상담자에게 찾아가는 것도 나쁘지 않아요.

호기심: 한참 안 만나 줬더니 심심해 가지고 친구랑 만나기도 하고 그러시더라고요.

리더: 65세 젊으시던데… 앞으로 20년 이상을 살아야 하는데 엄마의 요구를 매번 맞추어 살 수 없잖아요.

호기심: 사람들한테 나설 때도 좋은 이미지만 보여 주는 이미지였던 거예요. 과거에요. 이젠 이런 모습을 보여 주기 싫은 거죠.

리더: 정신적으로 엄마가 불안정해 보입니다. 정말 정신적으로 건강한 사람들은 화장 안 한 모습도 보여 줄 수 있고 더러운 모습도 보여 주면서 당당하게. 어떻게 늘 정돈된 모습만 보여 주나요? 그 삶이 너무너무 힘들지 않아요?

호기심: 너무 힘들어 너무 불쌍한 거예요.

리더: 그래서 엄마가 그런 것 때문에 암도 걸릴 수도 있어요.

호기심: 저는 그렇다고 생각을 해요. 엄마는 지금 육체적인 것이 아니라 그런 것들 때문에 아마.

리더: 그러니까 그것을 딸한테 요구했고 엄마의 성장기에서 뭐 그런 이유가 있겠지, 그렇게 할 수밖에 없는 상황… 그런 것을 내가 심리상담자니까 엄마한테도 엄마행동이 그럴 수밖에 없었던 게 이러이러 했었고 엄마가 그래서 유방암도 걸린 것 같다. 지금이라도 엄마가 좀 족쇄에서 풀려 나왔으면 좋겠다. 엄마도 잘못 생각하고 있는 것이 무지무지 많을 거예요.

호기심: 많아요. 그런 것들을 막 얘기하면 남편 탓이라고 그래요. 맨날 (아, 아버지…) 예예. 근데 내가 보기에는 엄마 문제거든요. 그래서 그런 얘기를 하도 하다가 저번에는 화를 내면서 다 자기가 행복하면 행복한 거고 불행하면 불행한 거라고 요즘은 성질도

내고 예전하고 다르게 약간 깜짝깜짝 놀라긴 해요. 제가 왜 저러나?

리더: 남의 탓을 하는 사람은 자기 성찰이 잘 안 돼. 다 남으로 돌리는 경향이 있지요.

호기심: 괜히 아빠 쪽으로 돌리고 이런 모습들이 상담을 하기 전까지는 '아빠의 성격에 엄마가 힘들었겠구나.' 이런 식으로 단편적으로밖에 못 봤는데 이제는 좀 공부를 하다 보니 조금 보이기 시작하니까 아빠가 불쌍한 거예요. (하하하)

리더: 그렇지~ 진짜 그래요!!!

호기심: '그동안 평생 살면서 엄마 말을 듣고 사느라 얼마나 힘들었을까.' 이런 모습이고, 예전에는 엄마가 하소연했을 때 엄마랑 가까우니까 엄마 입장에서 아빠를 바라보니까 '아빠가 너무 강박적으로 이것을 정리를 하고 탓을 하고 잔소리를 하니까 엄마 진짜 힘들었겠다.' 이렇게 생각했거든요. 이제 와서 보니까 엄마의 집착이, 아빠가 그동안 살면서 힘들어서 참 그랬겠다. 제 머릿속으로 그렇게 이해하지만 이걸 전달하려니까 그래도 안 들으시는 거예요. 어머니 입장에서 그게 안 보이시는 거죠.

리더: 엄마가 무슨 여행 프로그램을 가든지 누군가 산악회에서 함께 해 가지고 그런 데서 기쁨을 찾을 수 있게 좀 해야 될 것 같아요. 지금은 굉장히 위험한 상황인 거고 (저하고 여행 가자고 자꾸 이러서가지고….) 그니까… 딸이 여행 갈 상황이냐고?

호기심: 딸하고 여행을 한번 가고 싶다고 계속….

리더: 딸하고 정 가보고 싶다면 방학 때 같이 가 드리고 여행자 클럽 같은 것도 있고 그렇지 않나요? 위안을 하는 방법을 기술적으로 생각하고… 남편하고 그렇게 해결하고? 네… 더 해 주고 싶은 얘기 없어요? 호기심을 충족시키기 위해서 좀 더 해 주고 싶은 얘기?

평화: 여행 가실 때 아버님을 꼭 모시고 갔으면 좋겠어요. (아~)

리더: 어머님은 싫다고 해요?

평화: 항상 딸은 엄마 아빠 이상 될 수 없다는 것을 알려주면 좋을 것 같아요.

호기심: 그렇게 생각하면 딸이 빠져 주는 것이 더 좋은 게 아닌가요. (그 죠 그죠~) 그런 생각이 들어요. 어차피 저도 자식이 있고 사실 그런 얘기를 하거든요. 엄마한테 그래도 엄마가 쓰러지고 아빠가 엄마를 책임지지 내가 애들 때문에 오지도 못 해 준다고 엄마도 결국에 아빠가 다 해 줄 거고 그런 얘기를 꽉 주입을 시켜 주는데도 본인은 안 들어오시나 봐요.

리더: 엄마가 아빠를 별로 안 좋아하나 봐요.

호기심: 네… 아빠 탓이라고 생각해요. 제가 조금 빠지니까 어떻게 보면 살아가는 방법이 심심하고 그러니까 어쩔 수 없이 아빠랑 그렇게 하기도 하고.

푸른하늘: 제일 좋은 방법은 아버님하고 잘 지내실 수 있는 게 제일 좋긴 한데요. (계속 싸워요) 아버지 탓이라고 한다는 거 보니까 굉장히 많은 스토리가 있었던 것 같아요. 근데 그럼에도 불구하고 남편이 좀 잘해 주거나 좀 더 많이 보듬어 주신다면 결국에는 또 이렇게 남편하고 잘 지내게 되더라고요.

햇살: 그거 저도 엄마를 더 신경 쓰거든요. 아빠보다… 엄마 보약도 해 드리고 맛있는 거 해 드리고 이모한테도 엄마한테 가보라고 하고, 제가 못 가니까. 저희 엄마가 중간에 대상포진이 걸렸거든요. 너무 스트레스 받으셔서… 또 아버지가 많이 아프시니까 간호를 하는 엄마가 힘들면 안 되거든요. 저희는 홍삼을 떨어뜨리지 않고 엄마를 드려요. 아버지는 암 때문에 못 드시거든요.

리더: 그래요. 햇살 님 어머니도 종교가 있으면 교회나 성당은 노인대학도 노인들을 위한 프로그램이 많아요. 거기 가서 사람들을 만나고 또 사람들 죽으면 장례 미사, 장례 예배드려 주면서 자신의 죽음을 준비하거든. 그런 측면에서 엄마도 한번… 절도 좋아요.

사람들과 교류할 수 있는 계기를 많이 만들어 줘야 될 것 같아요. 다른 사람 살아가는 얘기도 좀 들어야 돼요. 그래서 내가 이렇게 불행한 게 아니라는 걸 알게 해 줘야 해요. 지금은 어쩌면 굉장히 불행하게 생각할 수 있어요.

호기심: 굉장히 불행하다고 생각하셔요.

  리더: 남편이 저렇게 못돼가지고 나를 병 걸리게 만들고.

호기심: 자식들도 마음대로 안 되고….

  리더: 근데 내가 볼 때는 불행한 사람은 아니에요.

호기심: 아닌데도 그것을 아무리 얘기해도 본인의 기대치에 너무 높아서 그것에 못 미치니까 다 마음에 안 들어 해요.

  리더: 아휴~ 어떻게 해야 하나요?

호기심: 다른 사람을 상담하는 것이 아니라 엄마를 상담해야 돼요.

  리더: 엄마 좀 상담해 주고 내가 맞는 소리를 하면 또 귀를 기울이기도 할 거예요.

호기심: 저는 엄마와 항상 관계가 좋았기 때문에 저도 약간 두려움이 있었던 것 같아요. 막 화를 내고 '그만해.' 하고 어느 순간 제가 했던 얘기를 다른 사람에게 반복을 하는 거예요. 이모라든지 아빠라든지. 약간씩은 뒤돌아서 안 받아들이는 것 같으면서도 어디서 반복을 하는 것들, 제가 가끔씩 보여져서 들어가긴 들어가는구나.

  리더: 그러면 듣지는 않을 겁니다. 그럼 다른 분의 이야기를 듣기로 하겠습니다.

■ REBT 집단상담: 푸른하늘

푸른하늘: 평소에 자주 말을 꺼냈는데 저희 어머님과의 관계에서 가슴에 맺혀 있거든요. 어머니가 저보다 나이가 20살 많으세요. (시어머니가요?) 일찍 결혼하셨고 아버님과 12살 차이 나세요. 집

에 가면 아버님은 굉장히 노인이시고요, 제가 결혼할 때 어머님이 50살이셨고 제가 30살이었어요. 미인이시고 키도 크시고 남편하고 많이 닮았어요. 밖에 나가면 누나 같다는 말을 많이 들으세요. 아버님하고 나이 차이가 많다 보니 두 번째 부인이라는 말까지 들어요. 어머님이 아들을 너무 좋아하시고. 남편하고 나이 차이가 많이 나서 그런지 모르겠는데 아들을 많이 의지하세요. 그리고 저희 남편이 어머님한테 너무 잘해요. 사실 시어머님 댁에 가면 저는 투명인간 취급을 받아요. 모든 것을 남편하고 상의하고 집안에 무슨 일이 있어도 저한테 전화오지 않고 제가 또 무슨 문제일까 생각했는데 저는 저희 엄마가 어릴 때부터 항상 너는 큰딸이고 엄마, 아빠 죽으면 동생들을 책임져야 하고 지금도 엄마처럼 해 줘야 한다는 것이 엄마 몸에 밴 것 같아요. 그래서 결혼할 때도 시집가면 시어머님과 잘 모셔야겠다는 생각을 했고 나중에 아들 하나밖에 없으니까 어머니, 아버지 내가 재산을 잘 모아서 한옥집도 지어 주고 부모님을 모셔야지 하며 그런 마음으로 결혼을 했는데 시어머님은 저를 편하게 해 주는 마음을 가지고 있는 게 아니라 며느리인데 저를 남처럼 내 아들하고 사는 손주를 키워주는 그런 존재로밖에 생각하지 않는 것 같아요. 시댁에 가면 설거지를 안 시켜요. (되게 좋은데… 하하하) 밥을 안치려고 하면 어머님이 외출할 때 갔다 오면 일거리를 주셔야 하는데 이렇게 이야기하면 주위사람들은 결혼 잘했다고 하지만 그런 분위기가 저를 배려해서 며느리 예쁘다가 아니라 '어머님 제가 밥을 안칠까요?' '놔둬라, 내가 한다.' 국을 끓여도 '놔둬라, 내가 한다.' 싱크대를 정리하면 들어와서 다시 꺼내서 정리를 하시는 거예요. 제 앞에서요. 저한테 잔소리를 하거나 크게 불만이 없으셔서 말씀이 없으시니 집에 갔을 때는 약간 이방인 같은 느낌이 항상 드는 거예요.

리더: 지금 결혼생활 몇 년 했어요?

푸른하늘: 올해로 이제 19년 차요.

리더: 20년 동안 초지일관 같은 태도예요? (네~) 시어머님은… 그러면 그때 푸른하늘 님은 어떻게 반응했어요? 그 시어머님 태도에 대해서?

푸른하늘: 어머님이 완강하시고 수저도 본인이 놓으라는 것을 놓아야 해요. 제가 만약 다른 것을 놓으면 다시 걷어서 다른 수저통에서 꺼내 놓으세요. 제가 행동 제약을 느껴요. 저는 잘해 보려고 하는데 어머님과 항상 어긋난다고 해서 어머님 편하게 해야 하나? 근데 어머님은 반찬도 해다 주시고 김치도 해오시고 겉으로 봤을 때는 너무나 좋은 시어머님이세요. 외부에서 봤을 때 복 받은 줄 알라고 정말 그래요. 반찬도, 김치도, 오이소박이도 계절 따라 해다 주시고, 저는 받으면 항상 불편하고, 감사하다는 생각보다는 말로는 '어머님, 정말 감사히 잘 먹겠습니다.' 얘기를 하는데 어느 순간에 어머님 성격 때문에 집에 가면 부담스럽게 앉아 있는 거예요. 어머님 집에 가면 항상 두통이 와요.

리더: 그러면 어머님한테 그런 얘기를 왜 안 해 봤을까요? 한 번도.

푸른하늘: 한 번 정도, 제가 2, 3년 전에 어머님을 혼자 찾아가서 얘기한 적 있어요.

리더: 뭐라서요?

푸른하늘: 제가 이런 마음이 든다고 어머님은 저한테 미안하다고 약간 부담 안 주려고 하신다고 (그러네~ 마음이) 그리고 아버님 연세가 많으시니까… 술을 좋아하시니까 밖에서 실수를 하셔도 이러실 때도 저한테 연락을 하셔서 상의를 해 주시면 며느리로서 도와드리고 싶은데도, 자식으로 생각될 텐데 저한테는 일체 제가 알면 안 되는 것처럼 항상 아들한테 전화를 하시는 거예요. 근데 저희 남편은 또 어차피 제가 알게 되잖아요. 뭐든지 저를 거쳐야 할 텐데 모르지 않을 건데… 제가 생각하는 어머님은 '자존심이 강하신 건 아닌가?' 라는 생각이 들고 '내가 너희 신세 안

진다.' 식당에 가서도 밥을 사시면 저희가 낼 수도 있잖아요. 저는 저희가 내야 한다고 생각하는데 9만 5천 원 나오면 현금을 가져오셔서 5천 원을 저한테 거스름돈을 받아가세요. 저는 정이 없어 보여요. 항상 하시는 말씀이 '지금은 내가 내지만 나중에 내가 해 줘라~ 하면 그때 해라.' 그 말이 너무 부담스러운 거예요. '지금 어머님이 하시니까 나중에 모든 걸 다 책임져야 하나?' 하는 것도 있지만 외아들인 저희 남편이 그 부담이 더 큰 거예요. 그래서 항상 마음이 무게를 가지고 있더라고요. 그래서 저는 그런 어머님 때문에 집에 가기도 싫더라고요, 시댁에….

그동안은 제가 성격이 그래서 그런지 모르지만 좋은 게 좋은 거니까 그냥 막 가서 맞춰 드리고 기분 나쁘면 사실 집에 오면 그게 오래가지 않아요. 어머니가 그러셨나보다, 어머님이시니까, 힘든 삶을 살아오셨으니까, 식구니까 이해하게 되는데, 이번에 매 해 저희 어머님이 김장을 하시면 200포기를 하셔요. 남편하고 대화가 안 되는데 김장을 서울에서 하는데 김장 코스가 어떤 코스냐면 어머님 친정에서 배추를 심어 놔요. 그러면 그 배추를 그 전날 저희 남편하고 어머니하고 둘이 가서 뽑아서 그 자리에서 절여 가지고 그 다음날 아침에 절인 배추를 씻어 와서 200포기 싣고 와서 저희 어머님 집이 3층 빌라인데 그 물에 젖은 배추 비닐봉지가 엄청나요. 그것을 3층까지 날라서 김장을 해요. 저는 그것이 너무 힘들고 저희 남편도 밤새고 와서 거길 따라가는데 어머님을 거역하지 못하는 거예요. 사실 돈도 많이 들어요. 배추값, 양념값. 시골 친척분들 용돈 드리고 조금씩 드리고 배추와 무, 파를 싣고 농사짓는 것도 가져와서 차가 고장 나기도 해서 매년 부담이 너무 들어요. 한번은 서울에서 김장을 했어요. 어머님이 그것을 원하셔서요. 김장할 때 되면 사실 부담이 돼요. 물론 김치는 맛있고, 1년 동안 먹을 수 있어서 좋은데 너무 힘든 거예요. 김장하면 거실에 양념 속만 산더미예요. 그런 거

저런 거 떠나서 어머님이 저희 의견을 들어주셨으면 좋겠는데 너무 완강해요. 굽혀지지 않아요. 어머님 전화벨 소리가 오면 깜짝깜짝 놀라요. 그럴 때는 반찬을 해서 보내주는 거예요. 맛있게 잘 먹지만 해다 주시는 것도 이제는 부담스럽더라고요. 결혼하면서 시댁에 가서 설거지하는 것도 제 살림처럼 하려고 해도 저에게 맡겨주는 것이 아니니까. 어머님의 배려가 배려가 아닌 느낌이 드는 거예요. 왠지 나를 이방인 취급하는 것 같은 느낌이 드는 거예요.

리더: 그건 왜냐하면 시어머님하고 며느리기 때문에 그래요. 똑같은 행동을 우리 엄마가 했으면 그렇지 않을 거예요. 어쩔 수 없이 며느리는 딸이 아니고 시어머님은 엄마가 아니에요. 그런 관계에도 오는 불편함이에요. 그러니까 여러분, 이 스토리에서 시어머니가 잘못한 게 있어요?

길따라: 두 분이 그냥 안 맞는다는 느낌이 들어요.

리더: 그건 안 맞는 것도 아니에요. 어느 시어머니하고 며느리가 딱 맞아요? 요철처럼. 그럼 딸하고 엄마하고 딱 맞아요? 딸하고 엄마하고 더 힘들잖아. 그래서 여러분 한번 얘기해 볼까요? 푸른하늘 님의 이야기 속에서 시어머님이 무엇을 잘못한 것일까요?

들꽃: 반대로 생각하면 오히려 잘해 주셨던 것만 얘기하면 반찬해 주시고, 김장해 주시고, 설거지해 주시고, 계산해 주시고…. (어~~) 다 이득된 것밖에 없거든요. 얘기 나오는 것만 적어봤을 때.

리더: 하하 잘못한 게 없으신 것 같아~.

천리향: 시어머님께서 며느리가 하나뿐인데 이렇게 며느리한테 의논을 같이하면 좋을 텐데 아들하고만 직통하니까?

리더: 며느리가 힘들어할 것 같은데… 그러면 사정을 해서, 만약 시어머님이 일이 있을 때마다 자기 아들한테 안하고 늘 나한테 전화를 해. 그럼 나는 행복할까요?

푸른하늘: 저한테요? 저한테 그래 본 적이 사실 없으셔서…. (그러니까

그렇게 한다 쳐봐요. 그러면 내가 행복할까?) 제가 좀 나서서 해 드리고 싶은 마음이 좀 있어서요.

리더: 근데 그건 가정(assumption)이지요. 정말 시어머님이 나한테 늘 얘기한다면, 나 너무 힘들어, 자기 아들한테 얘기하지 맨날 나한 테 시시콜콜 얘기야. 이렇게 얘기할 수 있어. 그분이 너무 잘 알 아가지고 며느리 편하게 해 주려고 그 밑 마음이 있는데 그 밑 마음을 지금 잘 못 읽는 것 같아요.

푸른하늘: 근데 저는 리더 님이 말씀하시는 것도 알고 정말 다들 똑같은 말을 하실 거예요. 그게 미묘한 차이인데 병원에 입원하셨잖아 요. 아마 제가 그런 게 있는 것 같아요. 착한 며느리. 뭔가 집안 을 잘, 그런 마음으로 결혼을 했기 때문에 그런 것 같아요. 근데 어머니가 병원에 입원하셨는데 저보고 가라고 하고 아들만 찾으 시고, 반찬을 해 가지고 갔는데 그런 칭찬은 없으시고 '너는 이 제 가도 된다.'고 이따 아들이 온다고 하면서.

리더: 내 생각에 며느리를 어려워하는 것도 있고 엄마가 거리 두기를 하는 건데 그것이 꼭 나쁜 것은 아니에요. 지금 푸른하늘 님은 우리 시어머니는 내가 좀 원하는 대로 행동해 주었으면 좋겠다 는 거지요. 근데 시어머님은 내가 무엇을 원하는지 몰라요. 그 리고 통찰도 없고 자기 딴에는 며느리를 위해서 그러는 것 같아 요. 며느리하고 거리 두기를 하는 걸까요? 내가 아들이 더 편하 니까?

푸른하늘: 아들이 편하신 것도 있고요. 리더 님께서 말씀하신 것처럼 저 를 어려워하시는 것도 있는 것 같아요.

리더: 그리고 깔끔한 사람인 것 같아요. 누가 계산을 해요? 그런 사람 이 어디 있어요? 자식을 생각하는 마음으로 김장도 200포기씩 하지 요새 그런 사람이 어딨어요? 엄마가 나를 생각하는 방식인 것 같아요. 며느리를…. 근데 그 방식이 나는 내가 정말 하고 싶 은데 엄마는 그것을 차단해. 그게 힘든 거지. 막상 내가 맨날 병

수발을 한다고 생각해 봐 그러면 굉장히 힘들 거예요. 여기서 비합리적인 생각은 '우리 어머님은 내가 원하는 대로 행동하지 않는다. 나는 그게 참 힘들다.' 잘 생각해 봐요. 그리고 푸른하늘님은 정말 앞으로 푸르른 하늘을 펼쳐야 하는데 어머니의 그런 행동을 수용해야 돼요. 그럼 그 어머님, 못된 어머니도 나쁜 어머니도 아니고 나하고 행동방식이 다른 것뿐인데 그걸 수용하지 못한다면 며느리로 사는 게 어렵지. 지금 나를 형식적으로 괴롭히는 어머니가 아닌데…. 일일이 그 아들을 안 찾고 몰라 적당하게 나하고 상의해 주고 그러면 내가 좀 좋을 수 있지만 지나치게 나에게 상의한다고 해봐, 일일이 다~내가 받아넘길 수 있겠어요? 아들은 자기 아들이니까 하지만 (남편한테, 제가 이런 얘기 나한테 해도 되는데… 저희 남편이 많이 바빠요.) 그럼 내가 논박할까요? 남편한테 전해 듣는 것과 직접 듣는 것의 차이는 뭔데요?

푸른하늘: 업무적으로 바쁜 일이 있을 때는 본인도 벗어나고 싶어 할 때가 있어요. 엄마가 너무 아들만 찾아요. 딸들이 다 멀리 있으니까… 힘들 일을 혼자서 그것을 며느리한테까지 그런 얘기 안 했으면 좋겠다고 해요.

리더: 어떤 민망함 때문에 (그러니까 약간 아버님이 사고를 치시거나 그런 것을 저한테 감추고 싶은 거죠.) 그 마음이 이해가 안 돼요. 그걸 내가 알아서 무슨 도움이 돼 (저는 다 알고는 있어요. 왜냐하면 남편이 얘기를 하니까 근데 그걸 딸처럼은 아니더라도 백 번 중 한 번이라도 얘기해줬으면 좋겠어요.) 공감 안 하면 무슨 일이 생기는데. (결혼을 하고서 제가 남 같은 느낌, 이방인 같은 느낌. 마음을, 곁을 안 주세요.) 늘 나한테 곁을 주고 엄마처럼 막 집착하고 며느리한테 막~ 그런 것보다 나을 수 있다는 생각은 안 해 보셨어요?

푸른하늘: 나쁘신 건 아닌 건 아는데 제 감정이…. 소외된 느낌이에요.

리더: 소외된 느낌… 근데 며느리를 소외시키는 것은 아닌 것 같아요. 며느리를 어려워하거나 힘들어할 것 같아, 그런 것 같아서 그런 건 아닐까요? 본인이 더 잘 알 것 같은데. 소외시키는 것 같아요? (네, 약간… 저는 좀 그렇게 느껴요.) 근데 그게 편하다니까, 나한테 치대는 것보다….

호기심: 저희 어머니가 저한테는 집착을 하시잖아요. 당신 며느리한테는 이렇게 하셔요. 에~ 절대 피해 주지 않으려고 좋은 말만 하려고 딸하고 너무 다른 거예요. 그리고 며느리 눈치보고 행동하시고 어려워하시고 본인이 능력이 있고 괜찮은 모습이고 좋은 모습이고 싶어서 안 좋은 모습을 보이지 않으시더라고요. 돈도 능력이 있다는 것을 보이고 싶은 거고 그런 것도 보여 주고 싶고 저의 어머님과 똑같은 모습을 보이시는 거예요.

길따라: 저의 친정 부모님이 그렇게 하시거든요. 새언니, 저희 남편, 내 동생의 남편, 바깥에서 들어온 가족들은 저희 가족이 마음을 안 준다고 생각을 해요. 저희 부모님의 마음을 알고 미워하거나 오히려 배려하는 마음에서 반찬을 해 가져가도 밑에서 놓고 가면 며느리 입장에서는 온다고 집안을 청소해 놓고 안 오니까 서운해 하더라고요.

리더: 어쨌든 이 상황에서는 그런 맘 아닐 수도 있고 혹시 그런 맘 일 수도 있어요. 약간 며느리가 어렵거나 아들과 달라서 거리를 느낄 수 있어요. 그것이 괜찮은 것 같아요. 며느리가 나한테, 시어머니가 나한테 딸처럼 안 하고 그렇게 고통스러운 일이 아닌 거라는 거지요. 딸처럼 해줬으면 좋겠지만 막상 그렇게 하면 그게 나한테 있으면 부담되고 힘들 때가 있어요.

옹이: 푸른하늘 님께서 처음에 친정에서는 맏딸로서 동생들의 모든 것들을 본인이 알아서 해 줘야 한다고 했잖아요. 그것이 본인한테는 어떤 생각이 드세요? (저는 그렇게 하는 걸로 생각하고 살았어요.) 지금 보니까 표현 방법에 차이가 있는 것 같아요. 부모님

이 동생들을 나한테 맡기면서 모든 대소사를 결정하는 것이 자기 자신이 인정받는 느낌으로 살아오셨다면 시댁 쪽에서는 그런 부분이 다른 거죠. 행동 때문에 본인이 혹시 문제로 부각된 건 아닌가라는 생각이 드네요.

푸른하늘: 예를 들면 어머니가 상처받은 게 현금이 필요하시다고 해서 제가 마침 현금이 있어서 저는 가족이니까 '어머니, 날도 추우니까 은행 가시지 말고 이걸로 쓰세요.' 하고 드렸는데 어머니가 됐다고 현금 다발을 차 안으로 던지신 거예요.

리더: 왜 화났어요? 왜 던져요? 그 전에 무슨 일이 있었나요?

푸른하늘: 생활비는 아니지만 아버지 연세가 많으시니까… 어머니가 일을 하시거든요. 가끔 한번 드리면 완강하게 거부를 하시는 거예요.

햇살: 그게 남편이 드렸으면 받았을 거야~.

푸른하늘: 저희 남편도 드려 봤어요. 남편이 그대로 가져왔어요. 그런데 어버이날, 명절, 크리스마스 등 명분을 가지고 한꺼번에 드렸는데 한번은 받으시고 전화를 하셨는데 다음부터는 이런 짓 하지 마라 하시더라고요.

리더: 뭔가 지금 이해가 안 돼요. 보통의 부모라면 안 줘서 못 받지. 주는 걸 거절하는 걸까요? '지금 안 받고 늙어서 왕창 받을 거야.' 이러는 걸까요?

푸른하늘: 저희 막내 시누이는 잘 살거든요? 받더라고요. 막내가 주는 건 다 받는 것 같아요. 공무원이니까 사실 떠났다고 생각하시는 것 같아요. 어머니가 형편이 좋은 자식한테 받는 것은 괜찮다고 생각하시는 것 같아요. 결혼하고 나서 한번 집 장만을 할 때 도움을 못 줘서, 문제가 있어서 나중에 동생에게 준 것을 저희가 알게 되었거든요. 저희가 그것을 알고 있는 것을 아시는 것 같아요.

리더: 면목이 없어서 못 받는 거네요. 보통의 경우에는 시어머니가 돈을 달라 그러는 게 내가 힘든 거지 돈을 주는 것을 안 받는 게 힘

들지가 않아요. 근데 왜 푸른하늘 님은, 내가 돈을 줘서 안 받으면 생색도 낼 만큼 내고 안 받으시니까 나한테 좋은 건데, 그게 왜 힘든 걸까요? 여러분 이해가 돼요?

햇살: 그냥 무슨 이유가 있을 것 같아요.

리더: 무슨 이유가 있을까요?

들꽃: 아니면 반대로 내가 원하는 행동을 시어머니가 보여주셨을 때 나한테는 어떤 이득이 있어요?

푸른하늘: 그럼 일단 아들이니까, 아들로 하고 싶은 마음이 있을 거 아네요. 아들 노릇을 못한다고 항상 생각해요. 사실 제가 하는 행동은 남편 기 살려 주려는 행동이에요. 저희 남편이 자식이 용돈을 드리면 받기 싫어도 차라리 손주들에게 용돈을 주더라도 저희 엄마는 받으시고 애들 용돈을 주시거든요. 그러면 사위는 용돈을 드려서 기분 좋고. 서로 좋잖아요. 긍정적으로 용돈을 드리고 안 드리는 것이 본인이 부모님한테 해 드리고 싶은 건데.

리더: 근데 그 시어머니는 어떤 이유로 왜 받지 않으실까요? 나는 너네 도움을 받지 않겠다 이런 거예요?

푸른하늘: 어떨 때는 오기가 생겨서 더 많이 넣을 때도 있었어요. 한번은 돈을 모아서 드리는데 어버이날에 밖에서 시누이에게 하는 말이 '내가 반찬까지 다 해다 바친다.'고 이렇게 얘기하시더라고… 나 이렇게 할 도리를 다했다 본인 스스로 생각하시는 것 같아요.

리더: 그렇게 안 하셔도 다 해 드릴 텐데… 왜 시어머니는 이렇게까지 하나… 그런데 내가 안 해 줘서 저분이 문제 삼아야지 내가 해 드리는데 안 받는 것을 왜 내가 힘들어하냐고요. 자기는 그렇게 존재의 의미, 인정의 욕구를 친정에서부터 받아와서 시어머니에게서 듣고 싶은 거 아니에요?

푸른하늘: 네~ 며느리가 참 잘한다는 이야기를 듣고 싶은 것도 있는 것 같아요. 사실 어머님 생신날 루비 반지를 친정엄마와 시어머니를 사드렸는데 우리 엄마는 너무 좋아하시는 거예요. 시어머니

는 자기 아들이 다 해줬다고 하며 자랑을 하시더라고요. 사실 한 번도 이날까지 어머니한테 '우리 며느리한테 받았어.'라는 말을 들은 적이 없어요. 그 말을 듣고 싶은 거예요.

리더: 아까 정답을 얘기했잖아… 남편하고 나이 차가 많고 아들을 너무 사랑하는 거예요. 어머니가 아들만 눈에 들어오는 것 같아요. 왜 그런 시어머니한테 꼭 인정을 받아야 하는 걸까요?

푸른하늘: 요즘은 마음을 많이 비웠는데 이번 김장에 맘이 돌아섰어요. 우리 신랑이랑 배추를 씻는데 재미있게 씻는데 어머니가 '무슨 할 얘기가 저렇게 많아서, 배추 씻는 게 더디냐.'고 뭐라고 하시더라고요.

리더: 엄마의 무의식 세계를 이해해요. 오이디푸스 콤플렉스. 자기 아들을 너무 사랑한 사람인 거예요. 그 시어머니는 돈을 억으로 갖다 줘도 며느리 잘한다고 고맙다고 이런 말을 하지 않을 것 같아요. 반대로 좋은 측면을 생각해야죠. 만족하는 법을 아는 게 좋아요. 시어머니한테 '아, 우리 며느리 잘했다.' 그 말 들으면 무슨 일이 생기는데.

푸른하늘: 저희 엄마랑 반대 성향이니까.

리더: 왜 우리 엄마하고 시어머니하고 같아야 하나요?

푸른하늘: 큰딸이니까 저한테 강요하잖아요. 우리 엄마는 며느리 반지까지 알을 바꿔 주고 제가 결혼할 때 한 푼도 안 보태 주시더라고요. 저는 오히려 아버지 드리고 오고 제가 다 알아서 제가 벌어서 했거든요. 저는 친정엄마처럼 시어머니도 그렇게 해 주실 줄 알았거든요. 저희 엄마는 큰딸이니까 힘들 때 전화를 해요. 요즘은 그런 생각이 들거든요. '나한테도 좀 주지~' 오빠한테 아들이니까 많이 가고 동생한테도 다 해 주면서, 나는 혼자 아무것도 못 받았는데.

리더: 결국 여기서는 이거였어요. 우리 엄마는 나한테 아무것도 안 해 줬지만 며느리한테 굉장히 잘해 줬잖아. 나도 결혼하면 시어머

니가 굉장히 잘해 주는 줄 알았고요. 시어머니가 나에게 잘해 주게 만드려고 용돈을 주고 하는데 우리 시어머니는 반응 전혀 아닌거죠. 그러니까 힘이 더 없다. 내가 잘하니까 아버지는 걱정이 없는 사람인 줄 알았지. 내가 척척 알아서 하니까 엄마는 나한테 안 해 줘도 됐고 그러니까 시어머니가 그럴 줄 알았는데 시어머니는 우리 엄마랑 너무 달라. 그 대신에 푸른하늘 님은 남편한테 사랑받았잖아요. 모든 사람한테 어떻게 받아요~ 안 그래요? 남편 맘에 안 들어요?

푸른하늘: 아니요. 남편을 너무 사랑하기 때문에 남편한테 그랬어요. 사실은 어머님 너무 미운데 당신을 너무 사랑하기 때문에 미운 감정이 빨리빨리 사라진다.' 저희 어머니가 작은딸 결혼할 때 입은 한복을 몰래 가져와서 사이즈 맞게 지어다 드렸어요. 한복이 없어졌다면서 전화가 왔어요. 한복을 새로 맞춰 갖다 다시 넣어 드렸어요. 입으시라고 제가 사정을 하니까… 시댁 어른한테 잘하래. 그러면 사랑받는다고 했는데 저의 어머님은 한 번도 고맙다는 말을 해 주시지 않았어요.

리더: 그건 좀 억울하네요. 잘해 주는 것을 일단 받지도 않고, 거부하고… 그러니까 누울 자리를 보고 발을 뻗으라고 했는데 푸른하늘 님이 지금 누울 자리가 아닌데 자꾸 발을 뻗고 있는 거죠. 비합리적인 생각은 '내 친엄마한테 받지 못한 사랑을 시어머니에게 받겠다. 그리고 우리 엄마가 며느리에게 잘해 준 것처럼 시어머니도 나한테 잘해 줄 것이다.'라는 거예요. 추론적 수준의 생각이지요. 그러니까 어떻게 해야 되나요?

푸른하늘: 그런 불안감이 있었던 게 '너네 나한테 해 준 게 없잖아.' (그런 말 하라 그래 '어머니는 제가 해드렸는데 안 받으셨잖아요. 어떨 때는 차 안으로 돈을 집어 넣으셨고.')

리더: 그 얘기해 버리면 되잖아요. 그 말을 할 양으로 안 받으시는 거잖아요. 지금 우리한테 했던 말을 시어머니한테 얘기해요. '저는

친정엄마한테 못 받은 사랑을 어머님한테 받고 싶었는데 어머님은 끊임없이 받아 주시지 않으셨다.' 이렇게 말을 해야 다 알아들어요. '그래서 나는 하려고 했지만 기회를 안 주셨기 때문에 못했다.' 그러면 되잖아요.

햇살: 너무 말을 안 하고 사신 것 같아요. 저는 결혼했는데 같이 살았거든요. 어머니에게 냉대 받았어요. 이렇게 잘 웃고 하는 제가, 그런 말을 자연스럽게 하는 분위기가 아니더라고요. 남편도 엄마에게 보여 주지 않았던 것을 저한테 보여줬던 것, 저는 이런 걸 몰랐던 거예요. 이 남자가 여기서도 잘하고 어머니에게도 잘하는 줄 알았어요. 저는 마음 하나도 안 주시고 냉대하시고 (자기 아들을 빼앗아 가는 느낌이었나?) 저희 남편이 순한데 식탁을 들었다 났다 했어요. 아버님 앉아 계시더라고요. 인사 받으려고 한다는 것을 좀 지나서 알았어요.

리더: 정말 잘했어요. 근데 그것을 좋아하고 수용하고 받아주는 사람한테 잘해야지 안 그런 사람한테 하면 그걸 짓밟아요. 그 시어머니는 아들을 너무 사랑한 나머지 질투가 있는 거예요. 푸른하늘님이 자꾸 시어머니에게 사랑을 받으려고 해서요. 시어머니에게 사랑을 받아서 뭐 하려고요?

푸른하늘: 나중에는 어머니하고 같이 사는 것 좀 힘들 것 같아요. 저도 빨리 비워 버렸어야 하는데 아직도 어머니에게 잘해드리고 싶은 마음이 드니까….

리더: 기본적으로 마음이 너무 착해요. 그렇게 원하지 않는 사람에게 서로 마음이 맞아야 구애가 실현되잖아요. 그가 원하는 대로 해 줘요. 오케이. 내가 논박을 하자면 내가 왜 시어머니에게 사랑을 받아야 하는 거야? 왜? (며느리가 하나니까 해 줘야 하지 않을까요.) 그건 내 생각인 거지. 시어머님, 시아버지, 사랑을 받는 것은 참 좋겠지만 안 준다는데 굳이. 이렇게 생각해야 돼요. 남편하고 사이가 나쁘고 시어머니, 시아버지가 잘해 주는 게 좋아요?

아니면 시어머니, 시아버지가 잘 못해 줘도 남편하고 사이가 좋은 게 좋아요? (후자가 좋아요.) 그치, 내가 모든 걸 가질 수 없잖아요. 삶이 그렇지가 않아. 미안하지만 내가 모든 걸 가질 수 없다면 더 중요한 걸 가지면 되지 않나요? 시어머님이 몇살이세요? 69살. 시어머니는 계속 약해져 가고 나는 세져가지. 그럼 시어머니가 나한테 구걸할 때가 있어, 그때 잘해 주면 돼요.

나무: 좀 다르게 볼게요. 제 친구 엄마가 계모세요. 14살에 계모가 왔는데 주변에서 저런 계모가 없다고 했대요. 친구는 엄마 아빠 싫은 걸로 시작했대요. 그런데 새엄마가 사람이 너무 좋은 거예요. 이제는 그분이 자기한테 잘해 줘서, 또 자기가 사고치는 전처의 딸이란 게 싫은 거예요. 고모들도 너무 칭찬을 하고. 새어머니가 나를 나쁜 아이로 만드는 거예요. 그런데도 끝까지 잘해 주셨어요. 오히려 아빠가 방관자처럼 빠져버리신 거예요. 이렇게 친절을 받기 싫은 사람도 있어요. 그 시어머니는 어쩌면 싫어하실지도 몰라요. 나를 고약한 시어머니를 만들려는 역동도 있다는 거예요.

리더: 무의식이라는 게 우리가 이성적으로 이해가 안 되잖아요. 이렇게 잘하는데 왜 시어머니는 지속적으로 거부할까? 자기 아들의 마음을 빼앗아 가는 것에 대한 의식은 아니겠지요. 무의식으로밖에 설명이 안 돼요. 그걸로 이해해요. 나무 씨 친구가 잘못이야. 그 아빠는 어떤 이유로 재혼을 빨리 했는지 모르겠는데 얘는 짐작했잖아요. 엄마를 사랑하지 않았다고 아빠는 애를 위해 빨리 재혼을 했을지도 몰라요. 잘해 주는 것을 왜 거부하는 걸까요? 이 사람이 자기 엄마를 내몰았나요? 좀 안타까워요. 고모들이 칭찬을 많이 해도 친구는 더 분노가 올라오는 것 같아요. (나무 씨가 보기에 그게 고마워야 할 일이죠. 얼마든지 잘 지낼 수 있잖아요. 고마워 할 것을 왜 거부하고 그러지, 안타깝네요.)

옹이: 딸 입장에서는 자기 죽은 엄마에 대해 생각했을 때, 돌아가신 엄

마보다 잘해 주면 좀 그럴 것 같아요.

리더: 잘못된 생각이에요. 왜곡된 생각이요. 내가 더 잘 못해 줘서 그러는 것은 아닌가 하면서 더 잘해 줄 수 있잖아요. 새어머니가 잘해 주는 것을 싫어하는 거예요. 시어머니들이 그릇이 작다.

햇살: 우리 어머님을 이해할 수 있어요. 자식이 자기한테 보여 주지 않았는데 저한테 보여 주는 것을 보니 좀 속상할 수 있겠어요.

리더: 자, 그러면 우리 이제 푸른하늘 님에게 돌아와서, 그만하고 주지 말라는데 뭐하러 줘요. 어머니하고 자기 아들에게 하라고 하고, 어차피 아들에게 듣잖아요. 그리고 그 사랑을 남편에게 받고 그러면 되지 않아요?

푸른하늘: 거절을 하더라도 도리로 해야 되는 거예요. (싫어하더라도 나는 해야 한다.)

하이디: 친정에서 받고 싶은 모습을 시댁에게 받고 싶은 것 같은데 시댁 경계선을 분명히 하고 친정엄마에게 털어놓으면 어머니에게 사랑을 하시고.

푸른하늘: 그리고 저희 엄마가 시어머니에게 이렇게 했다 칭찬을 하시고 그러셨어요. (자기네 엄마도 좀 그렇다. '너한테 잘해 주지도 않는데 뭐하러 그래~' 해야지 자기네가 위선이 좀 있어~) '반찬을 해서 주는 시어머니가 어딨니?' '같이 김장을 하는 어머니가 어딨니?' 며느리가 잘해야 된다는 것을 알려주시고 늘 숙제처럼 다가오는 그런 것들이 저한테 있었어요.

리더: 엄마는 자세한 내막을 모르고 심리전문가도 아니고 이제는 구걸하지 말고. 원하지 않은데 굳이 해 주지 말고요.

평화: 친정엄마께서 조금만 잘해 주시면 '왜 나한테 다가와….' 살갑게 다가오는 것도 싫어서. 아직까지도 그러세요. 며느리에 대해서도 이 경우도 되게 편한 거고 좋은 거예요. '나'의 문제야. 푸른하늘 님의 사랑에 대한 욕구 때문에 문제지… 그렇잖아요. 음식은 다해 주고 나한테 요구하지 않고 그렇잖아요.

들꽃: 저 같은 경우는 반대잖아요. 장인어른 위에 형이 있는데 농약을 먹고 자살을 한 거예요. 그래서 자기가 장남처럼 뭐든지 다 해야 하는 삶을 살아오신 거예요. 그렇게 살아오시다가 교통사고로 장애를 얻어 힘들게 살다가 큰딸을 시집보내야 하니까, 막상 내가 안고 있는 자식을 내어줘야 하니까? 심리적으로 안 되셨나 봐요. 결혼을 많이 반대하셨어요. 어찌어찌해서 신혼여행을 갔다가 장인어른에게 가려고 전화 드렸더니 오지 말라고 하는 거예요. '그럼 언제 가면 될까요?' 하니 '아니 오지 마.' 하는 거예요. 그래서 아내한테 물어보고 이런 맥락을 알고 갔어요. 아버지에게 어떤 피드백을 드리는 게 도리잖아요. 기본적인 도리를 하니 오히려 전 심리적으로 편했던 것 같아요. 시간이 지나면서 아버지가 한두 번 잘해 주는 것을 보고, 좋아해 주는 모습을 보고 서로 맞춰가는 과정이잖아요. 오가는 약간의 다름은 내 자신이 인정해야 하지 않을까. 굴욕적인 피드백을 주더라도 나 또한 아버지에 대해서도 뭔가 꼭 해 줘야 한다면 좀 나아지질 않을까요.

리더: 그래요. 하여튼 오늘 잘 한번 생각해 보고, 그럼에도 불구하고 하겠다 하면 해야지요.

푸른하늘: 독해야 된다는 그 마음이 약해 가지고 제가 잘 안 돼요. 어머니 때문에 화나면 며칠 지나면 까먹고 '어, 어머님한테 잘해 드려야겠다.' 또 이런 생각을 해요. (그이는 나보고 못한다 그 말도 한 번도 하지 않았고 잘해 주라 하지도 않았고… 그런데 맨날 나 스스로 화났다가 잘해 줘야지 하는 건 의미가 없잖아요.)

햇살: 마음을 안 주서서 그래요. 저는 성당에 매일매일 갔어요. (이분은 미워하는 것도 아닌데. 시어머니도 미워하지 않는다고… 그냥 서운한 마음 있는 거라고…)

평화: 햇살 님 말씀에 표현을 안 주실 뿐이지 저도 그 부분을 좀 표현해야 마음을 줘야 한다는 것이 있죠. 냉대함과 그 느낌이 온 거예요. 제 경우도, 우리 어머님도 딸한테는 안 그러세요. 되게 살

갑게 그러세요. 나중에 정리를 했어야 하는데.

푸른하늘: 어머니가, 결혼 초기에 아버님이 병원에 입원하셔서 병원비가 나왔을 때 마침 100만 원이 부족했어요. 제가 치킨집 이벤트인 '닭 익는 마을'로 5행시를 지어서 100만 원을 받았어요. (한번 해봐요) 박수…. '는'자에서 막혀 가지고 했는데, 저는 1등이라 생각했는데, 간결하고 그랬는데, 저만 가정주부고 다들 카피라이터고 그랬는데, 제일 반가워했어요. 상장을 받고 너무 좋잖아요. 가치 있는 일이라고 생각하고 저희 남편이 상장이랑 들고 가서 어머니에게 보여 줬더니 어머니는 아무 말씀을 안 하시고 가라고 하시더라고요. 그런데 남편이 진급하니까 떡을 돌리시더라고요. 반응이 너무 싸늘해서. 사실 어디 가서 100만 원을 빌려요. 너무 이쁠 텐데. 그렇게 반응하시더라고요.

리더: 마음을 접는 게 좋겠어요. 사이가 얼마나 좋겠어. 안타깝다. 연이 안 맞는 거예요. 나무 님 친구가, 내가 볼 때 그 친구가 좋은 엄마를 받아들이는 그릇이 아니야. 자기 복이 아니네요. 안타깝네요. 남이 엄마를 해 준다는 데… 너무 속상해 하지 말고….

평화: 저는 냉대인지 몰랐거든요. 저희 시어머님은 20년 동안 5번밖에 안 됐거든요. 무슨 선물을 하셔도 저는 막내니까 그쪽 사돈어른까지 하지만 저희 엄마는 부담스러워 하니까, (내가 무딘 게 아니라) 이 상황하고 달라. 저는 남편한테 전화하고 둘이 어떤 대화를 한지 모르잖아요. (알 필요 없어요. 이 사람은 사랑을 갈구하잖아요.) 그보단 시어머님께서 복을 차신 것 같아요. (그래그래~~) 저희 어머님도 복을 차신 것 같아요.

길따라: 리더 님, 궁금한 게 있는 게 오늘 하는 걸 보면서 느낀 게 그러면 인생사 문제가 없겠다. 상담받을 일이 없겠다. 약간 이런 생각….

리더: 이런 과정을 통해서 우리의 문제가 해결이 되고 내담자를 만나는 거지요. 모든 사람에게 인생이 뭐가 그리 만족스럽겠어요.

만족스럽게 노력하는 것이지. 여러분도 REBT 상담으로 상담을 하려면 REBT식으로 자신의 문제를 정리하는 게 좋아요. 그러니까 상담자 경험도 해라, 뭐도 해라 그런 게 여러 문제를 어느 정도 해결하라, 내담자를 만나라 이런 의미예요. 내 문제로 가득 차고 자신의 문제는 해결되지 않은 상태에서 내담자를 본다는 게 좀 어려운 일인 듯 해요. 그러니까 정신분석가들은 정신분석을 하기 전에 오랜 세월 정신분석을 받아야 되고, 인지행동가는 그런 것을 막 요구하지 않으나 스스로 해서 자기가 먼저 그 기법으로 도움을 받고 해결이 되고, 그리고 활용을 하는 게 정답이지요. 자기는 그 기법으로 활용해 본 것도 없고 자기한테 적용도 안 해 봤어 그러고 내담자에게 실시한다. 이게 말이 안 되지요. 근데 만약에 우리가 이런 과정을 거치지 않았다면 푸른하늘 님은 끊임없이 시어머니한테 뭘 주려고 노력하고 시어머님은 끊임없이 거부하고 계속해서 상처받고 그러면서 어떻게 좋은 상담자 역할을 해요. 어렵지. 푸른바람 님 그래요, 안 그래요?

푸른바람: 저는 특별하게 이렇게 불편하고 스트레스 받는 게 없는데 좀 오래된 대인관계 패턴에서 어색함이 보통 사람이 느끼는 것보다 불편함이 조금 강한 것 같아요. (어떤 세팅에 있어서) 뭐 그런 집단에 오는 것에 대해서는 괜찮은데요. 어… 지인들과의 관계에 있어서도 조금 불편은 하거든요. 근데 저는 아까 그 얘기를 계속 들으면서 제 문제와 자꾸 연결이 되는 게 저는 그런 시어머니 상황이면 별 스트레스가 없을 것 같은 거예요. 제가… 네에~ 근데 저렇게 생각할 수 있나 보다 하고 제가 너무 인간관계를 그분이 그만큼 원하시면 나는 여기쯤이나 이렇게, 너무 객관적으로 정리하는 스타일인가?

리더: 아니 욕구가 달라서 그런 것 같아요. 욕구… 이 사람은 어머니에게서 받지 못하는 사랑을 받아야 된다는 것을 굉장히 강하게 지니고 있었고 그 다음에 이제 푸른바람 님은 그게 무슨 그런 욕구

가 어느 정도 해결됐을까? 뭐 아니면 그것을 요구해 봤자 되지 않는 것을 이미 학습을 통해서 알았거나.

푸른바람: 그래서 무슨 느낌이냐면 '내가 조금 그 인간 대 인간, 사람이 만날 때 내가 이게 온도가 다른 사람보다 좀 낮은가?' 제가 이 생각을 혼자 하고 있는 거예요. 그러니까 '그게 스트레스 상황이 아닌 것 같은데 힘들다는 거 그런 것들이 왜 인간관계에서 조금 불편하지?' '내가 너무 집중도가 떨어지나?' '기대치나 바람이나 강렬하게 내가 접촉을 안 하나?' 이런 생각을 제가 왜 그러는지에 대해서.

리더: 지금 불편하다는 거는 그건 몰라, 구체적으로 어떤 상황에서 어떻게 불편한지요?

푸른바람: 뭐 예를 들면 처음 만나는 집단 같은 경우도 상담 이후에는 좀 덜한데 약간 불편함도 가지고 가고 약간 긴장감도 있고.

리더: 그건 누구나 그러지 않아요? 하하하 처음 만나는데 편하고 좋아. 으하하하. 저 사람이 요구가 뭔지 모르고 내가 있어서 저 사람과 덕이 될지, 또 저 사람이 나에게 해가 될지도, 진짜 모르는 상황에서 당연히 불편을 느끼는 것은 아주 적절한 정서지요. 처음에 왔는데 너무 익숙하면 이 사람이 이상한 거예요. 그러니까 지능이 낮은 애들은 사람이 저를 싫어하는지 좋아하는지 모르고 막 엉겨 붙잖아요. 굉장히 불편한 상황이요. 처음에 만날 때 이렇게 불편한 거는 자연스러운 거라는 거지요. 그런데 익숙한 사람하고도 만나서 계속해서 불편감을 느낀다는 것은 (불편할 때도 있죠~) 그럴 때가 어떤 이유 때문에 불편할까요?

푸른바람: 그것을 잘 들여다보는 작업을 했는데 (나를 드러내는 게 힘들까?) 그렇지는 않은데 들여다본 결과 내가 너무 완벽해야지 내가 내놓나?

리더: 뭐 그런 것도 있을 수 있고, 내가 부끄럽다고 느끼는 나의 모습을 보여 주고 싶지 않다라는 것도 있을 수도 있겠고요.

호기심: 자세한 상황이나 이런 거를 듣고 싶다는 생각이 들어요. 아까 지인 얘기를 하셨잖아요. 얘기가 그냥 겉도는 느낌이고 어떤 실제적인 상황을 듣고 싶다는 거예요.

푸른바람: 구제적인 예를 하나? 친한 친구들도 정말 친한 친구들인데 그 친구들을 만났는데 안 그런 날도 있지만 어떤 날은 그 친구들이랑 막 수다 떨면서 이렇게 들어갈 때 좀 밀려지고 혼자 있는 것을 좀 즐기는 그럴 때가 있어요.

리더: 그니까 아, 너무 쟤네들은 별것도 아닌 것 가지고 저렇게 수다 떨면서 시간을 보내나. (약간 그런 것도 있어요.) 왜냐하면 공부해서 그럴 수도 있어요. 자기가… 지적인 일을 좀 해야 하는데 이 시간에 수다만 떨어가지고 내가 시간을 제대로 쓰고 있는 거야 뭐 이런 마음이 있는 걸까요?

푸른바람: 공부하기 전 대인관계 패턴을 들여다보는 작업 중에서 초기기억, 강렬한 기억 같은 장면을 떠올리면 약간 어렸을 때 그 학교에서 마을까지 뚝길을 걸어가는데, 친구들하고 같이 갈 때 제가 옛날이야기를 하는 거예요. 제가 얘기를 하면서 친구들의 표정을 살피는 나를 보고 친구들의 반응이 좋으면 다른 사람의 그런 것들을 맞춰보려는 내가 있었어요. 내지는 고등학교 때는 단짝 친구가 있었어요. 그런데 이 친구와 싸웠어. 그러면 절대 이 친구랑 화해를 안 해요. 친구가 너무 착해서 쉬는 시간에 와서 내 책상 앞에 계속 서 있어요. 근데도 제가, 그런 게 용서가 좀, 약간 그런 스타일인 것 같아요.

리더: 그러면 자기가 수용의 폭이 좀 좁고 사람들의 눈치를 살피는 건가요? 눈치를 살펴서 사람들의 마음에 드는 말을 해야 된다는 생각이 많고 그것은 아니에요? 내가 피곤하니까? 같이 있는 걸 덜하고 안 하는 거 아닌가? 이런 거 아닐까요? 그러니까 어렸을 때 초기기억이 뚝길을 걸어가면 막 재미난 얘기하면서 다른 아이들이 내 얘기를 듣나 안 듣나 살피는 거예요?

푸른바람: 그런 것도 있고요. 어려서부터 친구가 초등학교 3학년 때 전학을 갔는데 헤어지는 것이 대해서 서운한 것보다 이 친구가 감으로 인해서 내가 혼자 남겠다는 그런 두려움이 더 컸던 느낌이 있어요. 3학년 때.

리더: 그러니까 내가 '혹시 나의 이런 모습이 마음에 안 들어서 그들이 나를 떠나가면 어떻게 하나?' 그런 게 있지 않을까요? (주변에 사람들이 떠나갈 것에 대한 두려움?) '내가 나를 보이면 내가 드러낸 모습을 통해서 내가 싫어서 나를 차버리면 어떻게 하나?' 그래서 내가 섞이지 못하고 얘기를 못하는 건 아닐까요?

푸른바람: 초기기억 과정에서 들여다보는 과정에서 건져 올린 것들인데 지금 시점이면 스토리가 연결이 되어 제가 이해가 됐으면 좋겠는데, 이게 완벽하게 지금.

리더: 기다려 봐요~ 지금 이틀 더 남았고 자기가 인천에서 왔고 옆에 있는 옹이 님이 먼저 막 얘기를 했잖아. 그래서 자기 얘기를 할 거라고 기대했는데… 하루 종일 가도 얘기를 안 해. 마지막 판에 얘기하잖아. 뭔가 내놓은 것에 두려움이 많고 내가 내놓은 것에 수용의 체험보다는 속마음을 얘기했을 때 거절에 대한 경험은 없었는지 아까 친구를, 용서의 친구도 결국에는 내가 화해하고 싶었잖아요. 얘가 언젠가 나를 차 버릴 거에 대한 밑 마음이 있었을 것 같기도 하고?

푸른바람: 근데 그런 패턴이 나이가 들면서 크게 불편하지 않은 거예요. 예, 그러니까 학창시절에는 그런 것들이 스트레스 상황이었는데 어떤 자리가 만들어지고 어떤 세팅된 자리에서는 크게 불편하지 않아요.

리더: 그 세팅된 자리라는 게 깊이 있는 나를 보여 주지 않아도 되는 거잖아요. (역할로서…) 깊이 있는 보여 주는 자리에서는 늘 두렵고 싫고 빨리 떠나고 싶고 아마 어렸을 때 내가 수용되지 못한 약점 같은 것을 마음껏 말했는데 수용되지 못한 체험이 있을 것

같아요. 그래서 사람들로부터 차인 경험이 그것이 나한테 상처로 있지 않았을까. 가설… 나의 비합리적인 신념이 뭔가를 찾아봐야지요. '나는 충분히 수용되지 않을 바에는 내 얘기를 안 하는 게 낫다.' '이해받지 못 할 바에는 그냥 관계를 처음부터 시작하지 않는 게 낫다.' 이런 식의 비합리적인 신념이 있을 수도 있겠죠. 집에 가서 곰곰이 생각해 봐요.

👥 REBT 집단상담: 첫날의 마무리

리더: 결국 이런 작업들이 문제가 있어서 치료하기보다는 REBT 집단이 어떻게 돌아가는 것을 배우러 오신 거잖아요. 상담자들은 내가 경험하지 않은 상황을 다뤄야 될 때가 굉장히 많아요. 그래서 우리는 전문가예요. 내가 경험한 것은 누구도 다룰 수 있어요. 그런데 내 경험을 뛰어넘는 거 이런 것을 다루기 위해서 우리는 이런 체험을 하고 다른 사람이야기도 듣는 거고, 또 인간의 삶이 여기서 나오는 이야기에서 많이 벗어나지 않아요. 그래서 내가 경험해 보지 못한 문제에 대해서 다루는 것이 바로 전문가인 거지요. 이런 체험을 잘 활용하시고요. 다음으로, 여기는 REBT 집단이잖아요. 비합리적인 생각을 해내고 목적이 분명한 기법을 사용한 집단이기 때문에 어떻게 비합리적인 생각을 찾고 어떻게 논박을 하나 유심히 보고 상담자로서 도움이 됐으면 좋겠어요. 개인적으로도 우리 탐색 집단이니까 기법훈련을 했을 때 일기장에다가 REBT식으로 일기도 써 보고요. REBT를 내 이론의 근간으로 하려면 그러한 연습을 해야 돼요. 슬프고 속상하고 화날 때마다 어떤 상황인지 쓰고 그때의 나의 생각이 무엇인지 찾아보고, 탐색한 다음 스스로 논박해서 '그래 이렇게 해서 생각을 바꾸면 되겠다.' 이런 작업을 여러분들이 아주 익숙하게 해야지 내

담자가 왔을 때, 그가 호소하는 비합리적인 생각이 바로 보이고 그것을 논박을 잘 할 수 있게끔 될 수 있을 겁니다.

🏌 REBT 집단상담: 둘째 날 오전

■ REBT 집단상담: 푸른바람

푸른바람: 저는요, 리더 님이 버려진 경험이 없느냐 물으셨는데, 동기들도 그렇고 유기불안 얘기가 나오면 나랑은 먼 얘기다 했는데, 친구가 멀리 떠났던 기억에서 다시 한번 버려지는 두려움이 떠올라요. 제게는 여동생, 남동생 두 명이 있는데, 여동생은 성격이 까칠하고 많이 울고 그런데 정말 예뻐요. 주변에서 혜택을 많이 받았는지 모르겠는데, 주변인들로부터 사랑이나 이런 것에 제가 질투가 있었나 하는 생각을 하게 되었어요. 카메라가 귀하던 시절에 아빠가 카메라를 구입한 뒤 동생을 데리고 나가서 사진을 찍어줬었어요. 다음엔 절 데리고 갈 것이라 생각하고 나름 단장하고 기다리는데, 아빠는 제가 아니라 또 동생만 데리고 가서 갈대밭에서 사진 찍었던 기억이 나요. 제가 버려지는 것에 대한 두려움이 있는가 보다 생각했고. 개인상담을 받을 때, 근사하다는 말을 참 많이 쓴다는 얘기를 듣고 나서 흩어진 퍼즐을 맞추던 상황에 '내가 근사하지 않으면 버려질 것 같은 두려움, 자동적 사고가 있는가?'를 떠올리면서, 인식체계에 맞는 경험들 이런 것들이 좀 맞춰지는 그런 느낌을 받았거든요. 책을 읽다가 막 앞장에 쓰기 시작한 거예요.

리더: 지하철 타고 오셨어요?

푸른바람: 네. 그래서 '내가 대인관계상에서 약간 회피 패턴인가보다. 내가 근사하다 평가되는 자리에서는 에너지를 받고, 근사하지 않

은 상황에서는 나를 멀리서 보는 회피적 패턴인가 보다. 남편 관계도 그렇고, 큰아이와 관계에서도 그래요. 내가 근사해야 하는데 내 아이나 남편의 잦은 실패경험들이 걸림돌이 되는 것에 대해서 내가 분노가 올라오는 것인가?'라는 생각을 처음 하게 되었어요. 제가 약간 자기중심적인 생각을 자주 하는데, 그런 파편화되어 있는 것들이 오늘 오면서 좀 맞춰지는 듯해서, 떨리는 경험을 하고 왔어요. 그게 어떻게 맞는지는 모르겠지만….

리더: 본인이 그렇게 판단이 되면… 어떻게 틀리다 말할 수 있겠어요? '아, 이렇게 적용이 되는구나….' 그쵸?

푸른바람: 논박을 하면서 제가…(웃음) 스스로에게 논박으로, '내가 항상 버려졌어? 나를 필요로 하는 자리가 없었어?' 그러다 보니까, REBT에서 모든 사람으로부터 인정받고 사랑받고 싶었던 제 첫 번째 욕망과 또, 제가 노트에 적어놨던 '나는 모든 사람들에게 성공한 사람으로 인식되어야 한다.'라는 그… 것도 또 이 두 개가… (리더: 성공해야지만 가치 있는 인생이다.) 네, 그래야 근사해지고 그래야지 된다.

리더: 아이고, 이미 이렇게 살아있는 것만으로도 성공한 것이고, 이미 성공했잖아요. 독서치료사 뭐, 그쵸? 더 성공해야 하나요?

푸른바람: 그러니까요… (웃음)

리더: 성공에 너무 압도되면 삶을 잃잖아요.

푸른바람: 음….

리더: 순간순간의 삶을 우리가 누려야 되는데, 성공을 너무 지향하면 희생해야 되는 게 많으니까… 그쵸? 이렇게 들으면서 어렸을 때 그런 생각들이 다 맞을 수도 있겠다. 맏딸인 나보다 아빠가 동생을 더 예뻐했고, 늘 살림 밑천으로서 유순하다고 칭찬 받고. 그래서 어느 날은 나도 사진 찍어줄 것이라고 단장하고 있었는데 나는 안 찍어주고, 그러니까 '내가 더 돋보여야 아버지가 날 인정할 수 있겠구나.' 하는 것들이 의식/무의식으로 작동했겠고

요. 대인관계에서도 내가 근사해 보이지 않으면 상대들도 아버지처럼 나를 버릴 수 있기 때문에 근사해 보일 수 없는 상황에서는 회피하고 차단하고, 근사해 보이는 데만 나를 드러내고 활동하고. 그러다 보니까 대인관계들이 많이 허약해질 수 있겠지요. 어떻게 내가 근사해 보이는 데만 있을 수 있겠어요? 그리고 나를 추종하는 사람들하고만 대인관계를 한다는 거는 나를 부러워하고 막 이런 사람들하고만 한다는 거는, 관계에서는 나쁜 거죠. 인간의 진면목을 알면 어떻게 맨날 추종만 하고 부러워만 할 수 있겠어요? 그쵸? 건강한 사람이라는 것은 어제도 얘기했지만, 호기심 님 어머니 때도 얘기했지만 건강한 사람이라는 것은 자신의 화장하지 않은 모습을 드러낼 수 있어야 돼요. 늘 정돈된 모습만 보인 사람은 정신세계가 그렇게 건강하다고 볼 수 있을까요? 자신의 흐트러진 모습, 안 좋은 모습도 당당하게 볼 수 있는… 그래요?

푸른바람: 네~ 호호호. 그런데요. 그런 것들이 머리로는, 책으로는 뭐 이렇게 다 한 번씩 경험했던 말인데, 그게 내 안에 와서 와 닿지 않았는데, 좀 깨닫게 되는 것 같아요.

리더: 그런 통찰이 잘 안 되는 사람도 있어요. 그런 통찰이 잘 안 되는 사람이 상담에 뛰어드는 것은 좀 아닌 것 같아요. 심리학적 마음갖춤새(psychological mindness)가 좀 있어야지. 우리도 이제 내 생각에는 지능으로 하나로 개발될 수 있는 영역인 것 같아요. 자기 통찰지수. 정서 지능 있고, 이미 있어. 자기성찰지능 있어. 대인 간 지능(inter-personal), 대인내적 지능(intra-personal). 성찰지능이 약한 경우는 상담에서는 성공하기 어렵지 않을까요? 좋은 성찰을 했네요.

호기심: 저는 어떤 느낌이 들었냐 하면, 리더 님께서 질문하셨을 때, 푸른바람 님이 소크라테스식 질문법 하시면서 설명을 자세하게 잘 하셨고, 어떤 이론이나 지식이나 이런 부분은 되게 잘 알고 계신

듯한 느낌은 들었어요. 그런데, 그게 이야기하신 것같이 본인의 경험이나 느낌과는 연결되지 못하는 느낌을 받았거든요. '내가 이게 맞나 아닌가.' 자꾸 지식적인 부분에서 접근하려는 게, 일상생활에서 본인이 느끼고 파악하는 부분이랑 지식과 괴리가 되고 있다는 느낌을 받았어요. 그런 지식부분을 말할 때는 말을 잘하는데, 막상 자신의 이야기를 내놓을 때는 약간 불안함이 느껴졌었어요. 그런 푸른바람 님이 느끼는 부분을 생활에서 잘 찾아나가신다면, 통합되면 되게 잘하실 것 같다고 생각됐어요.

들꽃: 저는 금방 호기심 님이 말씀하신 것과 푸른바람 님이 지하철에서 '과연 내가 REBT이론과 나의 삶이 어떻게 접목되는가.'를 고심하셨잖아요. 그런데 그 이야기를 유심히 듣고 있음에도 불구하고 저는 푸른바람 님의 이야기가 잘 안 들리는 거예요. 리더님께서 큰 틀에서 바라보시고 각각의 틀에 맞춰서 요약해 주시니까 푸른바람 님이 어떤 말씀을 하셨는지 저는 탁 와 닿았거든요. 그런데 푸른바람 님께서 얘기해 주실 때는 도대체 무슨 얘기를 하고 있는 것인지? 뭔가 스스로 이론적으로 설명하려고 애쓰는 느낌이긴 하나….

푸른바람: 지금이요?

들꽃: 네, 금방요. '오늘 오면서 고민했고, 내 어린 시절, 버림받음, 아이들.' 그런 주요 키워드, 단어들은 들리는데 그 단어들이 연결된 듯한 느낌은 받지 못했어요.

평화: 저는 반대로, 이렇게 말씀하시는데 키워드들이 그림으로 그려지더라고요. 설명이 되게 잘됐다고 생각했어요.

푸른바람: 저는 이게 우연이 없는 거 같다는 생각이 들더라고요. 학교 수업 중에 연구 주제를 잡아야 되는 때가 있었어요. 교수님께서 연구 주제를 5분 안에 잡으라고 하셨는데, 돌아가면서 연구 주제들을 말하는데, 아무 생각 없다가 제 순서에 이것저것 내놓았는데 교수님께서 다 아니라고 하셨어요. 그래서 '열등감이요?' 했

더니 '그래, 그거 해라.' 이러시는 거예요. (모두 웃음) 제가 의도하지 않아도 제게 온 주제인 거예요. 그 학기 동안은 무엇만 하면 '열등감'만 생각했는데, 그 열등감이 바로 '저'더라고요. 앞에서 말씀하신 것처럼, 제가 빈약하고 그런데 근사하게는 보여야 되고 남들에게 보이는 잣대나 평가에는 민감하고 그러니까 그런 평가에는 순차적으로 잘하는 거예요. 그래서 '난 괜찮아, 근사해.' 생각하고 있었는데, 그건 또 아닌 거라는 걸 지금…막… 음… 제가 경험을 하는데 희한하게 제가 대인상황에서 어떤 불안이 있다 보니까 그 열등감, CBT, 대인불안 이런 게 각각 놀다가 이렇게 모여지면서 정리가 되는데… 그 상담에서도 제 내담자가 다 대인불안 가진 분들을 만나는 거예요… 제가 지식적인 것이나 이런 것은 노력을 해서 하는데, 제가 집중력이 좀 있어요. 오늘 오면서 한 것은 그게… 이론으로만 생각했던 것이 저랑 연결이 되면서 떨리는 경험을 한 거예요.

호기심: 그러니까… 이런 느낌인 것 같아요. 내가 어떤 것을 느껴가지고 책을 찾아봐서 이런 거구나 한 것이 아니라, 책으로 먼저 배운 다음에 책이 이러니까 나는 이런가? 거꾸로 분석한다는 느낌?! 어제도 지식적인 것은 구체적으로 설명은 잘하시는데, 자신의 상황은 모호하게 구체적이지 못하고 합쳐지지 않은 느낌을 받았거든요.

푸른바람: 네, 제가 자기 개방을 잘 못하죠. 역할 낮은 준비할 수 있으니까 잘 보여줄 수 있는데, 제가 민낯을 보여 주는 게 좀 서툰거죠.

들꽃: 좀 전에 말씀하신 수업 중에 주제 정하기 할 때, '열등감? 그래 그거 해봐.'라고 교수님께서 말씀하셨을 때, 저는 푸른바람 님이 당황스럽고 난처함의 감정들이 느껴졌는데.

푸른바람: '아니, 이건 뭐지?' 하는… 저만 '뭐지?'가 아니라 모든 수강생들이 그 시간에 그런 감정들을 느낀 것이고… 제가 제시한 모든 주제에 대해서 모두 아니라고 하시니까 오기가 발동하더라고

요. 그래서 '열등감이요?' 했는데, 그 단어가… 그 상황도 우연이 아닌 것 같더라고요. 그게 저더라고요.

리더: 그러니까 그 순간 그 말이 왜 나왔겠어요. 내가 늘 의식/무의식으로 생각했던 주제이고 나한테 절실한 주제니까 나도 모르게 그 말이 튀어나오게 된 거겠지요.

푸른바람: 그렇죠. 그런데, 제가 개인분석 받을 때, 그 교수님께서 제게 '근사하다'는 말을 많이 쓴다고 했을 때, '내가 그런 말을 많이 쓰는구나.'만 생각했는데, 오늘 오면서 단장하고 있던 어린 나와, 근사하다는 말을 많을 많이 쓰네요. 버려지는 것에 대한 경험이 있는 것 같다는 것들이 모두 합쳐지면서 저도 모르게 가슴 떨리게 되는 경험이 된 거죠.

제가 학생들에게 논술을 가르치다 보니까, 왜 그런가를 묻고 근거와 논리에 맞는 것을 직업적으로 하다 보니까 그게 더 강화된 것 같은데, 감정이 소중하다는 것을 잘 알거든요. 감정으로 만나야 한다는 것들도… 이게 오늘 아침에 경험하게 된 것이죠.

리더: REBT로 풀어보면, 푸른바람 님은 자기 개방도 굉장히 인지적이에요. 내가 인지적으로 정리된 부분을 우리에게 표현하시지 않아요. 보통은 내가 얼마나 힘들고 고통스러웠고 등을 말해야 하는데, 워낙 정리해서 내 놓으시네요. 평소에 논리적 사고를 많이 하시는 분이세요. 아무래도 평소에 하시는 일이 기승전결과 근거 등을 제시해서 해결하는 일을 하다 보니 그런 것 같아요. 그러니까 정서적인 것이 혼란스러운 것을 푸른바람 님이 스스로가 정돈해 가지고 자기의 현상도 정리된 인지 내에서 조직해 놓아야 속이 편한 사람 같군요.

푸른바람: 오늘 저 자신의 이해되지 않은 부분이 정리가 되니까….

리더: 네, 좋아요.

나무: 모든 사람이 다 인지적이지 않으니까… 굉장히 정서적인 사람하고는 소통이 안 될 수도 있을 것 같아요.

푸른바람: 선생님, 제가요. 감정이 풍부해요. (모두 웃음) 제가 뭐랄까…
제가 근사하지 못한 감정은 못 내놓나 봐요. 왜냐면 자연풍경이
나 어떤 상황에서는 동료들보다 더 많이 표현하거든요.

리더: 문학도였다면서요….

햇살: 심리적인 것을 더 많이 발산하시는데 표현만 안 되는 것인가요?

푸른바람: 제가 근사해 보이는 데 방해가 되는 감정은 개방하지 못하는 것
같아요. 다른 것들은 감정이 밀려오면 사람들에게 마구 표현하거
든요. 글로든 뭐든. 그러는데 그런 것도 제가 근사해 보이는 것만
표현하는 것 같아요. 제가 힘든 감정은 진짜 극소수에게 해요.

옹이: 아름다운 것들에 대한 느낌이나 표현이 굉장히 좋으세요. 제가
곁에서 보는 푸른바람 님은 소녀 같다. 상당히 많이 느끼고 하시
는데, 본인에 대해 느끼는 부정적인 감정이라든가 사적인 어려
움을 아무에게나 표현하지 않으셔서 타인이 보기엔 세상을 평화
롭게 보는 분이라고 할 수 있지요.

리더: 지각 있는 사람이 아무에게나 표현하나요? 잘하고 계신 거예요.
시도 때도 없이 자신의 힘든 것을 말한다고 해서 솔직한 것은 아
니지요. 일상적인 대인관계에서는 적절히 가려야 될 것 같아요.
누울 자리를 보고 다리를 뻗는다고, 내가 저 사람에게 말하면 공
감 받고 수용 받을 수 있겠다고 생각될 때 하지, 그렇지 않은 생
뚱맞은 사람에게 그런 말을 하지는 않죠. 그런 말을 하는 것이
진솔한 상담자일까요? 그런 본인의 특성에 대해서 평가절하할
필요 없어요. 그것이 내가 상담자로 기능하는 정말, 좋은 인간으
로 기능하는 데 방해가 된다면 고려해보고 계산해야겠지만, 좋
은 상담자로 기능하는 데 방해가 되지 않는다면 굳이 말할 이유
가 없지 않나요? 그게 비합리적인 생각이지요. '상담자는 늘 감
성적이고 정서적이고 정서를 잘 다루기 위해서 자기 자신이 주
체할 수 있는 감정만을 표현해야 한다.'는 생각이 비합리적인 생
각이 아닌가요? 상담자가 고도의 전문가인데, 자기의 감정을 늘

내색하고 하는 게⋯ 그렇죠? 푸른바람 님이 모든 것을 정돈된 것으로만 드러내려고 하는 것은 자기 포장이기 때문에 진솔성에서 어긋날 수 있으나, '자기의 정서를 잘 조직해서 필요할 때 잘 개방할 수 있는 것이 좋은 상담자가 되는 것에 방해될까?'라는 의문이 있어요. 그래서 열등감의 결론은 뭐였어요?

푸른바람: 그래서 이것저것 하긴 했는데, 그런 것들이 제가 기본적으로 근사하고 싶은데 근사하지 않으면 뭔가 버려질 것 같다는 것이 핵심 신념이라면⋯ 제가 찾아 건진 제 모습이 진짜 꼴보기 싫은 거죠. 난 내가 되게 근사한 줄 알았는데, 허약하고 열등감에 이렇게 되어 있고 대인관계하는 데 좀⋯ 척하고⋯ 가면을 쓴 내 모습들이 밉살스러우니까⋯ 회피했던 것 같아요. 그런데 이제는 그런 내 모습을 오래 봐야 할 것 같아요. 그 모습을 오래 보고 수용을 해야 할 것 같아요.

리더: 그렇죠. 수용이죠. 75억 인구 중에 열등감 없는 사람은 없을 거예요. 우리 사회가 그래요. 이제 선진사회는 다 자기 몫을 하게 만들어주기 때문에 굳이 우리처럼 진한 열등감을 느낄 환경적 이유가 없는데, 우리는 수능점수를 가지고 일렬종대로 줄을 세워놓잖아요. 사회가 조건화하기 때문에 열등감이 없을 수가 없어요. 열등감이 있는 나를 바라보고 그걸 수용하면 되는 것이지요. 또 적절한 열등감이라는 게 오늘까지 오게 한 동력이 아니겠어요? 100% 좋은 것도 나쁜 것도 없어요. 우리가 잘 사는 것도 우리가 못 살았기 때문에 잘 사는 거예요. 그러니까 열등감을 나쁘게만 볼 것이 아니라, 여기까지 푸른바람 님이 공부하게 한 동력이 되었기 때문에, 열등감에 시달리지 마시고 수용하고 만족하는 법을 아셨으면 좋겠네요.

호기심: 열등감 하니까 생각나서 그러는데, 저희 둘째아이가 학교에서 85점을 맞아서 왔어요. 그런데 아이가 그걸 보고 스스로 되게 실망을 하는 거예요. 그래서 물어보니까, 자기는 너무 뚱뚱하고

못생기고 85점밖에 못 맞았다고… 그래서 제가 '85점이면 되게 잘 맞았다. 엄마 어렸을 땐 더 못했다….'고 말했는데, 아이가 아니라고, 다른 애들은 다 100점 맞았다고. 열등감을 부추기는 시대인 것 같아요. 제가 느끼기에는 누구나 다 열등감은 있는데, 그거에 대해서 어떻게 바라보느냐가 중요한 것 같아요. 아까 줄 세우고 그러는 것처럼, 그 2학년짜리가 벌써부터 열등감을 배워 가는 게 너무 싫더라고요. 저는 물론 모두에게 있지만 그것을 어떻게 바라보느냐에 따라서 그걸 선택하는 것은 자기 몫이라는 생각이 들어요.

리더: 학교에선 그걸 못해 주기 때문에 부모가 그걸 잘해 줘야 해요.

호기심: 아무리 설명을 해 줘도 옆에 애들은 다 100점이고.

리더: 물어보지요, '어떤 것에서 틀렸을까? 이런 점은 보완하면 되는 거야.' 식으로.

호기심: 네, 그래서 엄마는 지금 잘하는 것보다 그다음에, 오늘보다 내일, 조금씩 잘하는 게 더 중요하다고 생각한다고 아무리 얘기해 줘도 그 환경에 있을 때는 애가 안 듣는 거예요. 그래서 안타까웠어요.

리더: 우리가 그렇잖아요. 안 듣는 것 같아도 다 듣잖아요. 그래서 다 얘기해야 돼요. 아마 학교 가서 '우리 엄마가 그랬어.'라고 말할 거예요. (웃음)

호기심: 네, 그래서 애가 자신감이 엄청 낮아진 거예요. 그런데, 이제 이사하고 나서 여기선 자신감이 엄청 높아졌어요. (웃음)

리더: 제가 젊은 나이에 박사가 돼서, 저보다 나이가 많은 분을 많이 가르쳤어요. 그분들이 좋은 고등학교, 대학교를 나오신 분들이셨는데, 그분들이 얼마나 열등감이 많으신지 몰라요. 그분들이 이렇게 말씀하시더라고요. '선생님, 제가요. 공부를 잘해서 경기여고를 갔잖아요. 그런데 첫 시험에서 성적이 딱 중간인 거예요. 그래서 그 뒤로는 아… 나는 해도 안 되는 중간이로구나 생

각하고 책을 딱 덮었다.'는 거예요. 그게 바로 자기 효능감이 떨어진거죠. 그런데, 공부를 못하는 집단에서는 내가 1등을 하잖아. '오, 나도 되는구나.' 그럼 효능감이 높아져요. 그래서 열심히 공부해서 좋은 대학을 가지요. 우수한 애들끼리 모아 놓는 우리나라 문제가 효능감을 떨어뜨리는 게 문제죠. 그래요. 이사 잘 오셨어요…(웃음).

호기심: 거기 있을 때는 성적이 이 아이의 가치가 돼버리는 거예요. 그런데 여기 와서는 폭이 넓고 다양성을 인정해 주다 보니까, 다른 것으로도 잘할 수 있는 것을 찾게 됐어요. 여기 와서 공부만이 아니라 야구를 통해서 자신감을 많이 찾게 되었어요. 자기가 잘할 수 있는 환경을 찾아보고 선택할 수 있는 환경이 나에게도 있다는 것을, 열등감에서 그것을 어떻게 내가 바라보느냐에 선택할 수 있는… 그게 중요한 것 같아요.

창: 저는 푸른바람 님의 말씀에서 저게 내 모습인가? 어제 오늘 말씀들에서 다 제 모습인 것 같았어요. 나는 생각을 깊게 하는 타입이 못 되는 것 같다는 생각을 하면서, 되게 멋있다고 느꼈고요. 정리가 되어야 나 역시도 뻥 뚫리는 느낌을 받는 사람인데, 내가 답답했던 것은 정리가 안 된 것 때문인데, 정리할 생각조차 못 했었구나 깨달았고요. 말씀하신 '근사하다'라는 형용사가, 다 내 말인 것 같아요. 어제는 제가 느끼기에 푸른바람 님은 되게 앞서고 싶어 하시는 것 같다. '집단에서 우두머리가 되지 않으면 굳이 거기 있을 이유를 못 찾으시나?'라는 생각을 했거든요… 오늘 이야기를 들어보니까, '내가 근사해 보이지 않으면 스스로 못 나가는 것이지 누가 채워주지 않아서 못 나가는 게 아니구나. 내가 그런 모습이 있는 것인가 보다. 나는 어디서 저런 모습을 찾아야 하나… 멋있다.'는 생각을 했습니다.

리더: 결국은 또 근사해졌네요. (모두 웃음)

창: 또 다른 나를 보는 듯한… 그랬어요.

푸른바람: 많은 위로가 되는 것 같아요. 그런데, 저는요… 누구나 열등감이 있는데, 저는 제가 자존감 수치가 엄청 높게 나오거든요. '혼자 다니고, 혼자 즐기고 되게 좋아해요.' 하면서도, 들어가 보니까… 불쌍한 거죠… 포장하고 있었던 나를 보게 되니, 직시하지 않았던 나. 열등감과 자존감이 어떻게 연결되는 것일까… 시간이 흐르면서… 어젯밤부터 오늘 올 때까지 내가 열등한 존재라는 것 진짜… 네… 이제 쬐끔 열등… 받아지는 것 같아요…. 음… 연결이 되는 것 같아요.

리더: 수용해 버리면 아무 문제가 안 되는 거예요. 나도 못하는 부분이 있어요. 제가 지난 학기에 박사과정 선생님들하고 동양상담을 공부했거든요. '노자'를 했는데… 우리가 늘 경쟁에 시달리잖아요. 옆에 있는 사람을 내가 눌러야 더 좋은 학교 가는 요즘 구조가… 상대방이 잘하는 것을 우리가 못 참아 내잖아요…. 타인의 행복이 나의 불행이 되는… 노자를 보니 물 흐르듯이 정말, 그래 네가 참 잘하는구나… 인정해 주면 되는 거지요… 정말 수용해 주면 돼요. 노자는 경쟁하지 말고 그 사람의 뛰어난 점을 수용해 주는 것을 말하고 있어요. 수용해 주면 문제가 없지요. 나의 이런 나쁜 점 또한 수용해 주면 되지요. 그걸 수용했다면 그럼 무슨 일이 생기나요? 내가 상대를 수용했다고 해서 내가 쪼그라드나요? 게슈탈트식으로 나는 나요, 너는 너다… 진심으로 상대를 축하해 주고 격려해 주고 그러면 그 사람하고 대인관계도 얼마나 편안해지겠어요. 그러니까, 좋은 것은 I'm OK, You're OK. 문제는 I'm OK, You're not OK이지요. 그런데 진짜 열등감은 You're OK, I'm not OK. 이게 진짜 열등감이지요. 맨날 I'm not OK였나요? 부분적으로 있는 거지요. 부분적으로 없을 수 있나요… 열등감은 먹이예요. 성장하기 위한 먹이.

천리향: 저는 최근에 저 자신의 정서에서 분노가 많다는 것을 알게 되었어요. '이유가 뭘까?' 생각을 해 보니 어린 시절 성장과정에서 경

제적으로 어려움이 많아 하고 싶었던 것들도 하지 못했고 부모님이나 어른 말씀을 잘 들으며 저의 기분과 감정을 무시하고 참고 억압했던 거 같아요. 또 아버지께서 지병을 앓으셨기 때문에 어머니께서 집안일을 많이 하셔야 했어요. 어머니 대신 집안일들을 하며 아버지도 보살펴 드려야 했어요. 아버지께서 아프지만 않으셨다면 나도 남들처럼, 친구들처럼 나이에 맞게 어울리고 하고 싶은 것들도 하며 지낼 수 있었다는 생각에 그 당시 아버지에 대한 미움과 원망도 많았던 것 같아요. 오빠는 공부를 잘했어요. 제가 성적이 떨어지면 놀리곤 했어요. 엄마가 집안일을 같이 시켜도 하지 않고 내게 떠넘기고, 그럴 때 참을 수 없다는 생각에 화를 많이 내었어요. 혼자 울려고 하고… 결혼 생활에서도 남편, 시댁과의 갈등을 겪으며 서로 맞지 않는 부분에서도 제 주장을 하지 못하고 참고 억압하며 지냈어요. 그러다 보니 감정을 발산하지 못했고, 좋지 않은 상황에 부딪히면 화가 나고 그러면서 몸이 아프기도 하고… 이런 되풀이되는 생활들이 결국 나도 모르게 화와 분노로 발전했다는 생각을 하게 되었어요.

리더: 그런 정서가 나한테 떠오르는 것은, 그 현상을 어떻게 해석을 했기 때문에 분노인 거잖아요. 그 해석에 비합리적인 신념이 들어 있기 때문에 분노가 떠오르는 것이지요. 오빠의 경우, '오빠는 자기 할 일을 자기가 하지, 맨날 나한테 떠넘기는 오빠를 참을 수 없다.'는 생각이 들지요. 맞는 말이에요. 거룩한 분노. '분노'라는 것이 나쁜 감정이라고만 말할 수 없어요. 분노의 감정은 여러 가지로 표현돼요. 울분, 공분, 의분, 요새는 성분(성스러운 분노, 거룩한 분노)이라는 말까지 생각이 돼요. 어떨 때에는 그 상황에서는 분노하지 않을 수 없는 분노. 거룩한 분노가 있어요. 사회가 정말 옳게 돌아가지 않을 때 우리가 분노할 수밖에 없지요. 3·1운동 같은 의로운 분노가 있어야지요. 이러한 분노가 없었으면 오늘날의 우리가 있었겠어요? 공분은 같이 공통으로

느끼는 분노예요. 공분. 분노가 무조건 나쁜 정서가 아님을 아
셔야 해요.

천리향: 제 안에는 참 착하고 좋은 사람, 이런 것도 있는데, 화가 나는 상
황들이 생기면 성격상 표현도 못하고 참아야 하는 경우에 나는
왜 이런 사람밖에 안 되나 싶어 힘들기도 해요.

리더: 그러니까, 그게 비합리적인 생각이에요. 뭐가? '나는 왜 요것밖
에 안 되나, 나는 왜 거룩하게 다 받아들이지 못하고 분노가 나
지? 왜 요것밖에 안 되는 거야, 나는 100% 착한 사람이어야 하
는데.' 이것이 비합리적인 생각이라는 거예요. 분노하는 자신에
대해서 짜증을 내거나 자신을 몰아붙이거나 하는 것이 비합리적
인 것이에요. 남을 귀찮게 하는 행동을 하면 당연히 분노 표출을
해야지요. 그럴 때마다… 실컷 슬퍼하면 슬픔은 없어질 때가 많
아요. 그런데 화라는 정서는요, 이상하게 화를 내면 더 화가 나
요. 이상하게 분노는 더 화가 나기 때문에, 그럴 땐, 생각을 바꿔
보세요. 그래… 그럴 땐 '천리향, 니가 뭘 그리 잘났다고 너도 화
날 때도 있는 것이고 남에게 흐트러진 모습을 보일 때도 있는 것
이고 비이성적으로 보일 때도 있는 거야.'라고 생각을 바꾸면,
자신을 쪼잔하다고 생각했을 때는 속상하지만, 이렇게 하면 적
어도 속상한 정서는 안 생기겠지요. (네) 천리향은 천사의 딸이
야? (아뇨) 그런데 내가 모든 걸 좋게 보여야 하고 이성적이어야
하고 모든 사람을 위해야 해. 경우의 틀을 깨면 화가 나는 것이
인간이지. 지적을 해도 되는 것이고.

푸른바람: 아후~, 정말, 제가 그런 경험을 했어요. 남편이 외도를 해서.

리더: 아후… 정말 힘드셨구나…

푸른바람: 제가 시집을 잘 갔어요. 시집에서 상가건물을 주셔서 그걸 가
지고 신혼부터 살았어요. 제 남편은요. 저와 다른 자기중심적인
사람인데요, 예를 들면 눈 오는 추운 겨울에 제일 늦게 귀가하면
서 식구들 신발도 안으로 넣어주면 좋은데, 자기 신발만 쏙 들여

다 넣는 사람인 거예요. 아무튼, 외도가 터진 거예요. 시댁식구들이 더 난리가 난 거였어요. 저는 엄청 내적으로 힘든 것을 친정도 어느 누구한테도 말하지 않았었는데 나중에 보니 그게 우울이었더라고요. 10일을 먹지 않아도 사람이 죽지 않더라고요. 그러고 있는데, 남편을 시누들이 나서서 찾았는데, 눈빛이 그게 눈빛이 아닌 거예요. 제가 근사해야 하는데, 제가 직격탄을 맞은 거죠. 그러다가 어찌해서 금융사고까지 나서 저는 그 건물을 잃게 돼서 그 건물에서 나와야 하는 상황, 경제적으로도 어려워진 거예요. 남들 보기에는 근사하게 살다가 갑자기 추락을 하면서, 제가 인지적이라, 거기에서 제가 절 살리려고 의미를 찾은 것 같아요. 제가 가톨릭인데, 가톨릭에서는 이혼은 용납이 안 되잖아요. 그 영향인지, 아니면 이혼이라는 것이 내가 근사해야 하는 것에 대한 수용 못한 것인지. 이혼하겠다고 말은 했지만 진짜 이혼이라는 칼을 제가 거부했던 것 같아요. 주변인들에게 알려지면 제가 너무 자존심이 상할 거 같은 거예요. 사람이 경제적으로 무너지는 것까지 같이 오면서 제가 청각도 한쪽을 잃었어요. 남들이 보면 잘 견뎌 온 것인데, 저도 제가 잘 견뎠다고 생각했는데, 그게 나중에 보니까 제 몸이 저를 살리려고 건강 쪽으로 이상신호를 줬다는 것을 상담하면서 알게 됐어요. 그거에만 몰입하면 내가 죽을 거 같으니까 날 살리려고. 천장이 막 도는 거예요. 그러더니 천장 도는 거는 괜찮아졌는데, 청력이 상실된 거예요. 그런데 또 경제적인 것도 같이 와서 집도 줄여서 가고. 그런데 제가 인제 여기서 일을 또 하고 있더라고요. 제 전공도 있고 그냥 부유할 때 인근 배움 센터에서 접해 뒀던 논술 지도사 과정을 여유 있게 해뒀던 게 그 시점에서는 밥줄이 되더라고요. 남편의 번호가 제 핸드폰에는 '십자가'로 표시돼요. 제가 모태신앙이 있다 보니까 어려울 때 신을 찾고, 제가 영세를 받고 했어도 남편이 용서가 안 되더라고요. 그러고 나서 저는 일을 계속하고,

남편은 사업적으로 계속 실패를 하는 거예요. 경제적으로 힘듦과 그 배신과 저의 더딘 용서가 지금도 남편이 용서가 안 돼요. 그런데 수업을 위해서 책을 읽는데, 그 책 속에서 너무 많은 위로를 받는 거예요. 허구이든 실존인물이든 보편적인 삶을 보게 되더라고요. 그러면서 의미부여를 하면서 어떻게 와서 현재 상담까지 오게 된 거예요. 내가 말 안 하려고 했는데, 천리향 님의 이야기를 듣고 결국 말하게 되더라고요. (웃음)

제가 이런 집단에서 개방하는 것은 처음이에요. 옆에 선배랑은 일대일로 했었는데, 진짜 친구한테도 개방하기가 엄청 힘들었어요. 저는 아직 못 풀었는데, 그런데 상담을 공부하면서 '이 사람도 힘들었겠구나.' 왜냐면 '나라는 사람 때문에 나처럼 모난 사람하고 살면서 힘들었겠구나, 이 사람도 살려고 그랬구나.' 하면서 남편이 이제 이해가 되는 거예요. 그럼에도 불구하고 제가 개인분석 받을 때, 시커먼 얼음 덩어리인 남편을 그냥 냉동고에 넣어 놨었는데, 무의식적인 부분들이 올라오면서 시치료 중에 자작시에 남편을 냉동고에서 꺼내서 길 위에 내놓은 거예요. 내놓긴 했으나 그 시커먼 얼음덩이를 꼴보기 싫으니까 못 본 척하고 돌아다닌 거예요. 지금 상황이. 그런데 이제, 하~. 이제는 말하고 싶었던 것 같아요.

리더: 푸른바람 님이 좋은 감정을 드러내지만 나쁜 감정을 드러내지 않잖아요. 이게 준비된 사람은 이런 상황에서 바로 문제가 나오지요. 문제가 있으면 그걸 해결하려 하고 노력을 해야 하는데, 근사해 보이고 잘 보여야 된다는 핵심신념에 갇혀서 그런 걸 못하는 것이 푸른바람 님의 문제인 것 같아요. 푸른바람이라는 닉네임처럼 좀 독특한 면이 있는 거 같아요. 남편의 외도가 얼마나 오래 됐나요?

푸른바람: 우리 큰애가 6학년 때부터였고 지금은 대학교 3학년이니 한 10년.

리더: 푸른바람 님의 성격특성 땜에 지금까지 끌고 온 거네요. 그때 해결했어야지요. 한 4~5년 걸려서. 지금 그러한 특성이에요. 맨날 남한테 좋게 보여야 하고. 왜 남한테 근사하게 보여야 하는가, 푸른바람 님의 핵심 문제는 남편의 감정을 못 풀고가 문제가 아니라, 정말 스키마는 그거예요. 다른 사람에게 잘 보여야 하는 거, 근사하게 보여야 되는 거, 내 약점을 노출하면 안 되는 것. 왜 그런 게 생겼는지 한번 생각해 보고 있을 거예요, 형성의 스토리가 있을 거예요. 그런 걸 형성할 수밖에 없었던 나의 성장과정이 있다는 거지요.

〈쉬는시간〉

리더: 푸른바람 님의 어려움은, 자신에게 어려움이 있을 때에 그것을 그때그때 꺼내놓고 쓸데없이 아무한테 주저리주저리 말하는 게 아니라, 내 이야기를 들어줄 수 있는 사람에게 좀 꺼내놓고 충분히 이야기하고 했으면 진작에 해결됐을 일을 지금까지 외도 문제를 10여 년 넘게 가져왔다는 게, 치료자로서 문제라고 지각할 수밖에 없어요. 왜냐면 10년이라는 시간이 짧지 않아요. 짧지 않은 시간이기 때문에 중요한 뭔가가 상실(죽음)됐을 때, 회복하는 시간이 10년 정도예요. 물론 외도가 큰 문제이긴 하나, 그 10년 세월을 외도 정도를 가지고 여태까지 해결하지 못하고 가져왔다는 것은 푸른바람 님의 삶의 스타일에 문제가 있다고 생각이 드는 거지요. 그럼 그 스타일이 뭐냐 하면, 나는 다른 사람에게 내가 이렇게 힘들고 허덕이는 모습을 보이면 안 된다. 근사하다 이거 전에 힘든 모습, 이런 모습을 보이면 안 된다는 것이 있어요. 아마 그런 모습을 보이면 나는 무너진다 한심하게 보일 것이다. 어떤 거예요? 내가 그런 모습을 보이면 안 되는 이유가 뭐예요?

푸른바람: 그래서 저도 초기기억이며, 기억을 막 해내려 했는데요. 그래서 아까 생각했는데요. 제가 막, 근사해 보여야 되나? 그걸 고집하고 있나?

리더: 이제 생각이 난 거예요?

푸른바람: 그 정리를 어제 오늘 하면서….

리더: 근사하기 전까지 가지도 않았어요. 왜 이렇게 힘든 이야기들을 나는 다른 사람들에게 하면 안 되는가?

푸른바람: 어… 내가… 내가… 내가… 형편없이 부족하게 보일까 봐 그런가? 그래서인가?

리더: 그렇게 하면 형편없어 보여요? 그러면 푸른바람 님은 친한 친구가 자기 남편이 외도를 해서 힘들어할 때, 그런 이야기를 푸른바람 님한테 이야기를 할 때 그녀가 매우 하찮게 보여요?

푸른바람: 힘들겠다.

리더: 동정이 가지, 하찮게 보이지 않잖아요.

푸른바람: 날 믿어주나.

리더: 날 믿어주나 싶고, 그녀가 하찮게 보이지 않잖아. 마찬가지로, 나의 힘든 이야기를 친구나 누구한테 했을 때, 나를 하찮게 볼까요?

푸른바람: 그렇지 않을 거라는 거는 머리로는 되는데요… 제가 그 기본적으로 사람에 대한 신뢰가 없나?

리더: 그럴 수 있지요. 누군가에게 나의 약점을 말했을 때, 그 사람이 나를 수용하기보다는 나의 약점을 다른 사람들에게 옮기고 다녔던 경험이 있었나요? 나는 굉장히 도움을 구하려 했는데, 상대는 가십으로 퍼트리고 다녔던 경험이 있었나요?

푸른바람: 인간관계가, 대인관계가 힘들었던 기억이 있거든요.

리더: 엄마하고 어땠어요? 가족관계가 어떻게 돼요?

푸른바람: 2남 2녀 중에 장녀요. 엄마는… 그냥 평범했어요. 아빠는 미장이셨고요, 평생 미장직을 가지고 근무를 하셨고요. 가정적이고,

엄마는 생활력이 강하셔서 어려서부터 여러 가지 장사를 하셨는데, 생선 장사를 했던 기억이 나요. 저 학교 다닐 때, 처음 걸스카웃이 도입되었던 시기였는데, 제가 하고 싶다고 해서 엄마가 시켜주셨어요. 제가 걸스카웃을 하는데 제복을 입잖아요. 학교 행사가 있을 때. 장학사가 온다거나 하면 안내를 했던 모습이 기억나는데, 운동장에서 발대식 때 엄마가 오셔서 배지를 달아주는 의식에 '우리 엄마가 장사를 하는데 올까? 우리 엄마 오면 창피하지 않을까?' 하는 생각이 있었는데, 엄마가 오셨어요. 그런데 배지를 다는 기념사진 촬영하잖아요. 그때 엄마 스웨터 겨드랑이에 구멍이 난 것이 사진에 찍혔던 것, 그게 행사 사진으로 학교에서 전시를 했는데 그 사진이 강하게 들어온 것 같아요.

리더: 거의 잊혀지지 않는 상처에 가까운 것 같습니다. 푸른바람 님의 문제는 문제를 문제로 보지 않으려 하는 거예요. 문제를 제대로 보려 하지 않잖아요. 그거 자체만으로도 창피한데 그걸 사진 찍어서 전시하고 영원히 남긴다고 하고, 친구들도 봤을 텐데 그게 얼마나 창피해요. 얼마나 창피해서 몸 둘 바를 몰랐어요. 해야 하는데, 문제를 문제로 안 보는 회피죠 회피. 그래서 남편하고의 어려움도 직면하고 깼어야 하는데, 그것도 묻어 두고 회피하려고 한 것이죠. 그 상황을 꺼내놓고 얘기하면 힘드니까… 당신의 문제의 스타일은 회피성이요. '굳이 끄집어내서 내 힘든 감정을 다시 경험하고 싶지 않다. 굳이 왜….' 그런 생각이 많을 수 있지요. 어렸을 때 그런 것과 연결된 것이 아닐까 싶은데. '내 치부를 스스로 끄집어내서 느껴야 하는가?' 하는 거지요.

푸른바람: 그런데, 그런 걸 말을 못하는 거는… 열등… 나의 존재에 대해서 나의 가치에 대해서 확신이 없는건가?

리더: 물론 그런 거에서 나오겠지만, 또다시 내가 이야기를 해서, 남편의 외도를 말함으로써 내가 고통스럽잖아. 얼마나 힘들어. 그거를 경험하고 싶지 않은 거죠.

푸른바람: 그러니까, 남편이 외도를 했으면 남편이 문제가 있지, 뭐 문제가 되느냐… 이렇게… 뭐가 있냐면, 남편의 외도했을 때, 조카딸이 먼저 알게 된 거예요. 저는 그게 너무 수치스러웠어요. 제삼자가 숙모라 부르는 조카가 알게 된 것이. 남편은 그런 거에 대한 스트레스가 없는 거예요.

리더: 창피했다고 하셨는데, 무엇이 창피했나요?

푸른바람: 어찌 보면 내가 남편으로부터 버려진 거잖아요….

리더: 그럼, 조카가 몇 살짜리인지?

푸른바람: 큰 애죠.

리더: 아… 내가 얼마나 남편에게 사랑을 못 받았으면, 조카가 내가 부족했다고 생각하고, 또 남편으로부터 버려졌다고 알까 봐 그것이 창피했군요.

푸른바람: 네~ 내 존재가 찌그러진 깡통이 된 거 같은 기분이었어요.

리더: 아… 그게 모두 원초적인 열등감에서 온 거네요.

푸른바람: 네~~

리더: 자기 이야기를 거침없이 잘하는 사람들이 실은 자신감이 있는 사람들이에요. 푸른바람 님이 자존감이 약해요. 거기서부터 많은 이런 것들이 오는 거네요. 여러분 이게 두 가지예요. '내가 굳이 이 얘기를 친구들한테 해서 그때 고통스러운 경험을 다시 하고 싶지 않다….' 회피하는 거고. '굳이 내가 이런 얘기를 해서 업신여김을 당하고 싶지 않다.' 이거죠. 아까 친구의 외도한 남편 이야기를 들었을 때, '아유 저 한심한 애, 지 남편도 건사 못하고.' 이렇게 생각하느냐는 거죠?

푸른바람: 그건 아니죠, 그렇게 생각하지 않죠.

리더: 아니죠! 나도 그렇게 생각하지 않는 것처럼 남들도 그렇게 생각하지 않는다는 거죠. 그리고 아까 그랬잖아요. 나한테 얘기해 주면 '나를 믿나 보다 하지.' 개도 나한테 '나를 친구로 생각하고 믿어 주나 보다.' 생각한다는 거지요. 푸른바람 님이 만약에 나

는 그 친구가 자기 이야기를 했을 때 나를 믿어 준다고 생각하지만, '내 친구는 제 이야기를 들으면 업신여겨요.'라고 말했다면 그건 이중기준이라고 말할 수 있지요. 왜 자기 자신은 그렇게 생각하고 남은 그렇게 안 한다고 생각한다고 하느냐 내가 논박할 수 있지요. 이제 보니 둘 다인 것 같아요. '그런 걸 못하는 것은 나한테 너무나 수치스러운 일이야.' 밑 마음에 '남편 빼앗긴 바보 같은 여자. 남편을 간수하지 못한 뭔가 결함이 있는 여자'라 남이 생각하는 게 너무 싫어. 또 하나는 그때 남편의 외도를 이야기함으로써 머리 아프고 힘드니까 회피하는 거지요.

그런데 여러분 보세요, Ellis가 그랬어요. 비합리적인 것에 하나. 우리가 공포라고 두렵다고 생각하는 것은 정면 돌파하라고 했어요. 항상 문제해결에서의 본질은 정면 돌파예요, 회피하거나 공격하거나 의존하거나 모두 문제해결의 정면 돌파가 아니에요. 그걸 직시해야 해요. 푸른바람 님은 그걸 못하는 거예요. 왜냐면 자기가 약하기 때문에. 그래서 그 사실 큰 문제이긴 하지만 생각하기에 따라서 하찮은 문제지요. 우리나라 남편들이 외도 한두 번 안 한 남자들이 어디 있어요. 근데, 그걸 어떻게 대단히 큰 문제인 것처럼 10년씩이나 끌고 오냔 말이야. 그때 해결하고 했었어야지. 4~5년 전에… 지금도 결국은 얘기를 못하고 어떠냐고 물으니 나오잖아요. 어제도 푸른바람 님이 끝끝내 안 하기에 이게 뭔 불만이 있나? 결국은 불만이 아니라 행동패턴이었구나. 냉큼냉큼 나설 것 같은데 나서질 못하네요.

푸른바람: 나설 자리가 마련이 되면… 해요.

리더: 오늘 나설 자리가 마련됐잖아요.

천리향: 푸른바람 님이 '남편과의 관계에 문제가 있다.'고 했을 때, 저는 좀 느꼈어요. (웃음)

푸른바람: 제가 '남편과의 관계 문제'라고 말했어요. 맞아요. (웃음)

리더: 다른 사람들은 남편이 외도해서 제가 힘들었다고 하지 그걸 돌

려 가지고 남편과의 관계 문제라고 말하지 않아요. 남편과의 관계는 시부모부터 여러 가지 많기 때문에… 그러니까 자기 행동 패턴을 알았으면 좋겠어요. 굉장히 두려움이 많고 누가 나를 어떻게 평가하는가가 또 그게 심한 거죠. 두려움, 누가 나를 어떻게 평가하나? 누가 나를 어떻게 보고 배운 거 없는 애라고 하면 어떡할까? 누가 나를 생선 파는 집 딸로 지각하면서 나를 무시하면 어떡하나 하는 것 등 굉장히 많은 것 같아. 이제는 엄마는 생선 파는 거 괜찮아. 남의 것 훔치지 않은 것은 훌륭하고 장한 것이지. 그 옛날 상황에서 얼마나 생활력이 강하세요. 엄마한테도 상처 많이 줬을 것 같아요. 엄마 오는 것도 싫어하고 창피해하고 남한테 얘기도 못하고 하면서.

푸른바람: 제가 좀 부모님이 오시는 것에 대해서 그거는 아닌 거 같은데, 제가 수업을 하니까 집에 오시면 챙겨 드리지 못하잖아요. 그래서 오시지 말라고… 오시면 그게 부담이 되는 거예요. 수업을 하고 있으면 오셔 가지고 청소를 싹 해 주시고, 쓰레기까지 다 가져가시고 그러세요. 그런데 저는 그런 게 너무 부담이 되니까 엄마 오지 말라고….

리더: 왜 부담이에요?

푸른바람: 내가 못하니까?

리더: 그게 아닌 거 같은데. 엄마가 와 가지고 남에게 청소나 잘하는 사람이라고 보일까 봐 그런 거 같은데? 보통의 엄마들이… 옛날에 식모 두고 살았다면 안 해요, 그런 거… 그런데 워낙 엄마가 성실근면하기 때문에 가서 해 주는 거예요. 근데 그게 싫은 거지. 고귀하게 살지 않았다는 모습을 보여 주는 것이 싫은 거지. 단순히 엄마가 일을 해서 내가 마음이 아픈 게 아니라… 여태까지 맥락으로 보면… 알아들었어요?

푸른바람: 아…네…. 확 (느낌이) 왔어요.

리더: 그러니까 그런 거조차도 확 오게 안 만드는 거야. 확 오면 또 나

한테 들키는 꼴이 되잖아요.

푸른바람: 그런 게 있어요. 누가 내 집에 오는 게 싫은 거 있어요. 청소를
　　　　 잘 못하니까.

　　리더: 어쩔 수 없이 무의식의 이야기를 안 할 수가 없어요. 무의식에
　　　　 많이 깔려 있어요. 이제 그걸 극복해야죠. 어떤 경우에는 원초
　　　　 적으로 극복이 안 되게 살 수밖에 없어요. 그리고 있잖아요, 김
　　　　 동리 씨의 소설에 그 사람이 어마어마한 부자가 된 거야 그이의
　　　　 원래의 가까운 조상은 백정이야. 백정의 조상인 것을 감추기 위
　　　　 해서 온갖 어려움을 겪어내는 소설이 있어요. 그것처럼 원초적
　　　　 으로 극복이 되지 않는 것도 있고, 그럴 땐 수용을 해야 하는 거
　　　　 예요. 어쩔 수 없는 것이지요.

호기심: 교수님, 궁금한 게 있는데요, 어제 푸른바람 님이 얘기한 것 중
　　　　 에 친구가 화해를 하러 왔을 때 그 아이의 화해를 받아주지 않고
　　　　 계속 서 있게 하는 것도 이것과 어떻게 연결이 되나요?

　　리더: 화해를 받을 만큼 내가 자아가 단단하지 못해요. 그러니까, 친구
　　　　 가 용서를 청했지만 용서가 안 되는 거야. 네 잘못이 너무 커서.

호기심: 그러니까, 남편을 용납하는 것도 되게 오랜 시간 걸리는 것도 그
　　　　 패턴으로… 아~ 네… 그거하고 이거하고….

　　리더: 보통사람은 그래요. ‘앞으로는 비웃지마.’ 하는데, 내가 약하기
　　　　 때문에 그게 용서가 잘 안 돼서 세워놓게 하는 것이지요.

　　햇살: 그럼 벌주는 거예요? 상대방을? 서 있게 해서?

　　리더: 여러분 같으면 화해 청하러 갔는데, 화해를 안 받아 주면 얼마나
　　　　 계면쩍고….

호기심: 남편한테도… 벌주는.

　　리더: 똑같지… 벌주는 거지.

푸른바람: 이게 열등감에서 오는 거….

　　리더: 그럴 수도 있겠네요.

　　하이디: 그게 안 근사한 거 아니에요?

리더: 그러니까 포장이 근사한 것이지, 실제로는 아니지요.

햇살: 아… 원하는 대로 못 살고 계시는 거구나.

길따라: 저 같은 경우는 저의 약점을 감추기 위해서 제가 막 노력을 하잖아요. 저의 표현으로는 '나의 의'라고 표현하는데, '나의 의로움'… 이렇게 표현하는데 이렇게 사니까 남들이 그렇게 살지 않는 것이 용서가 잘 되지 않는 것 같더라고요. 나는 이렇게 사는데 너는 왜 그만큼밖에 노력을 안 해 하면서….

리더: 그게 비합리적인 생각인 것이니. 왜 그 사람이 나와 똑같은 방식으로 살아야 되는 거예요? 내가 나의 길을 가는 것처럼 자기도 자기 고집대로 살아갈 권리가 있는 것이지. 무엇 때문에 그 사람이 길따라 님의 방법으로 살아야 하죠? 그치? 없어 이유가… 그런 경우에, 남편하고 많이 싸우는 사람이 그거예요. 내 방법은 옳고, 네 방법은 그른데, 너는 왜 내 방법대로 하지 않는 거야.

길따라: 나의 의롭다는 것을 내려놓기 전까지는, '왜 나 따라 살아야 돼?' 이런 질문을 하면서 '생긴 대로 살아야지….' 하는 답이 나오더라고요.

리더: 그래, 그래서 항체가 생기는 거예요. 이 세상에는 당연은 없어요. 푸른바람 님으로 돌아가서, 푸른바람 님이 독특하다는 것을 인정해야 해요. 남편도 나름대로 힘들었어요. 남편의 상대도 그렇게 대단하지도 않았을 거예요. 뭐 저딴 여자랑 바람을 피웠지?

푸른바람: 그 미용실 직원이랑… 그것도 속상하더라고요.

리더: 그게 남자들의 패턴이에요. 천리향 씨도 뭐 대단한 사람이랑 외도 하는 줄 알아요? 늘 자기 마누라보다 못한 사람하고 해요… 자기 마누라에게 채워지지 않는 걸 그이가 채워주는 것이 있나 봐. 푸른바람 님도 그런 게 있단 말이지요. 자기가 그런 상황을 위장하기 위해서 자기를 더 힘들게 하고 하는 게 있을 거예요. 완벽하게 잘 보이기 위해서… 그런 부분이 부군은 적응하기 힘들었던 게 있었을 거고요. 그리고 그것을 지금까지 잘못을 했으

나, 10년까지 내 가슴에 묻어 두고 다니냐고. 그렇지요? 귀까지 아팠다는 거는 굉장히 힘들었다는 거예요. 자기도 반응을 극단적으로 하는 경향이 있는 거예요.

푸른바람: 자식도 그렇고요. 전 자식한테도 말 안 하기로 했어요. 그런데 남편이 그거를 애들을 앉혀 놓고 외도를 밝혔던 거예요. 전 그게….

리더: 그게 더 좋았을 수 있어요. 부부가 냉랭한 분위기를 몰라? 이유가 타당하면 애들이 오히려 이해가 될 수 있도록 말해 주는 것이 맞지요. 이유도 모르게 하는 건 애들을 고통스럽게 하는 거죠. 그러니까 인지적으로 풀면, 푸른바람 님이 이상한 비합리적인 생각이 많아요. 자식에게는 부모가 사이가 나쁜 것을 절대 보이면 안 된다. 나쁜 부모 사이를 보고 자란 아이들은 나중에 결혼생활을 잘 못 한다든지 이면에는. 그게 다 비합리적인 생각들이지요. 애들이 있는 그대로 우리 집안의 현실을 알아야지. 진정성이란 것이 상담자와 내담자에서의 관계뿐만 아니라, 우리 생활에서도 중요해요. 나쁜 포장 하는 거.

푸른바람: 의미부여 같은 거.

리더: 의미부여해서 포장하는 거. 그게 맞는 거 같아요. 그런 걸 개선해 나가면서 나의 진솔성도 개발을 하고. 그렇잖아요. '남편이 바람 피워서 제가 너무 힘들었거든요.' 이렇게 말하지 '남편과의 관계 때문에' 이렇게 말하면 경험 없는 사람들은 못 알아들어요. 이렇게 외도 이야기가 나왔는데도 못하고 있다가 물어보니까 겨우 하고. 그러니까 오전에 이야기했던 것들이 이제 정리가 되네요. 자신이 감정은 풍부한데 이렇게 주저리주저리 말을 못한다는 것은 오전에는 좋게 말했지만, 얘기를 해 보니까, 좋게 말해 줄 것이 아닌 거 같아요. 상담자가 자신을 진솔하게 개방을 안 한다면 어떻게 내담자를 만나요. 그런 식으로 하면 안 되지요. 우리가 이제 사회적 감각이 있을 필요는 있어요. 사회적 관계에

서 굳이 주저리주저리 말하지 말아야 할 경우에는 안 해야 되는 거지요. 모든 걸 말하는 것도 센스가 없는 사람인 것이지요. 그러나 친구한테든지 제대로 얘기하는 것이 올바른 삶의 패턴이지, 그럴 때까지 위장해서 여러 가지 메시지를 줘서 상대방을 헷갈리게 할 필요가 없잖아요. 제대로 된 메시지를 주면 제대로 된 관계가 와서 오히려 그게 나에게 도움이 되고, 우회적 메시지를 주면 우회적인 반응이 와서 나도 헷갈리고 그러는 게 아닐까요?

리더: 우리 푸른바람 님은 혹시 본인의 이야기와 관련해서 덧붙일 거 있나요? 뭔가 무거워진 거 같아요.

푸른바람: 수치심을 느끼는 거 같아요.

리더: 수치심을 느꼈어요? 어떤….

푸른바람: 내 존재에 대한 가치를 인정 못하나? 그런 그 수치심이란 단어를 만난 거예요.

리더: 얘기한 것 자체가 수치스러워요?

푸른바람: 아니요. 내가 그렇게 약해서 그런 모든 상황에서 잘 받아들이지 못하고 수용이 잘 안 된다면 내 존재에 대한, 내 가치에 대한 그런 것을 약하게 보고 있는 것. 이론적으로 알고 있었는데 그게 언뜻 보였어요. 열등감을 만났을 때도 낯선데? 나랑 연결이 되나? 나랑 연결이 된다. 지금은 수치심이 보이고 쟤도 나랑 연결이 될까? 연결이 되면 탐색하고 싶은 느낌. 그러니까 나의 낮은 자존감, 수치심 그런 게 연결되어 있는 거잖아요.

리더: 저는 아까 들으니 이해가 되던데요. 어렸을 때 가정환경이라든지 거기서 왔던 게 아닐까 하는. 그 수치심이라는 것은 새롭게 생긴 부적절한 정서가 아니라 푸른바람 님이 얘기하는 열등감, 자존감 다 연결되는 거예요. 사안에 따라서 다른 이름으로 표현되는 것이지요. 엄마와 찍은 사진을 보았을 때 열등감을 느꼈겠다.

푸른바람: 그 연결된 것은 아는데….

리더: 그럼 나를 가장 힘들게 하는 것은 뭐예요?

푸른바람: 지금… 그거예요. 알고 싶은 거죠. 왜 그런 방식의 패턴이 그 오랜 시간 동안 패턴화되어 나를 그렇게 했는지 그 근본적인 것에 대해 나를 알고 싶은 거예요.

리더: 그 근본적인 것은 사람들이 볼 때는 푸른바람 님 보고는 자존심이 강하다고 할 거예요. 어때요? 근데 실제는 그게 허약하다는 것이지요.

푸른바람: 그걸 알고 직면하는 거요. 예전에 수치심이라는 단어를 만났을 때 쪽팔림이라고 생각이 들었는데 그게 나하고 연결되는 것하고는 수용이 안 되었는데 오늘은 개방을 하니까 그 애가 가까이 왔어요. 그러니까 리더 님 말씀은 원래 그랬다고 하실 수 있는데 저는 수치심이라는 것을 그 단계까지 내 모습을 안 봤던 것 같아요.

리더: 그게 맞는 거예요. 그러니까 볼 수 있는데 회피해서 안 본 거예요.

푸른바람: 그걸 보면서 알고자 하는 나에 대한 이해가 되고 있다는 생각은 드는데 약간 혼란스럽고 불편한 거 같아요.

리더: 그런 것에 노출되었다는 것에 대해서?

푸른바람: 노출도 있지만 수용이 되지 않는 거예요. 못 본 척하는 거에 대해서 이제는 봐야 하는 시점인 거 같다? 아직 가벼움보다는 두려움도 있으면서….

리더: 무엇 때문에 두려울까요?

푸른바람: 그런 나를 내가 딱 직면을 하고… 내가 지금까지 살아왔던 삶이 아팠겠다. 내가 힘들었겠다. 그게 좀 강하게 느껴져요. 그런 것은 간간이 경험을 했는데… 지금은 그것이 바닥까지 드러난 듯해요. 공개를 했고. 그런데 그게 명쾌하게 쨍하지 않은 것 같아요. 못 본척 했던 것을 이제는 봐야 하고 지금이라는 생각이 들어요. 좀 아플 것 같아요.

리더: 좀 아팠으면 좋겠어요, 아프지 않고서는 치료가 되지 않아요. 아

프지 않고서야 수술 후 낫지 않잖아요. 그러면 선생님이 어느 정도 아파하는 과정이 필요하지 않을까요. 그것이 두렵기 때문에 바로 보지 않으려는 거예요. 그게 두려우니까. 그렇지만 내가 논박을 한다면 아픈 것 겪어내면 되는 것이지. '다른 사람들도 다 겪어내는데 당신이라고 못 겪어내겠느냐. 두렵다. 그게 두려우면 다른 사람에게도 그 두려움이 없겠느냐. 왜 너는 너 혼자 두려워하고 아픈 것처럼 유난을 떠느냐.' 라고 Ellis는 그렇게 얘기했어요. '너 혼자 그렇게 아프니? 수치스럽니? 고통스러운 거니? 뭐 그렇게 대단한 고통이니 그게?' 그렇게 말했죠. 최진실 얘기 들었어요? 최진실이 친구들하고 오는데 엄마가 저쪽에서 포장마차를 끌고 오는데 자기가 못 본 체하고 갔다는 거잖아요. 그런 사람들이 많아요. 그러니까 나만 이 세상의 대단한 아픔을 가지고 있고 나만 수치심을 가지고 있다고 생각하지 말라고요. 사람들이 말을 안 할 뿐이지. 다 얘기하고 싶지 않은 이야기들이 있을 거라고. 나는 상담실에서 무지 많이 봤죠. 그래서 나는 학생들 숙제한 거 다 읽어 보거든요. 그러니까 삶이 다 비슷하다는 얘기를 하려고 하는 거예요. 그럼 넘어갈까요? 오케이.

- **REBT 집단상담: 들꽃**

들꽃: 제가 34세가 되었는데요. 그런 얘기를 많이 들었어요. 너무 이젠 어른스럽다. 좀 뭐랄까 재미없다 그런 얘기를 많이 들었어요. 나는 왜 그럴까 그러기보다 그게 좋은 거예요. 나에게는 어른스러운 모습이 있어야 한다고 생각했던 거 같아요. 근데 저보다 나이가 많은 사람의 관계에선 좋은데 왜냐면 어른들의 시선에서는 '싹싹하다. 예의 바르다.' 라는 피드백을 받았는데 또래집단 내에서는 '별로 재미없다.' 그리고 제가 이젠 술을 마시잖아요. 대학교 4학년 1학기 때 제가 취업을 빨리한 이유가 그때 당시 집안

도 어렵고 제가 빨리 집안을 일으켜야 한다는 생각 때문이었는데, 친구가 술을 마시면 그런 걸 보고 자유롭다라기보다는 얘는 생각이 없구나. 지금 때가 어느 때인데… 그런 의미 없는 시간. 농담하는 것을 보면 '얘네 왜 생각이 없을까.'라고 생각을 했어요. 답답하고 한심해 보이기도 하고 근데 나중에는 생각해 보게 되더라고요. 나에게는 왜 그런 시간들이 없었을까. 또래와의 재미 그런 시간들이 없었는지.

리더: 이유는 알았잖아요. 생존을 위해 그런 것이고 나는 그렇게 하기에는 할 것이 너무 많았으니 그니까 잘 살아온 거예요. 그랬으니까 지금 이렇게 좋은 차도 타고 연봉도 높고 결혼도 했고 안정된 삶을 누리지 그때 걔네들하고 똑같이 술이나 먹고 그랬으면 지금의 내 모습이 아닐 거잖아요. 그러니까 들꽃 님은 굉장히 스스로 운이 좋은 사람이야. 왜냐면 환경에 부응하지 않고 벗어나려고 했잖아요. 노력을 많이 하고 바람직한 것이지요. 그러면서 또래관계를 놓칠 수도 있었겠지만 생각하기에 따라서 또래관계가 내 생활에 직격탄을 남기는 것이 아니잖아요. 잘 사는 거예요.

들꽃: 스스로 의문되는 것은요. 나는 왜 이런 삶을 살았을까요. 적응해 가는 과정이니까 채워지지 않더라도 괜찮다고 하지만 항상 스스로 궁금증이 있었어요.

아까 남편의 외도 얘기가 나왔잖아요. 저희 아버지도 외도가 있으셨거든요. 초등학교 3학년 때 아버지의 나이는 아마 제 나이였던 거 같아요. 30대 초중반. 근데 경험하지 않았어야 할 경험을 했던 게, 근데 제가 진짜 경험인지 확실하진 않아요.

리더: 그게 중요한 게 아니고 내 마음속에 있다는 것이 중요한 거예요.

들꽃: 아버지가 가출을 한 거죠, 몇 주 동안. 연락도 안 받고 그래서 어머니가 저희 큰삼촌에게 부탁해서 실종신고를 한 것이지요. 알고 보니 어머니가 지독한 면이 있어서 아버지가 자주 갔던 모텔 주변을 돈 거예요. 근데 모텔에서 다른 여자와 관계 맺는 것을

목격한 거죠. 근데 살면서 제가 거기에 있었다는 느낌이 들었어요. 그리고 아버지가 교도소로 들어가셨어요. 간통죄로요. 지금은 없어졌지요. 며칠 있다가 어머니가 아버지 사진을 불태우는 모습을 보았어요. 그때는 괜찮다고 생각했었던 거 같은데 어머니의 고통스러워하는 모습들. 그러고 있는 와중에 세월이 지나서 어머니 아버지가 만나는 거예요. 아버지는 광복절 특사로 나오셨고요. 어머니가 어느 날 그런 얘기를 하는 거예요. '너희들 때문에 아빠랑 살 거야. 그러면 공부 열심히 한다고 했지?' 그때는 '아들딸 때문에 아빠랑 같이 사는구나.' 했는데 지금 보면 엄마가 좋아서 산 거죠, 근데 여전히 술 많이 드시고 어머니 폭행하시고 근데 이젠 제가 예민한 편인가 봐요. 근데 화가 올라왔을 때 표현이 안 되고 손이 덜덜덜 떨리는 거예요. 막상 심리극 주인공 경험을 하면서 아버지한테 못했던 말을 하라고 하면 안 나오는 거예요. 아버지가 사람이니까 실수할 수도 있는 거잖아요.

리더: 아버지 살아계세요? 엄마도?

들꽃: 네 살아계셔요. 다 같이 사는데… 지금은 아버지가 철이 들어서 일도 하시고. 그래도 화가 날 때가 있잖아요. 어머니 아버지가 막 싸울 때가 있어요. 그때 화가 나요.

리더: 누구한테요?

들꽃: 아버지한테요. 그 화는 제 화가 아닌 거 같아요.

리더: 엄마의 화를 대신 내주는 것 같아요?

들꽃: 네. 화를 내는데 망치로 머리를 맞고 피가 나고, 초등학교 중학교….

리더: 엄마가 아버지를 고소한 게 언제예요?

들꽃: 그때가 90년대 중반? 초등학교 3학년 때였어요.

리더: 그때 남편이 바람을 피웠을 때 어느 수준인지 누구와 피웠는지 모르겠지만 바람을 피워서 간통죄로 남편을 넣는 사람은 별로 없거든. 들꽃 님의 어머니도 지쳐서 그런 건지 아니면 타협이 안

된 건지 그래서 아버지가 바깥으로 돈 건지.

들꽃: 제가 본 어머니의 모습은 되게 수용적인 분인 거 같아요. 꼼꼼하고 수용적이고 그렇다고 히스테리적으로 매달리는 사람은 아니거든요.

리더: 바람을 피우면 피웠지 그 현장을 잡고 하려면 보통 에너지가 필요한 것이 아니거든요. 엄마는 어떤 특성의 사람이었을지 그게 좀 궁금하기는 해요.

들꽃: 근데 막상 연애를 하잖아요. 사람을 많이 만났어요. 사람을 만나면서 처음에는 사랑이 뭔지 모르고 만났던 거 같아요. 처음 연애에서 느꼈던 패턴은 상대방이 연락을 하지 않고 내가 어떤 감정적인 피드백을 주거나 제가 예상한 반응이 오지 않으면 조급해지는 거예요. 저희 어머니도 그런 모습이 보였던 거 같아요. 본인이 이런 상황에 처하면 뭐라도 해야 하는 듯한. 근데 어머니와 아버지의 모습이 저의 연애 방식, 대인관계 패턴에서 상대방이 내가 이럴 때 예상한 방식으로 오지 않으면 많이 불안했던 거 같아요. 그래서 연애를 많이 했고요. 근데 차라리 연애했을 때 좋은 경험을 했으면 괜찮은데 연애했던 서너 명의 친구가 양다리였거나 배신을 하거나, 제가 봤을 때는 배신이죠. 친구의 친구를 뺏거나. 그런 경험들을 많이 했던 거 같아요.

리더: 지금 이야기하는 핵심은 뭐예요?

들꽃: 핵심은 사람을 잘 믿을 수 없다가 핵심인 거 같아요.

리더: 그래서 들꽃 님이 어머니 아버지 얘기부터 했거든요. 화가 난다는 것이 문제였는데 지금은 갑자기 여자친구 얘기 나오고 사람을 못 믿겠더라는….

들꽃: 제가 화를 낼 수 있다는 것은 편한 사람에게 화를 내잖아요.

리더: 꼭 그런 거 아니야. 자기 패턴인 거죠. 내가 화내도 애가 받아 줄 수 있으면 화를 내고.

들꽃: 제가 이젠 마음을 표현할 수 있는, 믿음이 가는 사람에게는 화를

내는데 그런 경험을 못 했던 거죠. 아버지 또한 믿음직스런 행동을 보이지 못했고 어머니에게도 보지 못했고. 전반적으로 난 사람이라는 존재를 믿을 수 있는가, 신뢰에 대한 문제와 연결되는 거 같아요.

리더: 아내도 내가 충족해 주지 않으면 언제든 떠날 것이라는 불안이 있어요?

들꽃: 그런 불안이, 의식적으로는 이 사람은 다르다고 생각해요. 아주 깊은 이면에는 그게 자리잡고 있는 것 같아요.

리더: 그래서 가정을 꾸려가는 데에는 어려움이 있나요?

들꽃: 현재엔 없어요. 배우자가 한결같아요. 근데 제 자신이 경험했던 것으로 봤을 때 사람이란 존재는 변하는 존재구나. 그것이 아니라는 것을 알고 있지만 불안한 거죠.

리더: 인지적으로 해석하면 이런 거지요. 나는 어렸을 때부터 100% 신뢰할 사람을 만나본 적이 없다. 그래서 아내도 내 마음속에서 신뢰가 안 된다. 그래서 나는 불안하다. 사람을 100% 신뢰해야만 한다. 그거죠? 100% 신뢰할 수 있는 사람이어야 하는데 이 여자도 원하는 것을 해 주지 않으면 언제든 떠날 수 있다는 불안감에 시달리고 있다. 내가 이 사람을 100% 신뢰할 수 없다.

들꽃: 그렇죠. 제가 감정이 들쑥날쑥할 때 이 사람이 나의 미성숙한 모습을 보면 나의 아버지처럼 언젠가 떠나갈 것이다.

리더: 그럼 내가 논박을 해 볼게요. 그 사람은 아버지가 아니고 날 떠난 것도 아니잖아요? 실제로 나를 떠났던 사람이 있어요? 내가 미성숙하고 못했기 때문에 떠난 사람이 있어요?

들꽃: 네, 있어요.

리더: 그건 그녀의 복이 아니에요. 나같이 한결같고 잘생긴 사람을 차버리고 가서 나보다 좋은 사람을 만났어? 그녀의 특성 때문에 간 것이지 들꽃 님의 특성 때문에 간 건 아니라는 거죠. 배우자가 떠난다면 그녀의 특성 때문에 가는 것이지 당신의 특성 때문

에 떠나는 것이 아니라는 거예요.

들꽃: 그 사람들의 대인관계 패턴들이 반복되니 그들의 특성인지.

리더: 그들이 떠났어요?

들꽃: 네. 의지했던 친구는 연애를 짧게 하면서 만났던 친구인데 이게 맞나 하는데 5일 만에 교제가 끊어졌어요, 태어나서 처음으로 여자를 만났고.

리더: 그녀가 떠난 이유는?

들꽃: 5일째 되는 날 사실은 다른 남자가 있대요. 그래서 기다린다고 했는데.

리더: 뭘 잘못해서 그녀가 떠난 거예요?

들꽃: 잘 모르겠어요.

리더: 잘 모르겠다고 얘기하지만 마음속에는 내가 마음에 안 들어서 나를 찼겠다는 생각을 하고 있는지도 모르겠어요.

들꽃: 네.

리더: 그럼 내가 그녀의 마음에 안 들 수도 있는 것이지. 꼭 들어야 한다는 법이 어디 있나요?

들꽃: 제 스스로 의문이 가는 것은 그 사람이 처음부터 '사람이 있다, 맘에 안 든다.'라고 얘기해야지, 왜 내게 접근했을까요?

리더: 그러게요.

들꽃: 그건 표현을 하지 않아서?

리더: 뭘. 그렇게 쉽게 만남을 하는 여성을 들꽃 님은 그래도 받아들일 용의가 있었어요? 다른 사람을 만날 때도 그 여자는 그런 패턴일 텐데 그래도 괜찮냐고요?

들꽃: 네. 그때는 그랬어요. 지금 생각하면 바보같은 짓인데 그때 당시에는 제가 얼마나 바보 같았냐면 어린왕자 책을 주며 '기다릴게.' 그랬어요.

리더: 여러 가지 이유가 있지요. 그건 모르지만 그녀의 선택에 의해 갔는데 그녀가 갔다 해도 내가 결함 있는 사람이 아니라는 얘기지.

근데 들꽃 님은 내가 결함이 있어서 날 떠나지 않았을까 생각하는 거예요. 들꽃 님이 나빠서 떠난 것이 아닌데 그 원인을 자기가 못나서 떠났다고 생각하는 것이 문제이고….

들꽃: 그때는 중국 교환학생하고 연애를 했고 그 애가 고백을 먼저 했고 저는 이미 앞의 사람하고 피상적인 연애관계를 했기 때문에 '이래도 되는구나' 하고 제 스스로 마음의 상처가 생겼나 봐요. 그래서 두 번째 상대가 고백을 해서 이 사람에 대한 마음이 뭔지도 모르고 사귀자 그런 것이죠. 사귀다가 맘에 안 들어서 연애를 끊었는데 이 사람이 계속 매달리는 거예요. 이 사람이 매달리는 상황에서 다른 사람과 교제를 한 거죠. 그러다가 헤어지고 이 사람과 만난 거예요. 결국에는 이 사람도 떨어지고 이 사람도 떨어지는데 중요한 건 이 사람이 중국 교환학생이랑 사귀게 되었는데 여기 제 고등학교 친구. 제가 대학교 갈 때 등록금을 대준 친구가 있었거든요. 이 친구를, 제 고등학교 친구를 중국 교환학생이 꼬드긴 거죠. 근데 저는 이 친구에 대한 믿음이 아주 깊었고 이 사람에 대한 믿음도 깊었는데 둘 다 놓쳐버린 거죠.

리더: 그들은 잘되었어요? 여자애가 남자애를 꼬드기니까 이성에 눈이 어두워가지고. 남자들은 열 여자 싫다 하지 않으니까. 좋다는데 그럴 수 있지요. 거기서도 들꽃 님 잘못이 없는 거잖아. 비일비재해요, 그런 일은. 그러한 과정으로 사람에 대한 신뢰가 많이 무너졌겠어요.

들꽃: 내가 아무리 이 사람에게 상처를 줘도 나에게 다시 오는구나 하는 마음이 생겼는데 결국 이럴려고 나에게 오는구나라는 잘못된 생각이.

리더: 내가 잘못된 것이 아니라 상대방이 좀 그렇죠.
일단 그 남자는 꼭 배반이라기보다 미안함 맘이 있었던 것 같아요. 여자애가 계속 꼬드기니까 넘어간 게 아닌가 싶어요.

들꽃: 세 번, 네 번이 동시에 나왔는데 다섯 번째에는 이제 이 친구는

2년 후예요. 너무 마음이 아파 연애를 안 하고 지낸 2년 후에 '사람 만나지 말아야겠다. 사랑을 할 수 없는 불구자인가 보다.' 생각했을 때 도서관에서 한 친구가 매력적인 거예요. 그래서 고백을 해서 사귀었는데 왼쪽 다리 골반이, 태어날 때 머리부터 나와야 하는데 다리부터 나와서 골반 탈골된 상태로 성장이 된 거예요. 근데 '그래도 나는 괜찮다. 좋다.' 해서 연애를 했어서 3년 넘게 교제를 했고 결혼을 하고 싶어서 고백도 하고. 근데 제가 직장이 서울로 되어서 멀리 떨어진 거죠. 제 딴에는 빨리 집안을 일으켜야 한다는 생각에 일에 막 매달린 거 같아요. 이 친구가 충주에 있다가 서울까지 와서 나를 보러 왔는데, 나는 일해야 한다며 다시 보내고 근데 그 친구에게는 상처가 되었나 봐요. 그런 와중에 다른 사람이 이 친구에게 관심을 표하니까 그만 만나자고 하더라고요. 알고 보니 딴 남자가 보여지니까 '이것도 배신이구나. 아무리 나는 마음을 주어도 돌아오는 결과는 똑같구나.'

리더: 그렇게 뭉뚱그려 생각하지 말고… 아픈 몸을 이끌고 서울까지 왔잖아요. 근데 나는 일에 매달려 있고 그니까 그 여성은 '나는 아프고 나를 돌봐주는 사람이 필요한데 이 사람은 결혼을 해도 일만 하겠구나.' 생각을 하면 그 여성도 당연히 떠나가는 것이지. 배신을 한 거는 아닌 것 같은데… 내가 잘해 주고 매달리고 그런데 딴 사람을 사귀고 그럼 모르겠지만 내가 일에 매달렸고. 그 여성이 장애가 있다 보니 이 사람하고 사는 게 힘들겠다는 생각을 충분히 할 수 있었을 거 같아요. 내가 이 멀리까지 왔는데….

그리고 진실로 가슴에 손을 얹고 생각해 보세요. 내가 정말 결혼하고 싶은 마음이 있었을까, 나도 약간 없지 않아 있었겠지만 집안을 일으켜 세우고 그래야 하는데 장애가 있는 여자랑 결혼하는 것이 괜찮을까, 그거에 대해서 왜 저울질을 하는 마음이 없었을까? 100%로 그녀에게 헌신했을 거 같진 않은데요?

들꽃: 헤어졌을 때 잘되었다. 건강한 사람을 만나야겠다.

리더: 지금 우리에게 말했지만 자기도 맘 깊은 곳에는 '내가 이렇게 여건도 안 좋은데 몸이 성한 사람하고 해도 이 경쟁 사회에서 어떻게 살아남을지 모르겠는데 이 아픈 사람하고 하는 게 맞을까.' 라는 의심이 인간이면 안 들 수가 없고 그녀는 그것을 눈치챘을 수가 있어요. 그니까 들꽃 님도 탓을 남에게만 돌리는 경향이 있어요. 나에게 보지 않고. 그리고 그 친구도 그럴 수 있는 거야. 여자가 막 접근하면 노하기 어려운 거지. 들꽃 님하고 중국 학생하고 친하다는 것을 알았어요?

들꽃: 셋이 많이 만났어요. 고등학교 친구는 워낙 친하니까 자주 같이 살았고. 어렸을 때 그의 아버지가 저에게 방을 마련해 주고 밥도 많이 사주시고 그렇게 많이 도와주셨어요.

리더: 속이 깊은 사람이에요?

들꽃: 아니요.

리더: 들꽃 님에게 잘 돌봐달라 그런 거 아닌가?

들꽃: 그런 맘은 있으셨어요.

리더: 그니까 속이 없는 애가 판단한 걸 가지고 속이 있는 사람이 쟤가 날 배신했다고 판단하는 것은 같이 속이 없어지는 거예요.

들꽃: 시간이 지나서 설날 때 우연찮게 시골에 갔는데 만났어요, 그 친구를. 결혼해서 쌍둥이를 낳았더라고요. 저도 아이가 있고, 또 크게 보면 얘도 보면 결국 사람이었구나. 자기도 하고 싶은 것이 있었겠구나.

리더: 하고 싶었던 게 뭔데?

들꽃: 그니까 욕심인 거죠.

리더: 중국 여자하고 사귀는 게?

들꽃: 그 친구가 저랑 같이 살 때 저를 계속 따라한다는 느낌을 받았어요.

리더: 마음속으로 경쟁심 같은 것도 있었을 수 있지요. 충분히 성숙하

지 않은 사람이 장난기 같은 행동 가지고 성숙한 내가 니가 나를 배반했다고 해석해야 되겠느냐는 거지요. 지금 얘기한 건 다 있을 수 있는 얘기거든요. '그들이 그렇게 했기 때문에 앞으로 나는 배반당할 것이다.'는 논리적으로 타당할까요? 그동안의 나의 관계 패턴을 보면 사람들에게 배반당했어요. 여태까지 배신당했기 때문에 앞으로도 배반당할 거 같아요. 앞으로도 나를 떠날 거 같은 불안이 있어요. 이거잖아요. 그동안 나는 힘이 없었고 가진 것도 없었고, 생존의 조건이 좋은 게 아니었다. 근데 열심히 노력해서 좋은 조건을 만들고 있는 남자를 왜 떠나겠어요. 이렇게 벌이를 잘하고 있는 남자를 말이야. 안전장치를 만들어 봐요. 그렇잖아. 그리고 나는 억대 연봉자에 석사 학위도 받았어, 차도 있어, 이만한 남자를 어디서 만날래요? 지금 들꽃 님이 강자예요. 둘이 따지자면….

호기심: 근데 이런 거 있을 거 같아요. 여자 입장에서 남편이 나를 믿지 않는다는 느낌을 받으면 그거 외에 물질적으로 안정적인 것 외에 다른 생각이 들 것 같긴 해요.

들꽃: 제가 공부를 하니까 탐색을 하고.

이 주제를 가지고 심리극을 몇 번 했는데, 상담도 이 주제를 가지고 언어화하고 탐색하고 하는 것은 명확하게 정리되지 않아서 계속 표현하는 것 같아요. 아버지도 안 떠났고 둘이 같이 살고 있고 정말 궁극적으로 떠난 사람은 없잖아.

리더: 인지적으로 '과거의 사람들이 다 날 떠났기 때문에 앞으로 만나는 사람도 떠날 것이다.' 하는 논리의 근거가 어디 있을까요? 그 생각을 한다고 해서 나한테 무슨 도움이 되나. 내가 늘 안절부절하면 아내는 이 사람이 왜 안절부절하나 하면 그게 날 떠나게 하는 요인이 되는 것이지요. 논리적 근거가 없기 때문에 과거의 경험으로부터 일반화하지 말라는 거예요.

옹이: 저는 되게 염세주의적이었거든요. 내일 아침 눈이 안 떠졌으면

좋겠다 하며 고등학교까지 지냈는데, 대학 들어와서 사람을 만났는데 인상이 좋았어요. 풍문으로 들었는데 '그 남자가 간증을 할 때 배우자가 될 사람을 만났다.'라고 얘기했대요. 근데 저에게는 그런 얘기를 한 적이 없어요. 저는 그 와중에 여러 사람을 만나고 다녔죠. 결혼을 해야 하니까 마지막으로 선택한 남자가 이 남자예요. 결혼하고 3년까지는 저 사람이 나를 좋아해서 산 거니까 얼마나 틱틱거리며 살았겠어요. 근데 아이가 세 돌쯤 되었을 때 남편이 바람난 거예요. 그런데 바람을 피운 것도, 바람 피는 양상이 남자가 집에 안 들어와요. 이유는 나이트클럽이 문을 그때 닫아요. 3개월을 나이트에서 놀고 집에 왔다가 옷만 갈아입고 회사를 가고 한 번도 나에게 소리를 지르거나 화를 내거나 이혼하자는 소리도 없이 잠잔 여자에 대한 얘기도 하고. 한 마디로 미친 거죠. 그 여자를 만난다고 나이트를 간 거예요. 근데 그 여자가 하는 말이 '남편은 착한 남자'라는 거예요. '내가 벗겨먹을 수 있다.' 이런 식으로 얘기했던 거 같아요. 아, 대학교 1학년 때 그런 모습이다. 남편이 아직까지도 그런 환상을 찾아다니고 있구나. 외도 사실을 알았을 때 마음은 분한 것부터 시작하여 들이받고 죽어버리고 싶다는 생각이 들었어요. 죽고 싶은 이유는 그 사람을 아프게 하고 싶었어요. 살아있어도 죽어도 나에 대해서 아깝다는 생각을 안 하고 살았어요. 죽을 용기도 없어요. 그런 이혼의 위기에 갔어도 언니가 이혼을 하라고 하는데 이혼을 못하겠더라고요. 막상 하라고 하니 못하겠는 거예요. 내가 아는 그 남자가 아니고 사람이 180도 달라지더라고요. 그리고 자기가 나간다고 그러더라고요. 무단으로 회사를 빠지고 다단계를 가서 몇천만 원을 해먹었더라고요. 근데 못 놓겠더라고요, 그 사람을. 회사 다녀서 모은 돈으로 결혼을 한 거기 때문에. 시댁도 도와줄 수 있는 상황이 아닌데 내가 이 사람 손을 놓으면 이 사람은 노숙자밖에 될 수 없겠다는 생각과 이 사람이 나에게 잘해줬던 거. 편지를 써 주고 답장을 써 줄 때 자신보다 나를 더 사랑한다는 느낌을 받았어요. 그때 그 사람이 보여줬던 사랑을 생각하면서 다시 한번 생각해 보자. 내가 이 사람을 거절하고 죽고 이혼해야 한다는 것은 나의 패러다임이 아니라 드라마에서 나오는 패러다임이에요. 근데 이 사람이 불쌍하다는 거, 이 사람의 미래가 노숙자밖에 없다는 것들이 막 떠오르면서 다시 품어 줘야겠다고 생각이 들었는데 그때 저희 신랑이 회색으로 염색을 하고 다녔어요. 그리고 일주일을 회사에 안 나가서 회사에서 자르려고 저를 불러서 물어보더라고요.

리더: 자기가 바람을 피워놓고 아내가 이혼한다고 하니 힘들어서 그러는 거예요?

옹이: 아 그게 갑상선 기능 항진증이 있어서 빼빼 말랐는데도 새벽 5시까지 나이트에서 춤을 추고 그다음 날 출근을 할 수 있는 게 원기 왕성해요. 세상의 모든 것을 다 할 수 있는 사람인 거죠. 실질적으로 다른 사람에게 보여지는 부분에 대한 수치심도 있었지만 이 사람 하나만 보고 살려 보자 싶어서 지점장을 찾아가서 아파서 그러니 봐달라고 하고 옮겨 달라 하고 그리로 옮기고 딱 2,000만 원 있는데 카드빚이 800만 원이어서 다 갚고 월세 들어가서 살게 되는데 그러면서 둘째를 가졌어요. 언니는 미쳤다고 하는데 둘이 있어야 하나씩 나눠서 이혼을 하지 하면서 애를 갖고 낳았는데 결론으로 따지면 신랑은 예전의 모습보다 더 좋아졌어요. 제가 염세주의적인 이유가 아버지가 바람을 피워서 아이들을 데리고 왔잖아요. 제 가치관으로 정말 이해가 안 되는 거였거든요. 우리 아빠가. 그래서 살기가 싫었어요. 그때 유괴가 유행이었거든요. 착한 애들한테 좋은 일이 있어야지, 세상이 믿을 만하지 않다고 생각했어요. 근데 신랑을 만나서 알게 된건 착하게 살면 좋은 일이 있을 거라는 것을 살면서 겪게 된 거예요. 지금도 저한테 어려움이 오거나 그러면 '더 좋은 게 뭐가 올

려 그러나.' 하거든요. 신랑에 대한 상처는 집단에서는 얘기를 안 했었어요. 저런 것을 털어놓으면 후련해질 수도 있겠구나 생각이 들어서. 경험을 통해 사람 믿을 게 없다 할 때 한번쯤은 바꿔보는 것도 괜찮은 거 같아요. 오딧세이 이야기가 생각났어요. 오딧세이가 돌아오는 섬에 갇혀서 많은 세월이 지난 다음에 돌아왔을 때 왕비가 '너 바람폈지.' 하면서 못되게 굴지 않았거든요. 돌아온 것만으로도 기뻤듯이, 애가 떠나지 않고 옆에 있어서 예쁜 가정을 만들어서 간다는 것에 감사하더라고요. '만약 다시 그때로 돌아가면 어떡하지? 그럼 그때는 이혼할 거야.' 생각했는데 요즘은 '이혼은 할 수 있을 거야. 근데 미워하는 맘이 아니라 보내줄 수 있지.'라며 혼자서 많이 생각해요. 그게 너무 무서워서 항상 남편이 다른 여자랑 있는 꿈을 많이 꿨거든요. 근데 잘 극복한 거 같아요. 요즘 많이 느끼는 것은 선하게 살면 좋은 일이 있을 것이다. 가끔은 내가 너무 긍정적으로 생각해서 현실을 제대로 못 보는 것은 아닌지.

리더: 그럼 이제 들꽃 님의 이야기로 돌아가서, 불안해하잖아요.

옹이: 그걸 바꿀 수 있다고요. 그런 상황 속에서 내가 똑같은 패턴으로, 기억 속에 있었던 것들이 어떤 식으로 바라보느냐에 따라서 내가 해야 할 것들이 결정되거든요. 꼭 그렇게 나쁜 식으로 생각하지 말고. 그 시점에서 어떤 부분으로 바라봐야 할까를 생각하면 될 것 같아요.

리더: 옹이 님이 얘기한 것은 그거예요. 여자가 나랑 5일 사귀고 헤어졌잖아. 그거는 나를 배반한 것이 아니라 내가 순박하고 자기의 상대가 아니라는 걸 알고 나를 좋게 해 주려고 떠났다고 생각할 수도 있는데 왜 당신은 배반했다고 생각하는 건지 얘기를 하는 거죠?

두 번째는 중국 여자가 남자에게 갔잖아요. 그 중국 여자는 좋은 여자는 아닌 것 같아. 그 특성이. 들꽃 님이 가난하고 힘들게 산

거를 안 거예요?

들꽃: 나중에 알았죠. 집안꼴 보고 알았죠.

리더: 부잣집 아들인 줄 알고 접근을 했어. 근데 얘 친구가 부자인 걸 알았어. 그럼 잘 간 거지 그걸 왜 배신이라고 생각하는 거냔 말이에요. 배신이라는 것은 내가 죽고 못 살고 가면 안 돼 했을 때 나를 떠나면 배신이지만, 나한테 엉겼다가 만 것을 배반이라고 할 수 있을까요?

또 하나는 장애를 앓고 있는 것도 내가 걔를 배반한 거죠. 걔는 여기에 왔는데 그리고 보통의 남자들은 가지도 않지. 장애를 가진 애인을 놔두고 가지도 않지요. 또 가고 한참 동안 연락도 안 했지. 올라왔어, 근데 시간도 같이 안 보내줘. '나에 대한 마음이 떠났구나.'라고 다르게 볼 수 있는데 왜 자기를 나쁜 쪽으로, 배신당한 것으로 해석을 하냐고 지적을 하는 거예요. 이어서 또 바라보려고. 그가 나를 싫어하게 해서 떠나게 만들어요. 이게 투사적 동일시예요. 이런 지각이 없이는 그럴 수 있어요. 그러고 나는 또 배반당한 인생이구나. 세 번째 여자도 내가 그렇게 만든 거예요. 통찰이 왔으면 좋겠어요. 다른 분들은 어때요? 이분이 불안해하잖아요.

하이디: 아버지나 어머니 가정에서 성장하면서 사랑에 대한 욕구 충족이 안 된 거잖아요. 그동안에 이성 교제를 해오면서 결핍된 사랑의 욕구를 충족하려고 하는 것이 있었는데 무너지게 되면서 어쩌면 지금도 여전히 사랑을 하는 것보다는 결핍된 사랑의 욕구를 채우기 위해서 뭔가 애쓰지는 않으실까 생각이 드는데요.

들꽃: 배우자 만나기 전에 나이가 많은 사람하고 연애를 했어요. 연상의 여성하고 교제를 했는데 해 보니까 얘기를 해 주더라고요. 너는 왜 항상 갈구하냐 하며 얘기를 해 주더라고요. 그때 알았어요. 내가 확인받고 싶어 하는구나. 그 사람에게 했던 말이 '나 사랑해?' 항상 확인받고 싶어하고 '나 잘했어? 나 어때?' 이런 말을

자주 했던 거예요. 그 사람과 2년 동안 교제하면서 그런 모습을 보았어요. 내가 결혼한다면 물음표를 할 것이 아니라 마침표로 내 마음을 표현해야 되겠다. 지금 배우자와의 결혼 생활이 2년 되어 가는데 '나는 당신이 좋아, 당신이 오늘 더 예뻐, 나도 멋있지? 멋있어?'가 아닌 '멋있지?' 이렇게 바뀐 거 같아요, 내 모습을 바라볼 수 있게 현재 내가 무엇이 결핍이었는지 잘 알 수 있는 경험도. 스스로 알아차린 것 같아요.

리더: 그 여자는 들꽃 님이 떠났어요?

들꽃: 떠난 건 아니고 각자 갈 길을 간 거죠.

리더: 그럼 배반 당했다는 생각은 안 들었어요?

들꽃: 그 사람도 저도 그렇고 안 들었어요. 각자 삶을 걸어가자 그리고 헤어지고 배우자를 만난 것이거든요, 그때는 각자의 삶으로 헤어진 거 같아요.

리더: 거봐. 굳이 집착할 필요가 없다는 것을 알았겠네요.

들꽃: 말씀 주신 내용을 통합해 보면 지금 제가 사람을 많이 만나고 헤어지거든요. 1년에 500여 명 만나요. 만나고 헤어지는데 이 사람들이 나를 버리고 가는 게 아니잖아요. 그것이 자연스럽다는 느낌으로 말씀해 주신 것 같아요.

리더: 어쩌면 들꽃 님은 사람이 날 떠나게 만드는 어떤 요인이 있다는 두려움이 있지 않을까요? 요인이 있다고 ?

들꽃: 요인을 발휘하는 것 같아요. 예민성 히스테릭한 것. 제 감정이 올라오면 그 감정을 표현하려고 해서 정제되지 않은 감정들이 막 나오는 거예요. 그 아버지가 했던 행동을 제가 하는 거예요. 정제되지 않은 아주 원시적인 욕설이 막 나오는 거예요.

리더: 내가 알면서도 왜 제어가 안 될까?

들꽃: 20대 초중반 때의 내 모습이었어요. 어떤 사람들은 정말 너 괴물이다, 제가 이 공부하면서 제 모습을 본 거죠. 무엇 때문에 출발했는지.

리더: 알면 안 해야 되는데 '아버지가 그렇게 했으니 나도 그렇게 할거야.'는 아니지요. 아버지가 그렇게 했기 때문에 내가 얼마나 많은 피해를 받았어. 다시는 그런 행동을 주변 사람들에게 하지 말아야 된다고 반면교사를 하면 좋겠어요.

들꽃: 나중에 생각해 보면 남자가 외도하는 모습들이 많이 나오잖아요. 제 아버지의 삶으로 들여다보았을 때 아버지가 큰아들로 초등학교만 졸업한 상태에서 아버지를 누구도 돌봐주지 않았던 거예요. 본인이 생존하기 위해 문신을 하고 깡패로서 주변을 그렇게 했던 거예요. 24살 때 저희 어머님을 만나서 누나가 생긴 거죠. 결혼을 해보니 막상 달라진 거 없이 삶은 힘들고 벗어나고 싶어서 다른 여자를 만났던 거 같아요. 아버지 또한 행복하고 싶었겠죠. 방법이 잘못된 거죠. 저는 아버지의 모습을 그렇게 이해했어요. 아버지 또한 행복하고 싶어서 그랬겠구나. 예전에는 밉고 화가 났는데 지금은 그런 감정이 정리가 된 거 같아요.

리더: 아버지의 행동패턴이 내게 보인다는 것을 내가 알았으니까, 그게 바람직하지 않다는 것을 알았으니까 나오지 않도록 내가 할 수 있는 어떤 노력이 있을까요?

들꽃: 예전에는 화가 나면 바로 제 감정으로써 상대방에게 폭행하는 공격적인 모습이 나왔다면, 지금은 화가 나면 격심한 분노가 올라오면 바로 표현을 하지 않고 쉰 상태에서 얘기를 하려고 해요.

리더: 굳이 사람들이 배신하고 떠났다면 그렇게 만든 나의 특성이 있었다는 것. 그렇기 때문에 아내에게도 배신하지 않도록 나의 특성 때문에 내가 나를 조절하는 것.

들꽃: 계속 확인하려는 마음들. '사랑할까? 배신하지 않을까?' 그런 마음이 올라와요.

리더: 여자들은 그런 마음을 싫어해요. 집착하는 것. 집착하는 것은 사랑이 아니어서 그런가 봐요. 왜 확인해야 해 맨날? 사랑의 방정

식은 3년이에요. 그다음에는 정으로 살고 내력으로 살고 그런 거지. 그렇다면 굳이 그것을 확인해야 되나요?

들꽃: 이 사람이 내 곁에 있다는 것은 공기처럼.

리더: 하이디의 지적처럼. 채워지지 않은 욕구를 확인하는 것은 벗어 나야 하지 않을까요?

들꽃: 제 별명은 들꽃이잖아요. 사랑받고 싶고 욕구가 있는데, 인정받 고 잘하고 싶은 욕구가 있는데 이제는 그 마음을 들여다봐요. 스스로를 바라보죠. '그렇구나.' 하고 내려놓으면 마음이 편해 져요.

리더: 그리고 사랑받는 좋은 방법은 내가 먼저 사랑하는 거예요. 진정 한 사랑은 사랑을 주는 데 있다고들 하니깐요.

들꽃: 제가 연애를 하면서 배운 게 연애도 인간관계고 제가 겪었던 이 야기 속에서 '결국 나는 그들에게 요구했구나, 요구하면서 내가 상처받았구나.' 하면서 아내에게는 주려고 해요. 오히려 지금 제 느낌은 아내가 저에게 많이 주는 느낌이에요. 아이도 주었고. 시 간도 주었고. 그것은 어떤 가치로도 바꿀 수 없는 거 같아요.

리더: 불안에서 벗어나길 바라요. 그녀가 굳이 떠나야 할 이유가 없어 요. 그녀가 좋은 남자를 두고 떠나야 할 이유가 없어요. 애기도 낳았겠다.

들꽃: 제 아내는 되게 털털해요. 교사라서 아이들하고 캠프도 가고 하 는 모습을 보면 되게 인간적이에요. 그래서 많이 배우거든요. 집 에 가면 아내 앞에서는 털털해요. 리더 님이 말씀하신 모습을 아 내와의 관계에서 조금씩 연습하고 있는 거 같아요.

천리향: 외도하고 그런 중에도 제가 타고났는지 몰라도 가식적으로 그 러지 않고 끊임없는 노력이 필요하구나. 인간적인 모습을 보여 주는 거 그게 친해지는 거잖아요. 동기들 앞에서 무게 잡고 그 러면 누가 좋아하겠어요? 저는 동기들에게 그런 모습을 보인 거 같아요. 들꽃 님은 그런 모습이 좀 필요할 거 같아요.

푸른하늘: 아빠 양복 입고 나와서 어른스럽게 무언가 해보고 싶은 느낌. 사실 나이를 떠나 우리는 장난치고 그러잖아요. 그런데 들꽃 님은 어른처럼 항상. 뭐도 날라 주고 그런데 항상 선생님처럼 있어요. 가만히 앉아 양복 입은 신사가 앉아있는 느낌. '누나'라는 한 마디하면 그게 그렇게 안 되나?

들꽃: 저도 그런 느낌을 받아서… 제가 먼저 던졌어야 하는데 저 또한 스스로 보호하는 거죠.

나를 드러내면 안 된다는… 막상 보이면 싫잖아요. 전 사실 그렇게 '누나' 이런 게 어렵다는 것이 아니라 정도가 다르잖아요. 익숙지가 않아요.

햇살: 사람은 우리 집단할 때 보면 얘기를 해놓고 해 놓았을 때 다가가고 싶고 친해지고 싶고 편하게 나누고 싶은 게 있는데 각 잡고 있는 느낌. 좀 부담스러운 느낌이 있어요.

푸른하늘: 학교 다니면서 못 느꼈어요? '그런 게 일적인 것 때문에 그러나? 일할 때 불편감이 있나?' 그런 생각을 했는데 인턴을 할 때 보니까 허당이고 애기 같은 거 같아요. 그런 모습조차도 모르는 거 같기도 하면서 허당이다 항상 절제되게 부드럽게 얘기를 하고 그 이면에 또 다른 허툰 그런 것을 보면 정이 가요.

햇살: 우리 집단 꾸릴 때 정답만 말하는 분들이 있잖아요. '저 사람은 왜 저러지.' 그럴 때가 있어요. 안타까움이 있잖아요. 그럼 조금만 이렇게 하면 관계가 달라질 수 있을 텐데.

하이디: 집단 참여하면서 들꽃 님은 어떤 느낌이 드냐면 가정에서 어리광 부려본 적이 없는….

그 모습 자체를 사랑받으며 우쭈쭈 해 줘야 하는데 그런 경험이 없어서 그런데 그런 것을 가지고 있지만 그것을 표현하는 것이 서툰.

들꽃: 처음에는 주변 사람들에게 했는데 제 경험이 별로 안 좋았어요. '왜 이렇게 나대냐. 좀 떨어져라.' 이게 이 길이 아닌가 보다. 일

을 하다 보니 일로서만 관계가 생기잖아요. 그 페르소나만 가지고 있고 인간관계를 맺을 수밖에 없어서 그게 더 편한 거예요. 그 표현이 적절하신 거 같아요.

햇살: 서로서로 다 아는 거 같아요. 본인만 통찰이 안 되는 것뿐이지.

리더: '내가 늘 정신 차리고 흐트러진 모습을 보이면 안 되고 좀 자연스러워져라.' 그런 생각. 또 하나는 여러 가지 경험을 해서 가정을 꾸렸잖아요. 그녀가 나를 떠나지 않게 하는 방법은 외도하지 말고, 그녀와 함께하는 가정에 100% 헌신한다면 그녀가 왜 떠나겠어요. 그러나 밑 마음에는 '다른 여자 있으면 해 봐야지.' 이런 생각이 있어서 불안한 거 아닐까? 나는 그런 생각이 드네요. 그녀를 위해 100%로 헌신한다면 왜 그녀가 떠나요?

들꽃: 저는 그 사실을 깨달았어요. '이렇게 했는데 왜 안 떠날까, 아아 그거는 떠날 수 있는 것이 아니구나. 사랑이라는 것은 떠난다고 해서 떠날 수 있는 그런 게 아닌가 보다.'

리더: 그게 사랑이 아니에요. 내가 여길 떠나서 더 좋은 처지의 사람을 만날 수 없기 때문에 안 떠나는 거야. 좋은 사람을 만날 자신이 없어서 안 가는 거지요. 옹이 님이 그 남자를 너무 사랑해서 안 떠나요? 이혼녀라는 표 딱지를 달기 싫은 거예요.

들꽃: 아쉬운 게 나니까 떠날 수 없다는 말이에요? 내가 아쉬우니까. 덕 보기 위해서 산다?

리더: 그건 아니고. 한번 법적인 관계를 맺으면 그걸 깨기 쉽지 않은 거지요. 거기에 쓸 에너지를 가정을 위해 헌신하는 거예요.

들꽃: 남자로서는 그런 게 있어요. 여자들은 다 똑같아요.

리더: 부인이 불안을 안 느끼도록 하는 것은 들꽃 님의 몫이에요.

햇살: 아버님이랑 어머님이 사셨잖아요. 그때 어땠는지?

들꽃: 좋은 점도 있었어요. 제가 떠돌이 생활을 했어요. 이모네 집, 친척 집 살면서 얼마나 눈치를 봤겠어요, 근데 어느 순간 아버지랑 같이 사는 거예요. 이게 뭔가? 교도소를 갔고 면회도 갔고 엄마

가 데리고 갔어요. 엄마가 마음의 상처가 많은 사람인지 알겠어요. 그걸 합리적으로 생각할 수 없었던 거지요. 그런 경험들은 안 하는 게 좋죠.

호기심: 갑자기 드는 건데요. 들꽃 님이 사랑에 대해서 물음표가 있다는 생각이 드는 거예요. 어렸을 때 그런 사랑을 받지 못해서 사랑에 대한 환상 '사랑은 뭐뭐이다.'라는 것을 계속 찾아나서고 있다는 느낌이 들었어요.

들꽃: 처음에 그랬어요. 그 사람을 딱 만났는데 '아, 이 사람인가.'라는 느낌이 들었는데 느낌이죠. 솜사탕 같이 사라지는 느낌.

호기심: 지금은 무엇이라고 생각하세요. 사랑이….

들꽃: 예전에는 특별한 것이라고 생각했는데 지금은 밥 먹고 같이 시간을 나눌 수 있는 사람, 오랫동안 함께할 수 있는 사람….

호기심: 왜 이런 질문을 하냐면요. 저도 예전의 사랑의 개념과 10년 넘어 사랑의 개념이 너무 다른 거더라고요. 바라보는 시선에 따라서 결혼을 안 한 누군가가 사랑이 무어냐고 물어본다면 예전에 그런 것을 얘기해 줄 수 없는 거예요. 그리고 지금의 이런 것들을 얘기해 주면 이해를 못 하더라고요. '내가 생각하던 그런 사랑이 아니었다. 이제 사랑을 해 가는 거 같다.' 그러면 이해를 못 하더라고요. 그게 나이가 들어가면 갈수록 사랑의 개념이 계속 바뀌어가는 거예요. 그래서 그런 게 있는 거 같아요.

들꽃: 예전의 저는 사랑이란 내 맘을 알아주고 내가 표현하는 걸 이해해 주고 요구한 걸 다 들어주고 내 맘이 무엇인지 알아주고… 근데 시간이 지나면서 살아보니까 '사랑이라는 게 어떻게 그럴 수가 있겠는가.' 그런 생각이 드는 것 같아요.

리더: 『결혼의 신화』라는 것을 읽어봐도 좋을 것 같고요. 잘못된 신념 중의 하나가 '부부는 영원한 친구다.' 대표적인 잘못된 거라는 거죠. 친구는 모든 것을 이야기하고 수용이 될 수 있어요. 그런데 배우자는 그러면 안 되는 거예요. 배우자에게는 모든 걸 털어

놔야 한다는 것이 비합리적인 생각임을 알고 어린 시절 들꽃 님이 행복하지 않았잖아. 그런 것을 교훈 삼아서 우리 아이들에게 좋은 아빠로서의 역할을 하고, 좋은 배우자로서의 역할을 하고 그러면 가정이 안정되고 그러면 굳이 배우자가 나를 떠날 염려를 할 필요가 없다. 가정을 꾸린 사람은 경제적으로 안정이 되어야 해요. 어떻게 하면 경제적으로 안정을 시킬 수 있을지에 대해 시간을 좀 더 썼으면 좋겠어요.

■ REBT 집단상담: 창

리더: 넘어갈까요?

창: 아직 준비는 덜 되었는데요. 복잡한 것 중에 하나가 말을 할 때 눈물이 나요. 수시로 눈물이 나요. 지금도 살짝 목소리가 떨리잖아요. 근데 감기 덕도 있긴 한데 매사 그렇거든요. 왜 그러는지 모르겠어요. 편한 사람들과 일대일로 대화할 때는 괜찮아요. 지금은 불편한 상황은 아니지만 가장 심한 건 제가 잘 모르는 걸 말할 때, 발표를 해야 할 때, 준비가 덜 되었을 때, 불안할 때 꽉 막히며 앞이 하얘지면서 그냥 목소리가 흔들리고 그 목소리를 듣는 내가 슬퍼지면서 눈물이 나오거든요. 어릴 때는 매사에 잘 우는 아이였던 것 같아요. 별명이 뺙뺙이었어요. 뺙 하면 울었어요. 큰고모가 지어 주셨는데 노래를 불러도 뺙뺙 소리를 지르고 소리를 고래고래 잘 지르고 엄마가 차별대우한다는 생각이 드는 순간 남동생에게 모든 지지가 항상 갔던 느낌이었어요. 저는 그것에 대해서 '왜 남녀 차별해? 나도 쟤랑 똑같이 해 줘.' 이런 일이 많아서 옷을 사도 똑같이 사줘야 하고 학원을 다녀도 똑같은 학원을 보내줘야 하고 그런 일들이 많았어요. 이 억울한 마음을 내어 놓으면 눈물과 함께 이야기가 시작되죠. '또 운다 또 울어.' '안 울거든.' 울었던 기억이 있고 그 후로 드라마 보며

울고 영화 봐도 울고 다른 사람이 눈이 빨개지면 나도 울고 문제
인 것 같아요. 회사 면접 볼 때 두 번이나 울었거든요. 다행히 붙
었지만 처음에 고등학교 때 대학 떨어지고 나서 취업을 했는데
면접을 보는데 '너 대학 안 가고 여기 왔니?'라는 말을 듣고 울기
시작했고, 어떻게 면접이 끝나고 집에 와서 보니 눈이 퉁퉁 부었
어요. 또 아빠가 돌아가셨어요, 대학 입학할 때쯤에요. 대학 졸
업하고 취업할 때 일대일로 면접을 보는데 '아버지는 왜?'라는
질문에 막 울기 시작했고 사장님이 휴지를 주시면서 '면접 보면
서 우는 사람은 처음이다.'라고 하셨어요. 가장 최근에 울었던
건 자격 때문에 자기주도학습 강사 양성 과정에서 MBTI 발표시
간에 준비가 덜 된 상황에서 발표 도중 헷갈리기 시작하는 거예
요. 그러면서 앞이 하얘지는 거예요. 그러면서 앞에 있는 사람
이 빤짝이는 눈으로 나만 쳐다 봐 그들을 볼 수가 없어서 허공을
바라보면서 엉엉 울다가 내려왔어요. 남들은 당당하고 야무질
것 같다고 하지만 스스로는 '그들이 원하는 나'지 '내가 원하는
나'가 아니라는 사실이 반발하고 싶은 마음도 있고, 그렇게 하고
싶은 마음도 있고 그렇게 못하는 속상한 마음도 있고 울컥울컥
해지는 게… 나에게 인지적 왜곡이 있어서 자꾸 무엇 때문에 우
는지.

리더: 어제 누군가 이야기할 때 울컥했죠? 누구였죠?

하이디: 저요.

창: 아이 지지 받아서 좋겠다. 그래서 엄마가 열어 둔다. 엄마 아빠
가 네가 하고자 한다면 지지해 줄게.

리더: 왜 그런 것 같아 본인이 찾아내야죠. '나는 지지 받지 못했는데 쟤
는 지지를 받아서 얼마든지 좋은 환경에 나는 훨훨 날아 다녔을
텐데.' 이러는 걸까요? 남의 이야기에서 나를 돌아보는 걸까요?

창: 모든 이야기가 제 이야기인 것 같긴 하거든요. 아까 말씀하셨던
것처럼 거기서도 힘들었던 게, 뭔가 근사해 보이고 싶고 남 앞에

서 잘하고 싶고 '이렇게 힘들었나.' 이런 생각을 하면서 한참 있
다가 울고 싶지 않아서 많이 기다렸다가 이야기한 거였거든요.
근데 모르겠어요. 부모님이 나쁜 부모님이라는 생각이 전혀 들
지 않고 어려운 상황에서 저희들을 키워주셨는데 그 부분에서
서운한 것 같고 무서움이 있었던 것 같긴 해요. 대학 떨어지면서
앞으로 나는 소속되지 않는다는 게 두려웠어요. 그 두려움은 중
학교에서 고등학교 올라갈 때도 있었어요. 부모님이 '형편이 어
려우니까 너는 여상을 가라.'고 해서 저는 여상을 가면 취업을
해야 한다는 생각에 '세상에 바로 나가야 되나, 3년 뒤면 나는 사
회로 나가야 되나.' 이런 생각에 여고를 가기로 결심했어요. 원
서를 여상을 쓰다가 이틀 만에 선생님께 인문계로 바꾸어 달라
고 했죠. 사회인이라는 두려움이 컸고 대학 떨어지고 나서 내가
좌절을 했다는 마음도 컸지만 세상에 뛰어들어야 한다는 두려움
이 컸던 것 같아요. 집에서 엄마 아빠가 있으니까 걱정하지 말고
너 하고 싶은 거 해, 이런 지지를 받지 못한 것에 대한, 그런 거
해 주지 않을 거라는 엄마 아빠가 몇 년 전부터 이야기하셨어요.
제가 공부 좀 못하거나 이러면 '해 줄 능력이 안 되니까, 네 인생
네 거고. 하려면 열심히 하고, 안 하려면 말아. 떨어지면 끝이야.
네가 다 알아서 해.' 이 이야기가 부담스럽기도 하고 세상에 대
한 두려움도 있었고 그랬던 것 같아요.

리더: 그렇군요. 실은 이제 고등학교 졸업한 20살 초년생한테 사실은
뭔가 꿈과 희망이 많이 있었을 것 같은데 어렸을 때 그랬군요.

창: 하고 싶은 게 많았어요.

리더: 하고 싶은 게 많았는데 대부분의 부모들은 '그래, 하고 싶은 거
잘 찾아서 해. 엄마가 뒷받침은 어떻게 해서든 해 줄게.' 어떤 엄
마들은 그런 엄마도 있지. '걱정하지마. 네가 잘하면 집이라도
팔아서 해 줄 거야.' 이런 말이 굉장히 힘이 되잖아요. 그런데 그
런 힘을 주는 말보다는 '못하면 네 인생 네 거니까 알아서 해라.'

이게 사실 20살 아이한테 굉장히 공포스러운 발언일 것 같아요. 특히 뭔가 하고 싶고 되고 싶은 게 많은 사람에게 그렇지 않았을까요? 그래서 세상에 내가 던져져 버린 느낌, 늘 세상이 두렵고 공포스럽고 힘들고 내가 어떻게 관리 못 하니까 눈물이라는 것으로 표현하고 그런 것이 아니었을까요? 지금 나온 이야기만 가지고는.

창: 그때는 그런 것 같아요. 제가 하고 싶은 게 많은데 거절당할 걸 잘 알기 때문에 말도 못 꺼내봤던 것 같아요.

리더: 어릴 때 모르겠지요. 20살 전까지는 어떻게 했는지 모르겠지만 말로 해서는 안 통하니까 눈물이라는 것을 통해서 나도 모르게 호소하는 전략이 발달되었을 수도 있지 않았을까요?

창: 그 눈물도 잘 먹히지 않았어요.

리더: 아니면 내 인생이 늘 슬픈 거죠. 눈물이 언제 나와, 슬플 때 나오는 거잖아요. 화가 날 때 눈물이 나오는 게 아니잖아요. 소화도 안 되고 씩씩거리는 것이고 공격성이 발달될 때는 공격을 하는 것이고 슬플 때 눈물이 나와요. 그러니까 '내 인생이 슬프구나.' 이런 생각을 많이 했나 보다.

창: 그랬나 봐요. 내 인생이 슬펐나 보아요.

길따라: 처음에 이야기할 때 목소리가 떨리고, 동생과 비교한 이야기를 할 때는 안 그러다가 본인이 불쌍하다고 생각하는 부분에서 눈물을 흘리는 것같이 느꼈어요.

창: 어느 순간 목소리가 떨리는지 모르겠어요. 말하다가 감정이 격해지면서 목소리가 떨리거든요. 제가 그 감정은 솔직히 모르겠어요. 어느 순간에 동생 이야기는 괜찮았는데 나에게 불쌍하다고 생각했을 때 떨렸다고 하니까 그런가.

길따라: 취업 면접 때 아버님 이야기 나와서 그때도 떨렸고 뭔가 본인을 울게끔 하는 특정적인 것이.

창: 키워드들이 있는 것 같아요. 눈물에 대한 키워드요. 고등학교 졸

업한 뒤 '대학 안 가고 왜 여기 왔니?'라는 말을 들었을 때 눈물이 확 쏟아졌던 건 내가 대학 들어가고 나서는 그런 부분이 없어졌어요. 5, 6년 뒤에 시험을 보고 대학을 다녔잖아요. 대학 못 간건 그 부분에서 눈물이 나지 않아요. 무용담처럼 '대학 못 갔었는데.' 이런 이야기를 하게 되었어요. 친구들도 마음 편하게 만나게도 되었고 그러다가 아빠가 대학 1학년때 돌아가신 거예요. (눈물) 아버지가 대장암으로… 합격자 발표가 나고 12월 8일에 위암이라고 갑자기 수술을 하러 가셨는데 100일 만에 돌아가셨어요. 대학 들어오는 봄에 3월 17일날 돌아가신 거예요. 입학하는 모습도 못 봤고 딸을 예뻐하셨는데 아빠에게 실망감을 안겨주었던… 대학을 못 간 것에 대한 실망감이 컸던 아버지. 제가 노느라고 대학을 못 가서 아빠에게 상처를 드렸어요. 아빠에게 보여 주고 싶었던 모습을 못 보여드리고 좀 더 자랑스러운 딸이라는 모습을 보여드리고 싶었는데 그럴 수 없이 가버리셨기 때문에 그 다음 면접에 아빠 이야기가 나오면 우는 거예요. 아빠라는 키워드가 생겼어요. 그 뒤로는.

리더: 아빠하고 충분한 애도가 없었네요.

창: 제 동생이 군대를 갔던 상황이었어요. 아빠가 수술 받던 10월에 입대를 했어요. 동생 면회를 가야 했는데 엄마는 아빠 병원에 있었고 저와 작은 아빠와 작은 엄마와 면회를 가서 거짓말을 했어요. 동생이 힘들까 봐 엄마 아빠가 바빠서 못 오셨다고 안심시키고 자대 배치 시키고 들여 보냈는데, 그다음에 악화가 되니까 동생은 계속 자주 휴가를 나올 수밖에 없었고 그다음에는 휴가를 쓸 수가 없는 상황에 엄마랑 나랑 둘만 남은 거예요. 엄마가 100일 동안 아빠를 쫓아 다니면서 잠도 못 자고 쉬지도 못하고 먹지도 못하니까 귀가 안 들리기 시작하시는 거예요. 신체적으로 힘드시니까 몸무게도 42kg 되시고 뼈하고 가죽만 남은 상황이신 거죠. 저도 이기적인 생각이 드는 게 제 생활에 그토록 원

했던 대학 생활을 즐겨보고 싶은 마음이 컸어요. 아빠 쪽에 포커스를 맞추면 제 삶이 망가질 것 같았어요. 이 생활을 즐기고 싶고 새로운 생활에 더 적응하고 싶고 아빠는 충분히 보고 싶고. 슬픈 마음보다 밝은 마음 쪽으로 움직이고 싶어서 아빠 돌아가시고 나서는 엄마랑 많이 싸웠어요. 엄마는 문서적인 것도 해본 적이 없고 은행업무도 동사무소에 가서 서류 떼는 것도 다 아빠가 했었기 때문에 엄마가 할 줄 아는 게 아무것도 없는 거예요. 아빠 돌아가시고 사망 신고도 제가 해야 되는 거고 재산 정리도 다 해야 하는데 제가 다 하게 됐어요. 그러면서 엄마가 힘들어하시면서 시골에 3개월 갔다가 돌아오셔서 여름이 되었죠. 엄마랑 나랑 신경전이 계속 있는 거예요. 엄마 이야기 들어줄 여유가 없고 바쁘고 이러면서 아침에 일찍 나가서 한밤중에 들어오고 이런 생활을 하다가 무엇 때문에 싸웠는데, 엄마가 '힘든데 딸년이라는 게 엄마 마음도 몰라주고 섭섭하다.'고 하시니까 '엄마만 힘드냐, 나도 힘들다. 나도 아빠를 잃었다. 엄마만 슬픈 게 아니다. 나도 슬프다 내가 엄마를 지킬 상황이 아니다.' 그러면서 엄마랑 자주 싸웠던 기억이 있어요. 그 뒤로 엄마가 운전도 배우시고 아니다 싶으셨는지 지하철도 잘 타시고 하셨어요. 그 뒤로는 아빠 산소 가서도 눈물을 못 흘리겠는 거예요. 왠지 모르겠는데 '빨리 떠나고 싶다.' 이런 생각이 꽤 많아요. 아빠 산소가 저희 집에서 가까워요. 아빠 산소는 양수리, 저희 집은 성남인데 최근에는 산소에 안 가게 되더라고요. 아빠에 대한 서운함이 있어서 그런 건지 섭섭함이 있는지… 저는 아빠가 가시면서 든든한 백이 없는 것 같고… 내가 사고를 쳐도 아빠는 해결해 주실 분이라는 것을 알고 있거든요. 엄마는 안 해 주실 분이지만 아빠는 해 주실 분이라는 거요. 근데 어느 순간 아빠 돌아가시고 소심해졌다고 생각한 게, 뭔가 배운다거나 할 때 뒤로 주저주저하는 게 많아졌어요. 어학연수도 가고 싶었고 해외연수도 가고 싶었고,

도전하고 벌리는 일을 하고 싶은데 제가 일을 그르쳤을 때 그걸 도와주고 수습해 줄 사람이 없다는 생각에 쉽게 뛰어들 수가 없더라고요. 그런 부분, 그 뒤로 남자친구를 많이 사귀었던 것 같아요. 아빠 같은 사람을 많이 찾았던 것 같아요. 남편감으로 저는 다른 사람을 만나기는 했지만, 그 뒤로는 아빠 키워드가 나오면 눈물이 나요. '결혼' 주제에서도 남편 이야기 나오면 눈물이 나오고 지금은 남편 이야기 나오면 울지는 않고요.

리더: 그때가 언제지요? 아빠가 돌아가신 지가?

창: 97년도.

리더: 20여 년이 지났네요. 그때 충분히 애도하지 못하고… 그때 대학생활을 즐기려 하고 엄마랑 같이 슬퍼하고 울고불고 짜고 이런 과정이 있었어야 하는데 나는 대학생활을 즐겨야 하기 때문에 한쪽으로 치워 놓고 그때 해결하고 정리된 게 아니라 옆으로 치워 놓은 거예요. '너 옆으로 가 있어. 네가 옆에 있으면 나는 슬프고 고통스럽고 대학생활도 못 즐기잖아. 대학도 어렵게 들어왔는데 대학에서 모든 것을 다 느끼고 즐기고 싶어. 너 저리 가 있어.' 이렇게 한 것 때문에 해결이 안 된 거 아니야. 아버지에 대한 슬픔, 서운함, 미안함, 속상함 여러 가지 감정들을 충분히 슬퍼하고 괴로워하고 견뎌 냈어야 하는데 그게 빠져 있으니까 일상생활에서 울컥울컥 나오는 게 아닐까요? 그리고 다른 사람의 이야기를 내 이야기로 동일시하면서. 아버지가 몇 살이셨죠?

창: 50살이요.

리더: 그러니까 매우 젊으셨네요. 갑자기 수술하러 들어가셨는데 돌아가시니까, 그때 어느 병원 갔어요?

창: 동네 병원 갔어요. 위암이라고 했어요. 대장암이셨는데.

리더: 동네 병원에서 암을 치료하니 아버지를 좋은 병원에 가게 했어야 하는 미안함도 있겠지요. 살릴 수도 있었는데. 못한 것 두 번째는 아버지가 돌아가셨는데 울고불고 슬퍼하고 체면 없이 데

굴데굴 구르고 이랬어야 하는데 대학생활 보내느라 안 한 거. 심리학 공부를 하면서 그런 안 한 것에 대해 더 알게 되었으니까. 내가 잘못되었거든. 그러니까 시도 때도 없이 눈물이 나오는 게 아닐까요?

창: 네. 아빠 산소에 가서 원 없이 울면 수월해질까. 근데 거기를 못 가요. 다리 하나를 못 건너 가지고.

리더: 왜 못 건너가요. 아버지한테 미안해서?

창: 모르겠어요. 엄청 가까운 거리인데.

리더: 가서 아버지한테 미안하다고 석고대죄해야 돼요. '아버지 그때 좀 더 큰 병원에 왜 못 간 건지 모르겠어요. 정말 미안해요.' 두 번째, 아버지 돌아가시는 게 직면하기 어려우니까 회피한 것일 수도 있지요. 마주하는 자체가 심리적으로 견디기가 힘들지요. 마주보지 않은 거, 고통이라는 거 마주봐야 되는 거예요. 내가 목 디스크 판명이 나서 충청남도 어느 스님에게 한번 가면 70바늘 침을 놔줘요. 사람들이 우려했어요. 자극이 왔을 때 자극을 피하려고 하면 더 아프다는 걸 알아요. 그렇지만 그 자극을 받아주는 거예요. '아, 침이, 아픈 게 나에게 들어오는구나.' 받아주면 덜 아파요. 그 스님이 놀라더라고요. 50바늘 놓는데 내가 괜찮으니까 70바늘 놓더라고요. 그 스님은 잘 견딘다고 생각하는 거죠. 나는 이게 올 때 '나에게 아픈 게 오는구나. 그리고 지금 아파야 나중에 안 아프지.' 아픔을 수용해 보지는 못하죠. 채혈하러 갈 때도 그전에는 무서워서 피했는데 지금은 그걸 봐요. 보면은 내가 거부하지 않기 때문에 오히려 안 아파요. 고통도 마찬가지예요. 고통이 무섭고 직면하기 힘들기 때문에 피하면 피할수록 이게 지금 부작용으로 나타나는 거예요. 그게 어려운 얘긴데, 그래서 여러분이 직면해야 된다는 말이에요. 수용전념치료를 보면 '수용해라, 마인드풀베이스, 거리를 둬라.' 이렇게 말해요. '이런 어려움이 있구나. 이런 아픔이 있구나.' 관찰하는 거

에서부터 해결이 되는 것이기 때문에 그런 거죠. 내 생각에는 두 가지예요. 회피와 직면하지 않았고, 그때 해결되지 않았기 때문에 심리학 공부를 하지 않았을 때는 몰랐는데 공부를 하고 보니 내가 너무 잘못된 걸 알게 된 거죠. 슬픔이 내 안에서 다 빠져 나가야 하는데 마음껏 울고 비슷한 사건만 생기면 우는 거지 그게 아니었을까 싶어요. 산소에 혼자 가서 땅을 치고 통곡하면서 우세요. 아버지 미안했다고, 어릴 때부터 공부 열심히 해서 대학 못 붙어서 미안하고, 좋은 병원에 안 가고 동네병원 간 것도 미안했고. 땅을 치고 울고 나면 그게 어느 정도 해결되지 않을까요? 내 생각에, 자꾸 우는 행위가 여기서는 괜찮아요. 내담자 만날 때가 고통스러운 거죠. 자꾸 울면 내담자가 내 이야기가 슬픈 건가, 그걸 좋아하지 않아요. 내담자는 자신의 이야기가 그렇게 슬프지도 않은데 자꾸 울지? 할 거예요. 사람들은 직감적으로 알아요. '내 문제가 아니라 자기 슬픔 때문에 우는 거다.' 여러분도 장례식장에서 통곡하고 우는 거는 자기 슬픔에 겨워서 우는 게 많아요. 상담자가 그렇게 되면 안 된다는 거지요. 그래서 나의 미결 감정을 미리 정리를 해야 되는 거예요. 우는 거는 나쁜 게 아니에요. 우리의 영혼을 맑히는 일이에요. 모든 예술가의 최종 목표는 우리를 울리는 거예요. 운다는 것은 영혼이 정화되는 거죠. 카타르시스가 일어나잖아요. 작품의 가치가 있는 거는 코미디보다 비극이죠. 모든 예술의 목적은 영혼의 정화 작용이에요. 카타르시스. 좋은 영화를 보고 나면 항상 여운이 남고 우리를 다시 돌아보게 하고. 우는 것은 그런 측면에서는 좋은 건데 시시때때로 우는 것은 미해결된 나의 감정이 분출되는 것이기 때문에 그건 미성숙한 것이지요. 생각해 봐요. 다른 사람에게 동일시하면서 울어야만 되는 거야, 무슨 불만 때문에.

푸른하늘: 어제 말씀하신 것 중에 내가 빨리 갈 수 있었는데 뒤처진 것 같다.

창: 그 부분에 불안함도 있어요.

리더: 창 님 몇 살이세요?

창: 44세요.

푸른하늘: 전 49살이요.

리더: 뭐가 불안하세요? 49살도 룰루랄라하고 있는데 불안해하지 마세요. 천리향 씨는 몇이신가요?

천리향: 52살이에요.

리더: 그런데 뭐 나도 내 인생을 살아온 거고 뭐가 늦었어요. 지금 내가 공부할 수 있는 여건이 된다는 거 얼마나 좋아요.

창: 빨리 했으면 좋았을 텐데 억울함이 있어요.

천리향: 저도 억울함이 있는 거 같아요. 억울한 심정이 있을 때.

천리향: (울먹이며) 억울한 거 너~무 많아요. 다 억울해요. 첫째인 것도 억울하고요. 가장 큰 억울함이에요.

리더: 왜 억울한데요? 어떤 이유로 내가 살림의 밑천이었어요?

창: 그런 말은 귀가 따갑게 들었어요. 내가 살림 밑천도 아닌데 '누나니까 첫째니까 양보해라.' 귀에 딱지 않게 들었고.

리더: 실제로 양보했어요?

창: 양보해야만 했어요. 안 할 수가 없는 상황이었어요.

리더: 양보해서 손해를 정말 많이 본 거예요?

창: 손해라기보다는 부모님으로부터 혜택을 덜 받았어요. 제 동생은 뉴욕까지 갔다 왔어요. 2년 동안이나요. 저는 그 시점이 아버지 돌아가신 상황이어서 어느 순간 동생이랑 항상 비교하게 돼요.

리더: 몇 살 차이예요?

창: 3살 차이. 저는 제 주장이 세고 그런 아이였어요. 어린 시절부터 쭈욱 아빠는 저에게 지지를 많이 해 주는 분이시고 그런데 엄마는 아들에 대한 지지가 100% 이상인 분이세요. 무얼 하더라도 동생은 많은 혜택을 받았더라고요. 저희 집이 부자도 아닌데 컴퓨터 학원도 다녔고, 컴퓨터도 가졌고. 저는 피아노 학원을 1

년을 졸라서 겨우 10개월 다니다 말았는데, 계속 피아노를 치고 싶어 했지만 형편이 어려우니까 안 된다고. 동생은 컴퓨터 학원을 계속 갔어요. 그걸로 먹고 살기는 해요. 저는 음대 가고 싶다고 얘기를 했지만 형편이 어려워서 포기했고요. 저에 대한 지지는 터무니없는 것을 바랐었는지 거의 못 받았었다는 생각이 많이 들어요. 제 동생은 조용했었고 저는 한글도 빨리 알고 똑똑하다고 했는데 어느 순간 동생이 공부도 잘하고 회장도 하고 제 위에 있는 거예요. 질투가 많이 났던 것 같아요. 둘째였으면 좋았을 텐데 왜 첫째여가지고 얘한테.

리더: 첫째라서 그러는 게 아니라 딸이라서 더 그런 거예요.

창: 남녀평등 엄청 외쳤거든요. 어릴 때부터 '쟤는 되는데 나는 왜 안 돼.' '너는 딸이라서 안 돼.' '첫째라서 안 돼.' '누나가 양보해.' 너무 많이 들어서. 사촌 조카들에게도 뭐라고 하면 '얘가 얼마나 스트레스 많은 줄 알아?' 하며 큰애 편을 들게 되더라고요.

리더: 그 시대에 많이들 그랬어요. 그때 우리 사회가 그래서 그런 거지 나만 그런 게 아니잖아, 나만 그랬다고 생각하면 억울한데 많은 사람이 그러지 않았을까요.

창: 내가 속했던 그 사회는 작았고 사촌들도 있는데 저만 그러는 거예요. 여자라서 그런 거보다는 첫째라서 그렇다는 생각이 더 드는 거예요.

리더: 첫째는 더 좋을 수 있다. 동생이 여동생이었으면 좋았을 텐데 남자여서 그런 거예요.

푸른하늘: 선생님은 둘이고 첫째였잖아요. 저는 위로 오빠하고 동생인데 '오빠는 아들이라 양보하고 동생은 네가 챙겨야 한다.'

길따라: 저도요.

푸른바람: 저도요. 양보하는 사람.

창: 양보하기 너무너무 싫어요. 지금도 양보하고 싶지 않아요.

리더: 지금 하지 마요. 지금 왜 해.

창: 엄마랑 어젯밤에 싸웠어요. (울먹이며) 제가 일에 대한 욕구가 많은데 나이가 들어서 회사에서 써 주지 않는데 집안에서 아이도 봐야 하고 어제 밥 먹고 TV를 보는데 엄마가 하는 말이 '왜 공부 안 하냐. 돈이라도 벌지, 돈도 안 벌고 살림도 안 하는데.' 엄마는 공부하는 건 생산적이지 않다고 생각하는 것 같아요. 이제는 올케랑 비교를 하는 거예요. 누구 엄마는 회사라도 다니니까 살림을 안 하지 너는 돈도 안 벌고 회사도 안 다니는 게 살림도 안하고 여기 와가지고 이러고 있다고. 저도 어제 폭발해서 내가 회사 다니고 싶지 않아서 안 다닌 건 줄 아냐고 회사에서 안 써 주니까 안 다닌다고 소리를 질렀더니 엄마가 들어가서 주무시더라고요.

리더: 마음이 아팠구나.

창: 아프지요.

리더: 말하는 기술을 활용해요. '엄마, 지금 공부해서 나중에 돈 많이 벌려고 공부하잖아.'

창: 그렇게 '투자하는 중이야.' 하면 엄마가 잔소리를 너무 많이 하시니까 더 이상 듣고 싶지 않아서 소리를 지르게 되고 그러고 나면 미안한 마음이 들고 그래요. 직장에 대한 마음도, 회사에서 퇴사한 적은 대학 들어갈 때 말고는 그만둔 적 없어요. 직장생활 18년 생활하면서 자발적 퇴사는 한 번밖에 없었어요. 내 인생이 쓸모없고 허접하다는 생각이 들었어요. 아이가 1학년 들어가서 학교에 가고 모든 것을 쉬다 보니까 갑자기 허무해지는 거예요. 인생이 아무것도 할 게 없어요. 애가 학교 가고 나면 회사도 안 가죠, 그렇다고 먹는 것을 해서 먹는 것도 아니고 애가 왔다고 애를 잘 챙기는 것도 아니고 신랑이 왔다고 반기는 것도 아니고. 삶의 의욕이 하나도 없고 그냥 아침에 일어나서 애 학교 보내고 나면 또 자고 또 오후 되면 TV 보다가 또 자고 이렇게 보내다 보니까 점점 우울해지고. 그때 시어머니가 돌아가시고 복잡해지

는 일이 생겼는데 남편이랑 삐그덕거리고 나면서 나도 상담을
받아야겠다는 생각을 하면서 그때부터 상담 받다가 이 공부를
다시 하게 되었어요. 일을 너무하고 싶은데 내가 원한 자발적인
퇴사도 아닌데 나도 하고 싶었지만 못했는데 그걸 몰라주는 엄
마가 너무 짜증이 나서 매번 그걸 가지고 엄마와 삐그덕해요.

리더: 그러니까 이기적으로 해석하면 엄마는 내 심정을 꼭 알아주어야
만 된다는 거잖아요.

창: 매번 말을 했으면 한 번 정도는 말 안 할 수도 있는데 왜 매번 말
을 해도 똑같은 이야기를 반복할까요….

리더: 그럴 때는 '우리가 왜 귀가 두 개 있을까.' 그렇게 해버려야죠 뭐.
어떻게 해요. 왜 거기에 깊이 의미를 부여해서 엄마랑 해 봤자
뭐하겠어요. 무시하는 게 제일 좋은 방법이에요. 지금 놀지 않
고 어려운 공부하고 있잖아요. 공부를 하니까 그전과 달리 현명
하게 대처해야 하는데 그때하고 똑같아. 엄마한테 '조금만 기다
려라 고지가 저긴데 뭐.' 유머로 할 일이지요. 나도 늘 어떤 긴장
의 상황에 처했을 때 '유머가 부족하냐 유머로 대처하고 말걸.'
그렇게 생각하거든요. 극한 상황에, 예를 들면 아우슈비츠 수용
소에서 살아남은 사람들의 특징에 2가지 공통점이 있다고 해요.
하나는 신앙, 하나는 유머래요. 유머를 가지고 끝까지 버틴 거예
요. 그런 상황에서 같이 막 해대고 싸우지 말고 유머를 개발하는
건 어떨까요? 예를 들어, '엄마 고지가 바로 저긴데 걱정하지 마.
용돈도 얼마씩 딱딱 줄게.' 넘어가거나 그러지 뭘 같이 맨날 똑
같은 이야기한다고 싸울 게 뭐 있어요. '아마 2월에 졸업이지 일
거리가 들어와 걱정하지 마.'처럼 엄마가 그럴 때 내 마음도 알
지도 못하고 긋는 거라고 반격하지 말고 유머로서 적절하게 넘
기라 이런 거지요.

햇살: 엄마한테 서운한 게 많은가 보다.

리더: 워낙 서운함이 많으니까, 그런 식으로 그 시대에 많은 사람이 그

랬으니까요. 행동 패턴이 그랬잖아요. 엄마 아빠가 지지해 줬으면 내가 더 잘 됐을 수 있지. 가정이긴 하지만 지나가버린 것이고 삶에는 누구나 아쉬움이 있는 것이고 여운이 있는 것이지 다 만족스러운 사람이 어디 있겠어요. 여기 유학 다녀 오신 분은 만족스러워요?

나무: 전 완전 안 만족스러워요. 선생님 정규직 안 좋아요.

창: 저는 소속되어 있는 게 좋아요. 소속감을 원해요. 버려질까 봐 두려움이 커요.

길따라: 저는 창 님을 뵐 때 어릴 때 뛰어나다닌다는 말을 많이 들었나 봐요.

창: 너무 많이 들었어요.

길따라: 본인의 기대치가 있는데 본인의 삶이 만족스럽지 않은가 보다. 제가 볼 때 스마트하고 똑똑하다고 생각해요.

리더: 자기의 기대치보다 내가 성취를 못한 것에 대한 안타까움이 많은 거구나. 우리나라 여성들이 많이 그렇지요. '나만 그런 것이 아니다.' 생각하면 위로가 되지 않을까요.

햇살: REBT 전문가 수료 과정 때 큰아이랑 보기만 할 때 눈물이 함께 나올 때가 있었던 것을 다루었는데 마치고 집에 가서 고3 딸과 새벽까지 이야기를 나누었어요. 큰아이에게 미안한 감정이 있었어요. 작은아이는 굉장히 밝아요. 작은아이에게는 정작 지원을 하지 못했어요. 미안하지도 않고 싸워도 불편한 마음 오래가지 않고 금방 풀어지니까 잘 지내요. 다 이야기해요. 큰아이와 사이가 안 좋은 건 아니에요. 좋고 유머 있고 재미있고 속도 깊은 딸이에요. 남편이 사업이 두 차례 망했기 때문에 상자 들고 온 경험이 몇 번 있거든요. 그때 큰아이가 중학교 시절이었던 거예요. 우리 아이가 좀 똑똑했어요. 그냥 두어도 잘하고, 나라에서 키워주는 영재원도 다니고, 저는 미술을 잘하는지도 몰랐고 그냥 좋아하는 정도인 줄 알았어요. 쫓아다니면서 함께 다녀 본

적이 없었는데 어느 날 시험을 보러 가는 길에 동행하는데 저희 아이만 도구가 하나도 없는데 '쟤가 저리도 당당했나.' 이런 생각을 했고 그때 미안함이 들었어요. 교수님과 나눈 이야기를 딸과 새벽까지 하고 아침에 출근하는데 세상이 달라 보이더라고요. ○○예고를 가고 싶었다는 이야기를 처음 들었는데 엄마가 어려움이 있다는 것도 알고, 엄마 힘든 것도 싫었다고 하더라고요. '엄마 사실은 하고 싶은 게 너무 많았어. 그런데 우리 집 형편이 그래서 다 접었었어.' 공부도 하기 싫어서 2학년 때는 성적도 떨어지고 노는 친구들과 어울리고… 처음 들었던 말들이 많았어요. 사실은 우리 아이는 나에게 다 이야기하면서 살았다고 생각했거든요. 그동안 살아왔던 이야기를 새벽 3시까지 서로 울면서 다 이야기했어요. 제가 이 얘기를 하는 이유는 시시때때로 울지 않아야 할 때 울고 진짜 울어야 하는데 울고 싶은데 눈물이 안 나온다고 그런 적이 있었거든요. 그때부터 혼자 해결하는 버릇이 생겼잖아요. '도움을 요청해라. 되고 안 되고는 엄마 몫이다. 엄마 사정 봐준다고 말 안 하고 있으면 엄마가 더 슬플 것 같다. 너의 꿈을 포기하지 않고 이룰 때 엄마는 고마워할 것 같다.' 엄마를 힘들게 하지 않으려고 자기가 스스로 접은 것이지만 부모님에 대한 원망감도 있었다고 하더라고요.

나무: 우리 어머니 같으면 못 알아들으실 것 같아요. 모든 어머니가 잘 알아주시는 건 아닌 것 같아요.

햇살: 저는 그렇다고 생각해요. 저와 아버지 경우를 본다면 제가 말 표현을 하고 나서 거절을 당해도 괜찮다고 생각이 들어요. 어른이 되어서 생각하는 게.

길따라: 저도 부모님이 받아주시든 안 받아주시든 그걸 떠나서 내가 표현했다는 데 우선 1차적 의미는 있는 것 같아요.

들꽃: 저희 아버지도 그래요. 아버지와 잘 안 되는 거예요. 안 통하고 있구나. 근데 저 또한 아버지에게 못했던 말을 건네는데 정확히

연결되는 느낌은 아니지만 그래도 서로 이 자리에 앉아서 이야기 나누고 있구나 그것만으로도 햇살 님 이야기하신 것처럼 의미가 있었던 것 같아요.

햇살: 상대방과 이야기할 때 억울함은 없어지는 것 같아요. 그 말을 표현했기 때문에 그분이 거절하든 내 마음을 수용하지 않든 그분의 선택이지만 어른들은 표현에 쑥스러움이 있으신 것 같아요. 저희 아버지도 제 마음을 수용하지 않았지만 어느 날 명절 때 5형제가 다 앉아있는데 지나가시면서 작은 목소리로 '내가 약간 미안한 게 있어. 조금 더 편안하게 키웠으면 잘 되었을 텐데.' 하시고 그냥 현관문을 나가시더라고요…. 근데 그 한마디에 저희 마음이 눈 녹듯이 녹았어요. 깊이 대화를 나눈 것은 아니지만.

창: 미리 예측할 필요 없지만 우리 엄마는 못 알아들을 것 같아요.

햇살: 저는 어머님보다 아버지께 가서서 말씀해 보시는 게 더 좋을 것 같아요.

길따라: 저희 엄마도 정말 못 알아들으시고 오빠 바라기시거든요. 제가 이야기하면 본인이 더 잘했다고 큰소리 치시거든요. 그 자리에서 수긍하지 않으시지만 그 다음에 수위를 좀 낮추시더라고요. '엄마는 더 이상 이야기가 안 돼.' 저도 체념을 하면서 저도 엄마를 대하는 태도가 상황에 맞추어서 조금씩 변해가는 것 같아요. 수용을 해 주든 안 해 주든 떠나서 내 말을 좀 표현하는 게.

창: (울먹이며) 표현을 잘한다고 생각했는데 막상 정말 친한 사람한테는, 필요한 사람한테는 별로 못했다는 생각이 들어요.

천리향: 선생님의 의지와는 상관없이 거절당하고 직장에서도 본인 의지와 상관없이 퇴사를 해야 하고 억울함이 많았던 것 같아요.

창: 양수리를 먼저 가는 걸로.

리더: 아버지가 뭐 좋아했어요?

창: 담배요.

리더: 시도해 보세요.

■ REBT 집단상담: 길따라

리더: 마지막 한 분 이야기하면 시간이 다 갈 것 같아요.

길따라: 제가 할까요?

리더: 좋아요.

길따라: 이 이야기를 하려고 하니까 뭐랄까 제 자신이 서글퍼지기도 하고, 왜냐면 남편이 부족해요. 처음에는 미숙했기 때문에 맞추어 가는 과정 중에 마찰이나 이런 거는 제가 생각해 보니까 어느 가정이나 있는 거고, 불가피하다 치고. 제가 가슴이 아픈 부분은 남편이 감정조절이 안 돼요, 본인이 화가 났을 때요. 남편이 어린 시절에 마당에서 노는데 퇴근하는 아버지가 술을 마셨나 안 마셨나를 살폈대요. 마신 날은 엄마를 때리면서 살림을 다 부수는데 형들은 외지 나가서 공부를 하고 있고 자신만이 본가에 있었던 상황이어서 수습은 남편의 몫이었던 거예요. 그래서 남편은 술은 안 마시지만 본인의 감정이 안 좋으면 시아버님의 행동을 해요. 가족들에게 다양한 모습으로 표현이 되는데 가장 마음이 아픈 건 17살 딸, 15살 아들이 있는데 17살 딸한테 풀어요. (울먹이며) 딸아이한테 폭력을 쓰기도 하고 그 상황을 제가 제지할 수 없는 상황이라는 게 가슴이 아파요.

리더: 그가 어떤 상황에서? 아이를 괴롭히는데요?

길따라: 처음에는 부부관계 불만족일 때 그런다고 생각했는데, 시간이 지나고 나서 보니까 그거는 그때 당시 표면적인 문제였고 누구나 자기 인생이 힘들고 복잡하고 그런 부분을 남한테 푸는 것 같아요.

리더: 딸한테?

길따라: 네.

리더: 길따라 님이 몇 살이죠?

길따라: 43살이요.

리더: 딸은요?

길따라: 17살이요.

리더: 남편은?

길따라: 45살이요.

리더: 직장에서 뭐가 잘 안 될까요?

길따라: 잘 안 되고 하는 건 없어요. 직장도 안정적이고 여자들이 많은 곳이어서 성향도 맞고. 남편이 본인의 감정을 표현하는데 은연 중에 그런 말을 했어요. 여자하고 북어는 3일마다 때려야 한다고, 그리고 자기가 한 번씩 화를 내야 집안 꼴이 돌아간다. 그런 표현, 은연 중에 하는 말. 그냥 하는 말이 아니라 그 안에 있는 것 같아요. 본인의 행동에 대해서 얼마나 큰 파장이 있는지 모르는 것 같아요. 보려 하지 않고.

리더: 아니 요새 아이를 패는 게 어디 있어, 아이가 자존감이 어디가 있겠어요? 그런 이야기가, 남편이랑 앉아서 이야기가 안 돼요?

길따라: 본인이 이야기를 듣고 싶지 않을 때는 일체 이야기가 안 되고요. 감정이 사그라들 때는 들어 보지도 않고 무조건 수용해요. '잘할게, 미안해, 잘못했어.' 그런 행동패턴이 17년 동안 개선이 안 되고 있어요. 그런 감정을 바탕으로 다른 행동을 해요.

리더: 구체적으로 예를 들어 주세요.

길따라: 예를 들면, 저희 아이가 중학교 과정 홈스쿨을 했는데 인터넷 강의를 들어야 하거든요. 그러면 아빠가 일찍 자야 하니까 못 듣게 해요. 그리고 아들이 숙제할 때는 하게 해요. 학원비도 아들 학원비는 계좌이체를 하고 딸 학원비는 계좌이체 안 하고 기분 나쁘면 너 학원 다니지 마, 그래요.

리더: 아이가 상처가 크겠다. 엄마가 잘 돌봐야 되겠네요. 결국은 그거네요. 아들과 딸을 차별하는 거요.

길따라: (울면서) 제가 볼 때는 차별하기보다는 잠깐 딸이랑 좋았을 때는 아들을 배척했어요. 그 사람의 패턴인 것 같아요. 지금은 아이

들이 많이 성장해서.

리더: 그동안 쭈욱 그래 왔다는 거예요?

길따라: 네, 네. 아이들이 성장해서 딸아이 같은 경우는 (울먹이며) 아빠에 대해서 대처 방법 면역력이 생겼어요. 애들이 자기 말을 잘 안 들어주니깐 저를 원망해요. 아이들이 저렇게 된 건 네가 얘들을 키웠고 아빠의 자리를 잘 안 만들어 줘서 그렇다.

리더: 남편에게 무슨 어려움이 있는 듯합니다.

길따라: 저 혼자 생각에, 분노 조절이 안 되는 것 같아요.

리더: 분노하지 않아야 할 상황에서 분노하니까 짧은 데이터를 가지고 말하기보다는 당신을 잘 이해해 보자. MMPI 검사를 해 보면 좋겠다고 이야기해 보면 어떨까요? 그거 말고 남편과의 관계 속에서 그런 행동패턴을 보이는 사람과 살아오면서 힘들었던 것이 나한테도 있었을 거 아니에요. 애들한테 하는 거 힘들고 나한테 어떤 식으로 행동이 있지 않겠어요?

길따라: 부부관계 거절했을 때 거칠게 말하는 거. 거절했을 때 본인도 수용하는 줄로 알았는데 같이 누워 있는데 화가 나는가 봐요. 누워 있는 저를 침대에서 떨어뜨린다든지 밀어서.

리더: 미숙한 어린애 같은, 아이 같은 행동을 하게 만드네요. 뭔가 데이터로 정상적인 기능을 하는 사람일까요? 월급은 제때제때 가져다 주지요?

길따라: 갖다 주지 않고 본인이 관리해요. 주는 것도 본인이 기분 나쁘면 덜 주고요. 학비는 남편과 상관없이 제 돈으로.

리더: 공부하는 건 뭐라 하지 않고, 다니는 것도.

길따라: '우리 부인은 집에 있으면 안 되겠구나.' '나가는 게 좋다.' 본인도 인정하는 것 같아요. 저희 남편은 돈을 벌어오기 바라요. 그런 의미로 투자하는 거예요. 기다려 줘요.

리더: 그건 좋은 거네요. 이혼하자 이러지도 않고.

길따라: 네, 그러지도 않아요. 저희 남편이 버려지는 두려움이 있어요.

제가 종교 생활을 하고 남자를 전혀 만나는 기미가 없는 사람인
데요. 제가 기타를 배우다가 한 달 반인가에 그만뒀는데 남편
이 입에 담기 어려운 험한 말을 하더라고요. 남편이 저를 회사까
지 운전해 주었는데 아무 일도 없었어요. 동부간선도로 타는데
아무 맥락 없이 '기타 선생이랑 잘해보지 그랬어.' 그런 식의 말
을….

리더: 그래서 어떻게 대응했어요?

길따라: 그래서 그게 무슨 말이냐, 왜 그렇게 말을 하느냐, 그렇게밖에 나
를 안 봤냐 했어요. 회사까지 데려다 주려고 하는데 제가 길을 잘
모르거든요. 남편의 안내에 가야 하는데 안내하는 대로 갔는데
회사와 멀찍이 떨어진 곳에 내리고 저보고 가라고 그렇게 약간.

리더: 의심도 있네요.

길따라: 본인한테 친절을 베풀고 하는 거에 대해서.

리더: 자기가 잘못해서 나한테 잘하는구나 의심하고.

길따라: 그것까지는 모르겠고 버려질 거라는 걱정을 해요. 이혼하자는
말을 하지는 않아요.

리더: 남편이 새로운 여자를 사귀기는 힘들 것 같아요.

길따라: 네, 성격상. 강박 결벽중도 있고 한 명을 사귀는 것은 가능한데
고정으로 만나기에는 ….

리더: 성격장애가 있다면 여자들이 안 따른 거잖아. 친절하게 하거나
잘해 주거나 인간적인 매력이 있어야 따르지. 결벽중 있고 강박
증이 있는데 누가 좋아하겠어요. 의심이 있고, 지금까지 들은 정
보로는 판단이 안 서는데 대인관계가 서툴 것 같고요.

길따라: 네, 잘 안 돼서 자꾸 야간 근무를 지원해서 가요.

리더: 약간의 경계선 성격장애가 의심되는데 그냥 의심이에요. 그렇다
고 진단할 수는 없어요. 그 사람과 어떻게 살아갈 것인가. 자식
한테 그런 행동을 하는 사람이 어디 있어요. 자식을 학대하는 것
은 정상이라고 보기 어렵지. 이번에는 이 아이에게 이랬다가 아

들을 선호하는 것도 아니고 어떨 때는 아들한테 그러고, 딸에게 그러고. 자기 맘에 안 들면 애들을 학대하는 거로 나오는 거니까 그게 예사 증상은 아닌 거지요. 남편에게 어떻게 접근해서 해결하려고 했는지 궁금하네요. 해결하려는 시도가 있었을 거잖아요?

길따라: 처음에는 저도 잘 몰라서 종교적인 신앙생활을 해 보자 했고 두 번째도 종교적인 걸로 했었고 세 번째는 부부상담을 받아 봤었어요. 남편이 권위적인 사람에게 약해요. 일부러 병원 쪽에서 상담을 받아 봤는데 받을 때는 좋았어요.

리더: 의사가 부부 상담을 잘할까요?

길따라: 남편이 회피하고 제 탓을 하는 경향이 많아서 나는 우리 부부 사이를 발전시키기 위해서 당신이 선택해서 하면 따르겠다.

리더: 정상적인 사람도 아닌데 자기가 잘못하고 있는데 네가 해라, 따르겠다???

길따라: 개선을 위한 방법으로 병원이긴 한데 상담도 병행하거든요. 제가 정말 화가 났을 때 납작 엎드려요. 늘 화내면서 살 수 없잖아요. '우리 관계가 어느 정도 괜찮아졌구나.' 이렇게 하면 그때 본인의 모습을 보여 줘요. 병원 다닐 때도 6개월 다녔거든요. 괜찮아져서 마무리하고 시간이 점점 지나면서 원래의 모습을 찾아가는 거죠.

리더: 붙잡고 더 깊은 이야기를 좀 더 해보시지요.

길따라: 본인이 변해야겠다는 자발적 의지가 있지 않고서는 변하긴 어려울 것 같아요. 다행인 건 그 사이에 아이들이 건강해졌어요. 큰아이가 중3이고 고1 올라갈 건데 초등학교 5학년 때 집단 따돌림을 당했어요. 그걸 계기로 상담을 하면서 이 아이가 이렇게 된 게 억압 속에서 커서 그렇다, 그래서 그걸 풀어 주는 과정에서 2, 3년이 지났는데도 안 변하니까 2년 전쯤에 부부상담을 했어요. 그 과정 중에 저와 아이들은 성장하는 거죠. 그래서 작년

같은 경우 일이 또 있었는데 그 과정에서 성장했고 아빠에 그런 무차별적 행동이나 그런 거에 아이들이 컨트롤하는 것을 보였어요. 그래서 이제 마음을 편하게 지내죠.

리더: 애들한테도 아빠한테 어처구니없는 학대를 하려 할 때 자기의견을 잘 표현하는 법을 연습시키고 남편한테도 '아이들이 이제 커서 당신이 말발도 안 서는데 그렇게 해 봤자 당신한테 무슨 혜택이 돌아가느냐. 아빠에 대한 기억이 나빠져서 당신도 병들고 힘없고 그럴 때 당신 싫다고 따돌리면 어떻게 하냐.' 이런 이야기를 해 보면.

길따라: 지금 당신이 필요로 할 때 있으면 좋겠다, 나중에 애들이 커서 당신이 있는 것보다 애들이 필요로 할 때 당신이 옆에 있어 주면 좋겠다, 멋진 아빠였으면 좋겠다고 하니까 그런다고 하더니 그 다음날 회사 사람들과 이야기하고 나서는 '사춘기는 다 아빠를 싫어하는데 이런 식으로 너랑 이야기하면 네 말이 맞거든, 하지만 내가 생각할 때 내 생각이 맞아. 너랑 이야기 안 해.' 그러더라고요.

리더: 뭔가 지금 이상 기류가 생기는 것 같아요. 그거를 병원 다닌다고 고쳐지는 것이 아닐 수도 있어요. 그 사람은 많이 변화되는 건 아니에요. 그 사람과 살 것이라고 마음 먹었으니 일정 부분 포기하는 것이 있어야 되지 싶어요. 애들을 함부로 하는 것은 내가 적극적으로 막아서고 못하게 하고 아빠 때문에 상처 받은 것은 내가 막으면서 아빠가 못해 준 것을 보완해 주면서 아빠 역할까지 힘들지만 해 주고요. 남편에 대해서 많은 것을 포기해야 하지 않을까요.

길따라: 이혼을 해야 하나 갈등을 많이 했거든요. 아이들이 성장하니까 마음이 가벼워졌어요. 품고 갈 수 있겠다는 생각이 들어서 결심을 하고 가서 지금은 이제 뭐⋯ 얼마 전에도 남편이 또 일을 저질렀을 때도 이틀 만에 다 해결되었어요.

리더: 뭘 또 저질러. 딸을 때려요?

길따라: 막 때리는 건 아니고 남편이 소심해요. 우선은 겁박하듯이 하고 그때는 이틀 만에 제자리로 정리되고.

리더: 남편에 대해서 포기하고, 그를 돌봐주어야 하는 사람이라 생각하고 따뜻하게 대하고 돈을 잘 버는 것은 좋은 능력이다 그렇게 생각해요. 그런 남편이랑 사는 내가 불행하다든가 내 인생이 비참하다든가 이런 생각을 하면 그걸 바꾸라는 거지요. 운이 나쁘게 내가 이런 남편을 얻었지만 다행히 돈 벌 줄 알아. 그게 중요하고. 그리고 그 사람 때문에 귀한 다이아몬드 같은 자식도 있고 내 인생에 그걸 기여했다고 쳐요. 안 되는 것은 내가 포기하자 마음을 먹고 남편으로서 최대한 존중해 주고 반응을 보고.

길따라: 처음에 발병된 원인은 부부관계 때문인데요. 사실 지금은 작년 봄에 결심을 하고 새로운 곳에 이사를 했어요. 안 좋은 기억이 많아서 새 출발하자 해서 이사를 했어요. 제가 약속하자 (울먹이며) 기분 나쁘다고 나가서 자지 말고 밥상 차려 놨는데 나가서 밥 먹지 말자고 했는데 두 달 갔나 다시 그 행동으로 돌아가더라고요. 밥상 차리면 일부러 나가서 사먹어요.

리더: 무엇이 기분 나쁠까요?

길따라: 이유 없이 기분이 나빠요. 어떨 때는 TV 채널 때문에 기분이 나쁘고 돈 때문에 나쁘고 작년 3월에 이사를 가서 두 달인가 세 달인가 있다가 좀 일이 있고, 그리고는 남편에 대한 일이 힘들어서 그 뒤로는 1년 동안 부부관계 안 하고 한 달 전인가 딸아이 그랬을 때 정리하고 잘해 주고 비위를 맞춰 주면 남편이 잠자리를 갖고 싶어 해요. 제가 그에 대한 감정이 잠자리를 하고 싶은 만큼은 아니에요. 제가 잘해 주면 잠자리를. 남편의 공식은 잠자리를 가져야 하는데 제가 거부를 하면 다시.

리더: 내가 마음이 어때야 잠자리는 하는데… 잠자리를 함으로써 좋아지는 것이 있지 않나요? 길따라 님 댁의 칼자루는 길따라 님이

가지고 있어요. 자꾸 사랑하기 때문에 잠자리를 할 수 있지만 나의 십자가같아요. 그렇다면 이 사람과 잘 지내야 하고, 그런 걸 해 주면 가장 편안하다, 그럼 할 수 있는 거지. 꼭 안 해야 하는 거예요?

길따라: 저도 그게 처음에는 그렇게 생각해서 맞춰 주려고 많이 해 봤는데 본인 삶에 뭔가의 문제를 저나 외부에서 찾으니까 한계가 있는 것 같아요.

리더: 그이는 통찰이 안 되기 때문에 '그 안에서 찾아라.' 하는 게 그걸 요구하면 안 될 것 같아요. 그게 안 되는 사람으로 보여요. 어제 '자위행위도 알아서 해라.' 이거는 굉장히 사람을 모욕하는 거로 들릴 수 있을 것 같아요. 그 사람이 정상이 좀 아니라는 것을 알아요. 그러니까 쟤가 저렇게 나를 이상한 험한 말을 하는 거야. 쟤가 나를 무시하고 있지. 직장에서도 나를 얼마나 얕잡아 보이겠어요. 홀륭히 모시겠어. 저 사람 이상하다 피해 다니고 하겠지. '직장에서도 굉장히 힘든데 집에서까지도 나를 무시하는구나.' 굉장히 힘들 수 있지. 가정 평화를 위해서라면 못 할게 뭐 있어요. 남편에게 협상을 해 봐요. '부부면 네가 잘할 때까지 내가 기다린다.' 이건 아닌 것 같아요. 모욕감 느낄 수 있어요. 그러니까 욕해도 된다고 했잖아요. 그 사람이랑 안 살 거면 모르겠지만 살 거니까 아내로서 기능하는 건 해야 되지 않을까요? 거기에 비합리적 생각은 남편이지만 내 몸이 동할 때 내 맘에 준비가 되어 있을 때 해야만 한다. 부부 사이라 해도 섹스를 해야 할 필요가 없다는 건 비합리적 생각이에요. 그 사람이 원해서 해 주면 분위기가 좋아지고 애들한테 잘해 주고 못할 게 뭐 있어요. 자기는 마음으로 남편을 남편으로 생각을 안 하는 거죠. 그냥 도구적으로 이 사람이 돈을 잘 벌어다 주고 내가 이혼녀 안 되니까 함께하는 거지. 결혼은 아니지만 남편이 이걸 알고 기분 나쁠 수 있죠. 그 사람이 모르겠어요? '나를 이런 식으로 이용하고 나를

무시하는구나.' 악순환이 계속되는 건데 고리를 끊을 사람은 나인 거예요. 기분 좋게 해 주고 잘해 주고 정말 노력해야 돼요. 이 사람이랑 살 거면 내 몸이 동하도록 나도 노력해야 돼요. 하나님께 요청해요. '하나님, 이 사람을 진정으로 사랑해서 하게 해 주세요. 내 십자가로 알고 내 마음이 내 몸이 동하도록 해 주세요.' 기도 요청해 보세요. 제가 볼 때 길따라 님이 굉장히 많이 거부해요. 거부하면서 같이 잘 지내려니 될까? 안 되지. 직면하는 거예요. 진짜 원한다면 몸도 그래야지. 몸은 따로 놀면서 어떻게 좋은 가정을 이루겠냐고, 당신의 노력을 진정성 있는 거라고 말할 수 있겠냐고 논박할 수 있지요.

길따라: 저도 남편이랑 관계가 처음이었어요. 신혼 때부터 그랬어요. 성에 대한 상처가 있어서 나 혼자 극복해서 상처고 거부하면 안 될 상황… 원하는 만큼 해 주자라는 생각을 해 본 적이 있어서 그때 그렇게 했고 그러면 남편의 인생이 즐겁고 행복해야 하는데 그렇지 않았어요.

리더: 그럼 물어보지 그러셨어요. '나는 힘이 들지만 당신이 요구할 때마다 요청에 응해 주는데, 당신의 행복을 위해서 근데 당신은 행복하지 않냐. 왜 그러냐.' 뭔가 부적응 또는 장애가 있긴 하네요.

하이디: 마음이 동하지 않으면 힘들 것 같아요.

길따라: 큰아이가 허니문 베이비로 생겼는데 신혼여행을 갔다 와서 임신 전까지는 부부관계가 좋았던 것 같아요. 짧은 기간이었지만 아이를 가지고 직장 생활을 하면서 굉장히 몸이 피곤했는데 사실은 직장 생활을 잘해야 한다는 생각으로 피곤한 걸 몰랐어요. 남편은 밤에 요구하니까 싫은 게 그 당시에 육체적 피곤 때문에 몰라서 설명을 못했고 제가 거부하면 결혼하고 3개월도 안 돼서죠. 난폭한 일이 많았어요. 나중에는 제가 제 몸을 지키기 위해서 칼을 들고 '인간 같지 않은 너를 죽이고 살인자로 사느니 죽고 말겠다.' 그런 식으로 해서 행동이 멈추었어요.

리더: 남편이 아내에게 성적 욕구를 풀겠다 요청하는데 그게 칼을 들고 할 일인가요? 물론 오죽했으면 그랬을까 하는 마음도 듭니다.

길따라: 처음에는 거부했는데 '그게 그렇게 잘났어.' 이렇게 이야기하니까.

리더: '나 안 잘났어.' 피곤하더라도 해 주려고 했으면 어땠을까요. 그 상황에서 극단적으로 칼을 들고 하면 나도 잘한 거 아니라는 거예요. 그러니까 관계가 악화될 수밖에 없네.

길따라: 처음에 저희들이 미숙하고 악화되었다고 인정을 해요.

리더: 길따라 님은 보기에는 유순해 보이는데 어떻게 그렇게 극단적인 행동을 할 생각을 했을까요.

길따라: 멜빵바지를 입고 있었는데 (울먹이며) 나중에는 멜빵바지가 찢어질 정도로.

리더: 남편이니까 그럴 수도 있겠지요. 그렇다고 그가 잘했다고 하는 건 아니에요. 차오르는데 합법적인 여성이 있어. 하려고 하는데 못 오게 하고 그러면 자존심 상하는 거죠. 이제 그런 경우 있었지요?

호기심: 저요.

리더: 어떻게 했어요?

호기심: 저는 순응적으로 많이 따라 주었던 것 같아요.

리더: 거 봐. 고집이 센 거예요.

길따라: 더 이상 방어할 수 없어서…. 네, 고집 세요.

리더: 보기는 안 그러는데 남편한테만 제어하기를 바라면 안 된다는 거죠. 나에게도 오히려 내가 제공자인 것 같아. 문제의 원인을 남편에게만 두면 안 풀려요. 남편은 '쟤가 나를 무시하는 거야 쟤가 나를 싫어하는 거야.'라고 생각하고 있어요.

길따라: 저는 물질적으로 가치를 많이 두지 않는 것 같아요.

리더: 그것도 생각해 볼 필요가 있네요. 아내가 안 해 주고 자위행위

하라는 건 모욕적이에요. 남편이 회사에서 힘들 것 같아요. 대인관계가 안 되는 사람이니까 늘 부족하고 힘들고 외로운데 집에 와서도 아내에게서 또 거부당하니까 이 사람이 갈 데가 없는 거예요. 굉장히 외로워지는 거예요. 외로움이 깊어지면 그때서야 공격성이 딸에게 가는 거예요. 공격성 이면에 보면 늘 외로움이 있어요. 무서운 정서예요. 아무도 나를 돌봐주지 않고 함께 해 주지 않고 나 혼자 덜렁 떨어져 있고 집에서 마누라가 아이들이 사소하게 아빠를 안 좋아하는 것 같으니깐 애들한테까지 폭력을 휘두르는 거지. 외로운 사람이에요. 어렸을 때 형들은 다 나가 버리고 무서운 아버지 폭력을 자기가 막아 내면서 굉장히 어두운 어린 시절을 보내면서 유전자도 있을 것이고, 자기도 원치 않게 그런 행동을 하는 것이고, 직장에서도 불쾌, 집에서도 불쾌, 코너에 몰린 듯한 기분이 공격적으로 그때 내 앞에 있는 집단원에게 하는 말은 싫지만 사실 상황을 바로 봐야 문제해결이 되기 때문에 잘못했어요. 칼 가지고 그렇게 하는 게 아니야. 길따라 님, 보기는 유순한 사람이 왜 그렇게 세고 질겨요. 성장과정 중에 내가 질기지 않으면 안 되는 이력이 있어요?

길따라: 분리된 상태로, 남편이 내 그릇이 아니다, 지금 이 상태로 좀 더 가고 내가 그러는 사이에 좀 더 남편을 품을 수 있는 그릇으로 확장되어 갈 때까지 이 상태로 있으면 좋겠다는 생각이 비합리적인 신념인가요?

리더: 왜 지금 아니고 언제까지, 지금 해도 되죠. 지금 그 그릇을 만들면 되지, 왜 시간이 꼭 걸려야 되나요?

길따라: 제가 잘해 보려고 했다가 남편이 확 뒤집을 때 파장이 너무 커요.

리더: 그럼 두려워하지만 또 뒤집겠다 예상해 두고 그냥 그러려니 또 잘해 주고.

길따라: 제가 소리를 지르는 게 너무 싫어요.

리더: 소리 질러서 문제해결 된다, 제압이 된다 그러면 소리 지를 수

있는 거지 왜 소리 지르면 안 되는 거예요. 그게 안 돼서 소리 지르는 건데. 물어 볼게요, 그 사람과 굳이 왜 살아요?

길따라: 과제하면서 그 사람을 사랑하고 있다고 생각했어요. 이 사람이 조금만 변해 줘서 같이 살았으면 좋겠다는 진심이에요.

리더: 그러면 정신과 상담 받아서 좋았잖아요. 지금이라도 좋은 가족상담 만나서 가족상담 받아 봐요. 도움을 받아 봐요. 남편을 사랑한다면서 몸은 작동을 안 해, 모순되었잖아요. 노력을 더 해보세요. 남편도 아내에게 주의집중 원하는 행동이에요. 정말 미워서 때리는 게 아니라 내가 지금 애를 때려야지 꼼짝할 거지, 때리는 건지 몰라요. 굉장히 미숙한 행동이죠. 정말 사랑에 대한 마음이 있다면 좋은 사인이에요. 같이 산다면 다행이에요. 가족상담 받아 보세요.

👥 REBT 집단상담: 마지막 날

■ REBT 집단상담: 나무 / 코스모스

리더: 타 그룹이나 참만남 집단은 많지만 REBT 인지행동치료 집단이 별로 없어요. 그래서 저는 교육집단을 주로 하는데 진짜 우리나라는 일반적인 치료집단을 많이 해야 되거든요. 그런데 제가 보기에는 그건 아직 아니에요. 집단상담을 많이 하고 잘하는 사람은 주로 교육집단을 많이 해요. 그걸 극복해야 되지. 그래서 일반 대중이 집단상담을 통해 도움을 받을 수 있는 게, 여러분들이 이제 역량을 발휘해야죠. 일터에서나 교회 세팅도 좋고, 지역사회에서. 들꽃 님이 하는 집단상담은 주로 어디에서 그렇게 하는 거예요?

들꽃: 주로 수요가 많은 곳이 학교고요. 학교도 초·중·고로 나뉘는

데 초등학교 같은 경우에는 학교폭력 예방차원에서 역할극을 주로 하고, 중학교에서는 부적응 아이들이 많으니까 적응을 위한 것으로 하고, 그리고 중학교 내에 대안교실이라고 있어요. 그래서 아예 수업 자체 참여가 어려운 아이들이 대안교실 안에서 연극적으로 심리극이나 역할극을 주로 하고요. 고등학교에서는 대부분 진로와 관련된 것들이 있으니까 진로탐색 역할극이나 심리극으로 자기 주제를 다루죠.

리더: 효과가 많이 있나봐요? 그러니까 계속 들꽃 님을 부르죠.

들꽃: 언어적으로 하거나 테이블 내에서 하는 작업은 대부분 정적이잖아요. 그런데 동적으로 하는 것들은 눈으로 관찰 가능하고 아이들도 언어적으로 표현하더라도 극적인 모습이 많이 보이니까 담당자가 그런 부분에서 좀 더 매력적으로 보여지는 것 같아요.

리더: 내가 보니까 들꽃 님이 잘하시는 것 같아요. 입소문이 나서 부르고 그러는 거지. 실은 많은 상담센터들이 있잖아요. 제가 청소년 상담센터 설립 멤버로 있을 때 초기에 상담자 자격을 하려했는데 못하게 했어요, 그것을. 원래 우리 계획은 94년, 95년에 하려고 했는데 못하게 해서 어떻게 어떻게 하다가 겨우 2003년에 인정이 된 거거든요. 그런데 그들이 못하게 하는 근거가 뭐냐면 '왜 상담을 그렇게 어려운 자격증을 줘서 그런 사람이 해야 하느냐.' 자연적으로 정리가 된다는 거죠. 잘하는 사람은 오래하고 자격증으로 얽매이거나 그러지 않아도 상담을 잘하면 많은 사람이 가고, 못하면 많은 사람이 도태된다. 시장경쟁 논리가 너무도 맞는 거예요. 그러니까 자격증도 뭐 여러분 다 따겠지만, 대충대충 해서 따는 사람들도 있고 별별 사람들이 다 있어요. 제가 보니까 자격증 가지고도 퀄리티 컨트롤이 안 돼요, 안 돼. 그런데 결국은 서울은 미술치료센터, 온갖 센터들이 많아요. 그런데 그게 시장경쟁의 원칙에 따라서 잘하는 사람들은 굉장히 잘하고, 못하는 사람들은 굉장히 못하고. 이건 초기 투자비용이 많이 들

지 않아요. 극단적으로 말하면 책상 하나 놓고 하면 되는 것이기 때문에 사람들이 쉽게 상담실을 열어요. 그렇지만 이게 만만한 건 아니거든요. 잘하는 사람은 실력 있는 사람들이 잘하는 거야. 그러니까 여러분들이 준비를 할 때는 빨리빨리 하고 싶어 하는데, 그렇게 서두를 거 없어요. 준비를 충분히 해가지고 준비된 상태에서 하면 처음에 갔더니 잘 안 돼요. 이것이 나에게 얼마나 치명적인데. 그러니까 우리가 방향을 제대로 잡아야 해요. 그런데 우리가 방향을 잡지 않고 무지 빨리 가버렸어. 그러면 어려운 거예요. 되돌리는데 너무 많은 시간이 걸리고 되돌릴 수도 없는. 그러니까 천천히 방향을 제대로 잡으면서 준비를 해서 가면 결국은 그런 말 있잖아요. 인생이 단기 경주가 아닌 장기 경주이기 때문에 장거리의 승리자가 진짜 승자라는 거죠. 그러니까 여러분이 준비할 수 있는 시간을 충분히 가져야 해요. 급할 거 없어요. 어쨌든 듣고 나니 잘하고 있어서 참 좋고, 역할극에 관심이 있는 사람은, 자기가 동료들을 2~3명 키워줘도 참 좋잖아요. 혼자 어차피 다 못해요. 그리고 혼자 하면 시너지가 안 나와요. 같이 해야 돼요. 오케이. 그런 오프닝 멘트로 이 정도. 본격적으로 들어가도록 하겠습니다.

나무: 첫날은 제가 외부 사람이니까 여기 분들 하시는 거 좀 봤고, 어제는 다들 적극적으로 말씀하셔서 제가 어떻게 말을 할 수가 없었어요. 오늘 마지막이라 어떤 이야기를 할까 생각해 봤는데, 저는 이 시점에서는 결혼을 못하는 거? 그게 젤 큰 문제인거 같아요. 그런데 그게 혼자하는 것이 아니기 때문에 방법이 없는 것 같아요. 제 느낌으로는 이것은 답이 없다. 왜냐하면은 혼자 열심히 해서 되는 게 아니기 때문에 이건 그냥 이번 생은 꽝인 걸로. (일동 웃음) 이렇게 생각이 들어요.

리더: 글쎄, 이번 생은 꽝이라고 하기엔 너무 젊지 않나요?

나무: 그런 생각이 들어요, 저는. 다행히 너무 좋은 건 세상이 예전 같

지 않아서 같이 늙어가는 친구들이 있는데 그 친구들과 서로 의지해 가면서 우리는 세상을 잘 만났다. 우리 엄마 세대 같았으면 우리는 못 사는 건데 세상이 좋아져서 우리가 그러고 산다. 조금만 더 늙으면 실버타운을 같이 알아보자. 우리는 같이 돈을 모아야 해. 그런 친구들이 있는 게 얼마나 다행인지 모르고, 답이 없다고 느껴지는데 이걸 꺼내서 뭐하지? 이런 생각이 들고.

리더: 결혼 안 한 사람이? 그런데 지금 이번 생이 꽝이라고 하기엔 아직 젊은데요? 75년생이면. (웃음) 그러면 우리 나무 님께서 결혼은 혼자 하는 게 아니고 쌍방 합의가 돼야 해서 좀 그런 건데, 사람들을 만나기 위해 어떤 노력들을 해 봤어요?

나무: 노력을 할 수 있었던 시기가 있었어요. 예전에. 이제는 노력을 할 수 없는 나이가 되었어요.

리더: 그거 잘못이야. 안 그래요?

창: 결혼정보회사 그런 거 있어요.

리더: 그런 곳에서 만나서도 잘해. 그런 곳 가봤어요?

나무: 아니요.

리더: 그게 비합리적 신념이에요. 결혼정보회사를 동원한다는 건 있을 수 없다.

나무: 있을 수 없어요.

리더: '내가 왜 그런 곳까지.' 생각하는 거죠. 하지만 그런 곳에 좋은 사람들도 많이 와요. 내가 아는 사람도 거기서 많이 했어요.

천리향: 저는 종교가 불교인데 제가 강남 봉은사에 가보면 서울 조계사도 그렇고. 결혼하는 그게 있더라고요. 자기 학벌 같은 거 적어내면 서로 맞춰서.

리더: 지금 나이면 나무 님 애기도 낳고 다 할 수 있어요. 그러니까 싱글 3명하고 몰려다니면서. (모두 웃음) 노후를 걱정하고 이러는 시간에. 자기가 결혼에 뜻이 있어 안 하는 거면 몰라도, 남은 그냥 듣고 마는데 그게 남이에요. 겉으로 친할 뿐이죠. 그러니까

자기 문제는 자기가 해결해요. 친구들 기대하지 말고 그냥 가면
돼요. 왜 못 가는데? 내가 같이 가줘요?

나무: 아니요. 못 갈 거 같아요.

평화: 혹시 남자를 만날 때 어떤 신념 같은 게 있으세요?

리더: 좋은 사람 만나고 싶은 거지. 기회가 없어서 못한 거지 무슨 신
념 때문에 못한 건 아니에요.

평화: 저 같은 경우엔 그게 있었거든요. 필이 와야 하는. 하하

리더: 당연히 필이 와야지. 느낌이 안 오는 사람하고 어떻게 해요?

평화: 아닌 사람들도 있더라고요. (필이 안 오는데도 막 해버려?) 네.
다른 조건만 맞으면요.

어그: 부모님들이, 저는 32살 되었는데 스물대여섯 때 결혼한 친구들
도 봤는데 경제력 있고 눈치를 봐요. 데려갔을 때 하자가 없어야
되니까. 부모님 돈을 받아야 하니까. 양쪽 집을 보고 서로 딜을
하는 거죠. 좋아서 결혼하는 게 아니거든요. 사귈 때도 처음부
터 문제 없을 거 같아서 사귀었어요. 그렇게 애들이 다 그런 식
으로.

리더: 필이 꽂히고 그러면 좀 젊어야 하는데 나이가 들어버리면 감수
성이 떨어지기 때문에 20대의 그런 거는 없는 거 같아요. 그런데
도 40대에 그런 게 온다고 하면 굉장히 행운인 것이고.
친한 친구가 있으면 결혼정보회사 같이 가도 돼요. 혼자 해도 되
고. 여기서 누가 해 줘도 좋고. 해 줄 사람 없으면 내가 같이 가
줄게요. (모두 웃음) 목마른 자가 우물을 파라 했다고, 타인은 나
처럼 내 인생에서 절실함을 느끼는 것만큼 절대 느끼지 않아요.
그런 곳에 가는 게 하나도 부끄러운 것이 아니야. 아니면 조금
더 비싼 데가 있어요. 그런 곳도 좋고. 나한테 전화 와서 맨날 괴
롭히는 사람이 하나 있어요. 그 사람도 좋고. 그래서 투자해야
돼요. 돈이 아까워서 못 가는 경우도 있어요. 그렇지만 가려면
써야지. 지금 이쁠 때 하면 좋겠다. (그런데 나이가…) 안 많다니

까 안 많아.

호기심: 연하는 어떠세요?

리더: 그런 말 하지 마세요. 누가 연하랑 안 하고 싶겠어요? (모두 웃음) 남의 얘기하듯이 그렇게 쉽게 얘기하는 거 아니야. 연하 좋죠. 그런데 한두 살 어린 사람이 나한테 하겠어? 더 젊고 예쁜 사람이랑 하지. 내가 그런 경험을 해봐서 아는데 남의 인생이라고 말을 너무 함부로 해요. 너무들. 별별 말들이 많아.

중략

아무튼 나무 님이 노력을 해야 할 것 같은데요? 물론 수치스럽겠죠. 내가 이 나이에 학위까지 해갖고 그런 델 가야 하나. 수치스럽지. 많은 선보는 사람들 얘기를 들어 보면 남자들 경우는 돈 받고 그냥 나오는 경우도 많아요. 결혼 생각도 없이. 그래서 그냥 무참하게 자존심 밟히고. 그러다 정말 좋은 사람 만나서 가는 경우도 있고. 그런 것이 없으면 내 자존심 상하는 절차가 없어서 참 좋겠지만, 여러분 있잖아요, 살면서 자존심 좀 상해봐야 돼요. 그러니까 불교나 그런 데선 탁발을 시키잖아요. 그리고 밥이나 그런 거 얻으러 다니잖아요. 그게 뭐야. 자존심 상하는 거예요. 수행을 하는 사람들은 그게 필요하다는 거죠. 천주교 같은 경우에는 그걸 굉장히 반성해요. 신부 후보생 때부터 본당에서 얼마나 떠받들어 주는지 몰라요. 구걸이라는 게 없어요. 그 이들이. 신부가 되기 전부터 완전히 귀족이야. 그게 불교와 천주교의 차이예요. 인간은 좌절을 겪어 봐야 해요. 그런 게 없을 수 없어. 지금 내가 재벌 딸도 아닌데 어떡해. 재벌 딸이면 중매쟁이들이 옆으로 막 오겠지만, 내가 부끄러움을 무릅써야 되는 거죠. 용기 있는 자가 미인을 얻는다. 그런 말이 있나? 늙어서 혼자 살기 싫으면 용기를 내야지.

나무: 그런데 용기는 잘 안 나는 거 같아요. (그게 문제야. 나무 님은)
　　겁나요.

리더: 말이 좋아 용기지. 자존심 상하기 싫다는 거죠. (약간 침묵) 평화
　　님은 필이 꽂혀서 했어요?

평화: 네. (모두 웃음) 적극적인 구애를 제가. (그럼 누구 원망도 할 거
　　없어) 없어요. 제가 후회를 하면서 '저 남자 왜이래' 했다가 '아,
　　내가 선택했지?'

리더: 그러니까 내 말은 필이 꽂혀도 나중에 안 좋을 수가 있고, 필이
　　안 꽂히지만 살다가 좋아질 수도 있는 거예요. 나는 결혼에 대
　　한 것은 계산해서 되는 게 아닌 거 같아요. '그냥 자기 운이 아닌
　　가.' 그런 생각이 들어요. 무턱대고 했는데 너무 좋은 남자가 있
　　고, 고르고 골라서 했지만 안 좋을 수도 있고. 그쵸? 고른다고
　　좋은 사람 만나고 안 고른다고 안 좋은 사람 만나고 그런 거는
　　아닌 거 같아요. 그렇지만 일단 사람은 만나기는 해야 하잖아.
　　그러려면 내가 그런 자존심을 버려야겠죠. 그런 데 말고 뭐 사이
　　트 그런 곳 없나? 사이트?

어그: 동호회 같은 거. 댄스 동호회 같은 곳은 약간 아무래도 접촉이
　　많다 보니까. 취미생활을 할 때 남자가 많은 곳을 정복해야 해
　　요. (웃음)

리더: 그럼 나무 님은 취미생활 같은 거 뭐 있어요? (교회 다녀요.) 아
　　니, 강남의 사랑의 교회 그런 곳에서는 많이 매치메이킹 같은 거
　　해 주던데. 지금 어느 교회 다녀요? (일산에 있는 교회 다녀요.)
　　그래서 어제 제가 베스트 학교와 베스트 병원을 다니라고 했잖
　　아요. 이 말을 해 주신 분이 있었는데 그분이 또 하나 강조한 것
　　은 베스트 교회를 다니라고 했어요. 근데 나는 어쩐지 그 말이
　　싫어. 그쵸? 교회가 베스트 교회가 어딨어. 그런데 어쨌든 큰 교
　　회를 다녀서.

나무: 그런데 교회가 진짜 사람이 없어요. (몇 군데 교회를 옮겨봐야

해요.) 맞아요. 교회를 옮겨야 해요.

리더: 그럼 교회를 옮기면 되지. 그거 갖고 예수님이 뭐라고 하겠어요?

길따라: 저는 제가 잘 모르는지는 모르겠지만 제 주변에 사촌들 보고 그러면 소개해 준다고 하는 얘기가 있는데 그들이 안 하거든요. 혹시 선생님도 그런 게 아닌가 궁금했어요.

나무: 근데 예전에는 소개가 잘 들어왔는데 이제는 소개가 잘 안 들어오는 것도 있고, 소개해 준다고 해 놓고 안 해 주는 경우도 있고.

리더: 왜냐하면 일단 자기가 높아서 그래. 박사 학위가 있다는 것은 상대방에겐 부담이에요. 이 정도면 괜찮겠다 했는데 또 자기가 양이 안 차면 어떻게 하나 이럴 수도 있고.

푸른하늘: 제한이 있으세요. 혹시?

나무: 없어요. 사람이면 돼요.

평화: 종교도 상관없으신 거예요?

나무: 아니요. 종교는 상관이 있어요.

푸른하늘: 그럼 교회에서 만나는 게 가장 가능성이 있으신 거 같아요.

리더: 여러분, 또 해 줄 말 없어요?

들꽃: 제가 남자로서 보잖아요. 결혼을 안 했고 이성이고, 제가 30대 초반이고 40대 초반이신데 나이 모르고 만나면 40대 초반인지 모르겠어요. 신체적인 매력이 있으신 거 같아요.

나무: 제가 아무리 예쁘게, 그리고 옷을 잘 입어도 실제 나이가 중요하고.

들꽃: 저는 그렇게 안 보였어요. 30대 초중반?

나무: 실제로 친하게 지내는 것과 저를 배우자로 생각하는 거랑, 아니면 주변에서 이 여자를 내가 아는 남자한테 부인으로 소개해야지, 하는 것과는 다른가 봐요.

길따라: 다르다는 것에 나이가?

나무: 나이겠죠. 나이만 있는지는 모르겠는데 나이도 있겠고, 사람들이 일단 핑계로 나이를 제일 많이 대고요.

리더: 그냥 사람들한테 기대지 말고, 전문가에게 기대요, 전문가. 여태까지 기다려봤는데 별로 안 해 주잖아요. (네, 해 주지도 않고) 없는 거야. (네 없어요. 주변에) 없어서 안 해 주는 거예요.

나무: 또 제 나이 또래 나이든 남자 분들은 싱글인 분들이 별로 없고 맥시멈이 제 나이인데 당연히 저랑 안 하고 싶을 게 이해가 되고. 더 어리신 분들하고 하고 싶지 않겠어요? 43살의 남자분이면 당연히 30대 여성분과 하고 싶지.

리더: 그쵸, 연애하지 않는 한은 그렇겠죠. 조건적으로는 그렇다고.

하이디: 그럼 나무 님이 연애를 하기 위해선 환경들과 접촉을 해야 하잖아요.

나무: 30대 중반까지는 소개도 받아보고 했는데 잘 안 되고, 30대 후반부터는 소개도 잘 안 들어 오고, 지금은 약간 제가 교회나 주변에서 막 이렇게 하는 게 불쾌한 경험을 많이 하게 돼요. 아까 리더께서 말씀하신 것처럼 그런 식의 말들을 너무 친하다고 생각해서 하면은 '난 생각 없어.' 이런 식의 반응이 나가고 그렇게 돼요.

하이디: 저랑 가깝게 지내는, 박사시고 상담 쪽에서 일을 하고 계신데 이분도 이제 교회 활동을 하시고 그림을 배우러 다니세요. 근데 나이가 훨씬 많아요. 45세에 취미생활을 훨씬 다양하게 하세요. 독서도 다니고 토론하는 곳도 다니고, 그림 그리는 곳도 다니고, 이렇게 했다가 그림을 그리러 가서 만난 거예요. 46세인데 애기도 낳고, 둘 다 초혼으로. 그런 환경들이 나이제한은 아닌 거 같은 생각이 들어요. 활동영역이 있으셔야 할 것 같아요. 저도 집, 학교, 교회 이렇게 활동영역이어서 충분히 이해가 되는데 결혼하기 전에는 동선이 다양하게 넓으면 좋을 것 같아요.

나무: 그림이 참 괜찮은 것 같아요.

푸른하늘: 저도 제 친구들 중에 결혼 안 한 친구들이 있어요. 근데 누구를 소개시켜 주려 해서 조건을 물어보면, 괜찮다고, 사람만 좋으면 좋다고 이야기해요. 그럼 저는 정말 좋은 사람을 해줬거든

요. 근데 싫다는 거야. 말은 좋다고, 좋은 사람 해 주면 된다고 다 그러는데, 결국에는 본인의 기준이 있는 거예요. 말하지 않는 기준이. 그다음부터는 해 주고 싶어도 조심스러워서 '얘가 또 이 사람 싫다고 하면 어떻게 하지?' '이게 안 맞으면 어떻게 하지?' 그런 생각도 들고. 예를 들면, 수입 차이, 여자는 수입이 좋아요. 그런데 남자는 수입이 자기보다 못해. 그러면 거기에서 또 걸리고. 아까 리더께서 말씀하신 것처럼 박사 학위를 갖고 있는 것이 공부를 많이 해서 좋기도 하지만 사실은 음, 만약에 제가 정말 좋은 사람이 있는데 소개시켜 주는 사람 입장에서는 그런 걸 보고 해 줄 수밖에 없는 입장이 되는 거예요. 아까 사람이면 다 된다고 하셨잖아요. '근데 과연 사람이면 될까?'라는 조심스러운. '괜히 해줬다가?' 그런 생각이 있어요. 나무 님도 나름의 그런 기준이 있지 않을까? 라는 생각이 들고, 기존에 소개를 받았던 상황에서 나름 걸러 냈던 것들이 있으실 거 아니에요. '난 이 사람은 이런 점이 안 좋았어. 그래서 안 되었던 것 같아.' 그런 면을 생각해 보신 적이 있는지, 그게 궁금하네요.

나무: 아니요. 특별히 그런 기준이 있지는 않고, 소개를 해 주신 분이 다들 괜찮은 분들을 해 주신 거니까 그런 건 아니었는데 잘 안 되었어요. (그럼 더 좋으신 분 만나려고 그러신 건가 보네요.) 제가 결혼할 마음의 준비는 되어 있나? 그런 생각을 해 본적은 있어요. 적극적으로 구애하셨다고 하는데 내가 이 사람을 놓치고 싶지 않다 그런 생각은 든 적이 없는 거 같아요. 그 사람의 조건이나 나의 기준 때문이 아니라, 좋은데 '내가 이 사람이 너무 좋아서 내가 놓치면 안 되겠어. 나에게 주어진 마지막 기회야.' 이런 마음이 든 적은 없었어요. (그럼 나무 님도 적극적이진 않으셨다는 거죠?) 네, 그렇지만 저는 팅기는 스타일도 아니고, 어쨌든 안 되더라고요.

호기심: 저는 전에 연애 경험이나 헤어졌을 때 어떤 걸로 왜 헤어졌는지

알고 싶은 게, 보면은 제 친구들 반은 시집을 안 갔거든요. 근데 보면 항상, 선생님 이야기했던 것처럼 사람이면 괜찮다고 이야기를 해요. 그런데 각자 높은 기대수준을 가지고 있어요. 대학교 때도 항상 남자들이 와도 자기가 밀쳐냈거든요. 그래 놓고 자기는 괜찮다고, 조건은 별로 안 본다고 이야기하는데 자기만의 기준이 있어요. 그래서 되게 조심스럽고 그런 것도 있고. 그래서 본인의 연애를 했다든지 그런 경험에서 본인이 어떤 스타일인지 되게 궁금하거든요. 헤어졌거나 그랬을 때 무엇 때문에 헤어졌는지, 그게 궁금해요.

나무: 과거 어렸을 때 스무 살 때는 그냥 대학생 친구들 사귀다가 싸우고 헤어지고, 그건 옛날이고 남들하고 평범하고 같아요. 근데 요즘에 선배들이 해 주는 얘기는 '여자들도 같이 사귀는 거지.' 그런 식으로 생각을 하면 내가 그렇게 열심히 사귀려고 하지 않는 건 있는 거 같아요. 그게 기준이나 사람 때문이지는 않는 것 같고요.

호기심: 제 친구도 사람을 계속 만나게 해달라고는 하는데 본인이 진짜 적극적이진 않은데, 계속 원하고만 있지, 소개를 시켜주더라도 항상 쳐내더라고요. 남자들이 다가와도 본인이 싫다 해요.

리더: 이게 기준이 높아요. 자기가 기준이 높으니 상대방도 좀 그렇게 맞춰 주면 좋겠는데….

호기심: 명확한 기준을 만들고 좀 적극적으로.

햇살: 그런 건 있는 거 같아요. 친구를 소개를 시켜줬는데 너무 괜찮고 그래서. 그런데 보니까 별로 안 좋아하더라고요. 남자는 되게 적극적인데. 나중에 물어봤어요. '조목조목 얘기를 해 봐라.' 친하니까. 그랬더니 그때서야 얘기를 하더라고요. '그래서 네가 원하는 게 뭐야.' 그랬더니 처음엔 아니라고 두루뭉술하게 이야기를 하더니, 월급은 얼마였으면 좋겠고, 그런 거 있잖아요. 나무 님이 저희한테 이야기할 때는 모호하게 이야기를 해 주니까.

리더: 맞아. 그런 거 있어요. 그러니까 결혼을 할 때는 기준을 낮추면 쉽게 해요. 손해 보면서.

나무: 근데 저는 그게 진심으로 이제는 지나간 것 같아요.

창: 남들 다 있어서 허전은 한데 정말 필요하다는 느낌은 아닌 거 같아요. 나를 다 까발려서 마켓에 내놔야 하나? 그런 생각?

나무: 지금 그 말씀 들으니 생각나는데, 어떤 사람이 소개를 해줬는데, 한 살 어린 남자이긴 했는데 정말 그걸 열심히 물어보는 거예요. 만나자마자. 다 얘기를 해줬어요. 그 질문을 디테일하고 구체적으로, 단답식 질문으로. 진짜로 끝나고 시계를 보니 한 시간을 인터뷰를 했어요. 그리고 갔어요. 그 사람은 나에게 자기 정보를 하나도 알려 주지도 않고, 내가 질문할 기회를 주지 않고. 물론 제가 5분 지나서는 '더 물어봐, 더 물어봐.' 했죠. 소개해 주신 분의 체면을 깎지 않으리란 생각에. 진짜 한 시간을 어쩜 그렇게 꼼꼼하게 단답식 질문을 하더니 갔어요.

들꽃: 근데 그럼 '저에 대해서 궁금하지 않으세요?' 라고 되물을 수 있잖아요.

나무: 아니요. 저는 5분 지나고 파악이 끝났기 때문에.

들꽃: 그럼 이미 그 사람은 별로인 상태였네요.

평화: 그럼 나무 님은 보통 처음 5분 거기서 많이 좌우가 되시나요?

나무: 아니요. 그분이 기억이 나서요. 근데 사실은 아까 누군가가 소개를 받고 했을 때 '아, 내가 분명 소개받고 나간 기억이 있는데.' 그 기억들이 하나도 안 나는 거예요. '내가 몇 번 소개를 안 받았나?' 기억이 안 나다가 그 말씀 들으니 생각이 나는 거예요. 딱 하나. 물론 그분이야말로 직업이 좋은 ○○생명이었지만, 지방대 나오셨고, 대학만 나오셨고, 시골에 부모님 계시고, 그런 조건을 만난 걸로 봐서 그런 걸 따지는 사람은 아니라는 생각이 들어요. 소개해 주시는 분도 종교나 그런 쪽으로는 신경을 써 주셔도 그런 건 문제가 아닌 거 같고, 내가 주변에서 나를 취급하는

것에 대한 불편감이나 불쾌감 때문에 결혼을 하려고 하는 것도 조금은 있고요. 지금 생활이 편하긴 하죠.

들꽃: 그럼 굳이 안 해도 되는데 뭔가 압력이 있는 상황이세요?

나무: 사회적인 압력인 거 같기도 하고, 가끔은 혼자 허전하기도 하고, 그리고 가정생활을 잘하고 싶은 마음도 없는 건 아닌데, 이런 좀 차가워진 마음은 세월 때문에. 제가 스무 살 때, 서른 살 때는 열심히 사람도 사귀고 만나고 결혼도 생각하고 했었는데, 이제 안 되니까 점점 포기….

들꽃: 연애에서 결혼으로 넘어가지 않는.

나무: 네, 그래서 친구랑 '우리 이번 생은 꽝인가 봐.'라는 말이 나온 것 같아요. (약간 침묵) 그리고 리더 말씀대로 자존심 때문인지 어떤 기관의 ○○, ×× 이런 데는 좀 용기는 아직 없어요. 그게 제가 극복해야 하는 거 같아요.

평화: 그런 단체에서 해 주시는 걸 믿으실 수 있을까?

나무: 못 믿어요. 교사들 해 주는 기관도 있고, 기독교인들 해 주는 소개 업체들도 있는데 거기를 이용한 고객 경험이 있는 친구들 얘기를 들어보면 너무 끔찍하고 '나는 저런 취급을 당하지 말아야지.'

리더: 그런 취급을 당해야 한다니까요? 그래서 나한테 정말 좋은 사람이 걸릴 수도 있어. 나무 님은 형제가 몇이에요?

나무: 딸 둘이요. 언니는 결혼했는데 언니는 오히려 혼자 살아도 된다고. 엄마는 새벽기도 가시죠. 어떻게 하면 이 딸을 보낼까. 우리 어머니도 벌써 10년째, 제가 서른부터 노처녀였어요. 우리 어머니는 고통스러워하는 분이시죠.

호기심: 제 친구가 ○○회사에 있어요.

나무: 그럼 동호회는 좋은 거 같아요. 저랑 같이 늙어 가는 친구가 와인 동호회를 갔는데 너무 나쁜 걸 많이 봐서 와인 동호회는 가지 말라고 그러더라고요.

창: 주변 분들이 좋지 못한 사례를 굉장히 많이 갖고 계신 거 같아
　　요. 남들은 결혼정보회사 가입해서 잘 되시는 분들도 있는데.
　　제 주변에도 마흔 되기 전에 가야 한다고 39살에 해야 한다는 아
　　가씨가 있었어요. 그분도 서울대 나오셨고 해외 가서 학위도 따
　　가지고 오셨고, 잘나가는 코스메틱에서 부장까지 하고 있는 노
　　처녀였는데 결혼정보회사에 가입을 하고는 만나서, 지금 애가
　　두 돌, 세 돌이 되었거든요. 정말 40살 전에는 꼭 해야겠다는 의
　　지가 강해서 매주 사람을 만나러 나가는 거예요. 이틀에 한 번씩
　　도 가고. 지금 텔레비전에 자주 나오는 기자예요. 그 남자랑 결
　　혼해서 잘 살고 있어요. 저는 그런 케이스를 많이 봤는데 선생님
　　주변에는 유난히 그런 친구들이 많아요.

길따라: 근데 이게 20대나 30대 초반에 결혼하시는 거에 비하면 나이가
　　있으신 건 맞지만 전체 인생을 봐서는 절대 늦지 않았고 너무 아
　　름답다는 것을 저는 정말 말씀드리고 싶어요. 이런 말 하면 저를
　　비하하는 거지만 저랑 나이가 같거든요. (모두 웃음) 나무 님 자
　　체만으로 나는 너무 나이가 많아 이런 식의 생각은 안 하셨으면
　　좋겠어요.

햇살: 저는 들었을 때 그런 기관 같은 곳에서 하기 어렵겠단 생각을 했
　　는데 선생님 얘기를 들어보니까 정확하게 조사를 다 하나 보네
　　요. 재산까지 다 조사를 한대요.

호기심: 이게 잘못 매칭을 해 주면 업체의 책임이잖아요. 그래서 아버지,
　　자식까지도 다 해서 하는 거니까.

햇살: 그런 부분이 불편하세요?

나무: 음… ○○생명이 컸던 것 같아요.

햇살: '나 같아도 저렇게 하기는 어렵겠다.' 했는데 정확하고 뭔가 해
　　준다면 사람만 내가 거기서 만나서 괜찮으면 만날 수 있을 거 같
　　아요.

호기심: 연회비를 내면 12번인가? 사람을 소개시켜 준대요. 그중에서

80%는 맞지 않는 사람이 나온다고 생각하면 되고, 그래도 세 명 정도가 괜찮은 거 같대요.

나무: 교사인 친구는 교사들 그런 데가 있어요. 거기는 주로 선생님이 많고 남자도 주로 선생님이 많아요. 전국구예요. 지방에서 서울로 올라오는 건 힘들지만, 교사들은 내려가는 게 쉽기 때문에. 그럼 선생님들 얼마나 점잖아 보여요? 그런데도 너무 현실적인 얘기들, 막 치사한 얘기들 많이 나왔고, 또 기독교도 그런 것이 있어요. 크리스천 가정을 이루게 한다는데 그것도 너무 그렇더라고요. (너무 뭐가 그런대요?) 음, 소개는 털리는 건 당연하다고 생각을 하는데 만나서 하는 대화들이, 이 나이 먹고 선을 100번씩 본 사람들이 나오기 때문에 다들 지쳐서 빨리 원하는 것을 알고 선택을 빨리 하고 싶은 사람들이 나오는 거예요. 그래서 전인적으로 이 사람을 알아가는 단계가 지겹고 시간낭비가 되는 거죠. 이 나이에는. 그러니까 내가 결혼의 최소한의 기준들, 명료한 조건들을 빨리빨리 공유해서 협의를 해서 '우리가 더 만날 거냐 말 거냐.'를 결정해야 하는데, 그 가운데서 오고 가는 대화들이 너무 끔찍한 거죠.

들꽃: 저는 이제 신혼이거든요. 연애를 하다가 결혼한 케이스인데, 나무 님은 어찌되었건 새로운 사람을 만나면, 그 사람과 연애를 오랫동안 하고 싶은 거예요? 결혼보다는?

나무: 구체적인 질문들을 하시는데 대답할 말이 없는 거 보면 제가 그동안 진지하게 생각을 안 해 봤나 봐요. 잘 모르겠어요.

창: 결혼은 필요해 보이지 않으신 거 같아요. 그것보다는 연애를 해서 식어가는 감정을 아직 식지 않았음을 확인하고 싶으신 거 같아요. 제가 봤을 때는.

들꽃: 저 같은 경우에는 그 사람을 딱 만났을 때, '결혼하고 싶다.' 그것보다는 '같이 시간을 보내고, 이런 것도 하고 싶다.' 그런 마음이 들었거든요.

나무: 지금 든 생각은 내가 준비가 안 되었어요. 그런데 나이가 너무 많아요. 마음의 준비가 아직 안 되었는데 나이는 자꾸 먹어가고 (조급해지는 거지.) 어머니는 새벽기도를 계속 하시고. 교회를 다니니까 교회에서는 친절한 권사님들이 굉장히 침범적이에요. 교회라는 공동체는 굉장히 침범적이에요. 그런 침범적인 것에서 벗어나고 싶고, 결혼은 안 할 생각은 없으니까 하기는 할 거면 빨리 해서 이런 퇴물 취급을 받지 않아야지, 하는 그런 마음도 있어요. 실질적으로 결혼에 대한 마음의 준비는 안 된 것 같아요.

들꽃: 이야기를 듣고 어떤 생각이 드냐면, 나는 내 속도로 가고 싶은데 뒤에서 자꾸 미니까 정작 사람을 만나고 싶은 타이밍을 자꾸 놓치고 있는 그런 느낌을 받거든요.

나무: 네, 맞는 거 같아요. 신체적으로 늙어가는 것은 사실이니까 그런 말씀들이 틀린 말씀은 아닌 거 같아요.

하이디: 저는 들으면서 되게 순수하실 것 같았어요. 나이가 숫자라면 마음은 여전히 순수하게 연애를 하고 싶고, 자연스러운 이성교제 안에서 싹이 트고 이런 사람을 만나고 싶어 하는. 현실적인 그런 잣대보다는 마음이 통하고 정서적인 교류가 이어지는 가운데 이 사람과 결혼하고 싶다, 이런 마음을 갖고 싶은.

푸른바람: 나무 님이 결혼을 해서 내가 어떤 것을 원하는지 그것을 직시를 하셔야 되는데 나무 님은 부정적인 이야기만 막 수집을 하셔요. 긍정적인 경우도 있는데. 그럼 나무 님의 결혼에 대해서 간절함이 부족한 거 같긴 한데 처음에 말씀하실 때 나는 이제 꽝이야. 그 말씀 자체가 결혼에 대해서 생각이 없는 것은 아니니까. 나무 님의 결혼에 대한 빗장이 내가 딱 직면하는 그 순간이 있으셔야 할 것 같아요.

길따라: 그러니까 아까 말씀하신, 독신은 아닌데 그런 말씀이 좀 와닿는데, 제가 어제 가정사를 말씀드렸듯이 남편이란 자리에 남편이

있기 때문에 방패막이 되는 일들이 정말 많이 있거든요. 나무 님이 정말 안 가실 마음이 있는지 깊게 생각해 보시고 거기에 따라 적극적으로 행동할지 어떨지를 결정하시면 좋지 않을까 생각이 들어요. 그런데 저는 결혼생활이 힘들지만 만약 다시 그 상황으로 간다고 해도 결혼을 할 것 같은 생각이 들어요. 자녀라는 존재가 그 모든 것을 극복할 만한 가치가 있다는 생각이 들거든요. 그래서 하실 생각이 있으시면.

들꽃: 저도 그 말에 동의하는 게, 사람이 사람을 낳았잖아요. 그 경험을 할 수 있게 도와주는 게 배우자잖아요. 그 배우자에 대한 믿음과 아이에 대한 만남이 제 인생을 더 크게 성장하게 해 주는 것 같아요. 결혼은 정말 멋진 경험인 것 같아요. 너무 사전과 같은 얘기였나요? (모두 웃음)

하이디: 교회를 옮기실 수 있으면 옮겨 보세요. 제가 아는 후배도 거기서 태어났고, 거기서 교회를 다니는데 반주를 한 거예요. 부모님이 권사님, 장로님이시니까 교회 마당에서 큰 거죠. 이 친구가 못 떠나는 거죠. 근데 결혼을 해야 하는데 교회 자체가 큰 교회가 아니고 조그만 교회니까 가족처럼 자라니까 늘 그런 얘기를 듣고 자라서 본인은 너무 스트레스를 받고, 그래서 결국엔 부산에 큰 교회로 옮겼어요. 38세 되던 해에. '결혼을 하기 위해 저는 이 교회를 떠나겠습니다.' 목사님 허락까지 받고. 큰 교회에 가면 프로그램들이 있어요. 워낙 요즘에는 결혼연령이 늦어지고 하다 보니까 미혼 남녀들을 대상으로 프로그램을 만들어요. ○○ 그런 곳에서 하는 것처럼 프로그램이 있거든요. 농담 삼아 얘기했지만, 저도 서울에 있을 때 온누리 교회를 다니곤 했어서. 큰 교회들은 그 프로그램이 있어서 그곳에서는 자연스럽게 신앙생활 안에서 만나질 수 있으니까 나무 님이 만약 그런 용기를 내실 수 있으면, 부모님께 말씀드리고 교회를 옮겨 보시는 것도 굉장히 자연스러운 효과가 있으실 거예요.

길따라: 그리고 교회를 사람을 만나기 위해서 바꾼다는 목적도 있지만, 저희 교회 같은 경우도 싱글이란 표현을 쓰거든요. 청년부라고 하기엔 청년이 아닌 사람들이 있는 거예요. 그런 것처럼 큰 교회로 옮기면 나를 막차 탄 사람처럼 취급하지 않고 나와 같은 이들이 많아서 나의 문화가 있을 수도 있을 거 같아요. 그런 면에서도 좋지 않을까란 생각이 들어요. 저희는 청년부가 아니고 싱글부거든요.

어그: 제 친구는 소개팅을 일주일에 3개씩 잡아서 했거든요. 한 학기 동안 몰아서 100명은 만났어요. 그런데 마음에 맞는 사람이 한 명도 없었어요. 그래서 이건 아닌 거 같다고 몸져누웠어요. 그런데 좀 적극적이셔야 할 것 같아요. 그런 부분에서 해야겠다고 하면 이상한 사람 다 만나고 오만 말 다 들어요. 막말 퍼레이드의 끝장까지 보거든요. 그 경험을 하고서는 가만히 있으면서 생각을 많이 했던 것 같아요. 앞으로 세상에 100명쯤 만나면 한두 명 간신히 마음에 드는 사람 만나니까 선을 20번 보고 한 명 마음에 드는 사람 만나면 '와, 땡큐.' 그런 느낌이거든요, 저는.

들꽃: 근데 저는 그 말에 다르게 보는 게, 사람을 많이 만나는 편이거든요. 제가 1년 동안 5만 명 만났으니까. 근데 그 5만 명 중에 내가 만약 솔로면 정말 매력적이라고 했던 사람이 한두 명 이에요. 숫자로만 본다면. 그러니까 내가 많이 만나서 그 사람을 만난다는 것보다는 정말 그 사람이 있는 것 같아요. 근데 그것까지는 우여곡절이 좀 필요한 것 같고. 근데 노출은 계속 해야 할 것 같아요.

옹이: 저는 결혼에 대한 얘기를 들으면서 제가 결혼에 대한 마음이 없는 줄 알았는데 그게 아니라면 솔로가 좋은 건 연애할 수 있어서 좋은 거 아니에요? 결혼이 목표가 아니라 연애가 목표라면 조금 더 쉽게 만날 수 있지 않을까. 연애를 하다가 너무 좋아서 결혼을 할 수도 있고.

푸른하늘: 그런데 제가 봐서는 연애를 목표로 하실 그런 성향은 아니신 거 같은데요? 진지하게 만나고.

옹이: 근데 연애한다고 진지하게 안 만나나요?

리더: 연애할 사람이 있으면 결혼을 하지 왜 연애만 하고 말겠어요?

옹이: 연애를 하면서 탐색을 하고 만나다가 이 사람이다, 내 사람이다 싶으면 마음이 바뀔 수도 있죠.

들꽃: 저도 그 말에 동의해요. 너무 결혼이라는 큰 무게감이 있는 걸로 다가가면 마음이 어려우니까 조금은 가벼운 주제로 내려 가면….

길따라: 그리고 선생님 말씀하시는 걸 보면 맞는 것 같긴 해요. 그 말씀처럼 결혼의 목적으로 딱 만나는 것은 아직 확 움직일 만큼은 아니신 거 같아 보이긴 해요.

〈여기저기서 교회를 옮기는 걸로 하자는 얘기가 나옴〉

리더: 그건 환경적인 처치이고, '결혼을 안 했기 때문에 내 인생은 꽝이다.' 이건 아니지. 신앙생활을 한다면, 결혼을 안 하게 된다면 그것 또한 하나님께서 나에게 주신 삶의 의미가 왜 없겠어요. 근데 그걸 알아야지. 내가 가지려 해도 갖지 못할 수도 있어요. 갖게 되지 않을 수도 있을 때 그걸 수용할 수 있는 마음의 여유면 되는 거요. 그리고 내가 원하는 것이 나에게 들어오지 않겠지만 그렇다고 내가 실패자이거나, 내 인생이 꽝이 아니라는 걸 좀 알았으면 좋겠어요. 지금은 내가 못 가진 것에 대해 치우쳐서 내가 갖고 있는 게 얼마나 많은지, 그리고 내 인생에 솔로로서 얼마나 풍요로울 수 있는지 이걸 못 보는 게 좀 안타까워요. 여기서 자식들 얘기, 남편들 얘기 많이 했잖아요. 그것을 겪어 내야 하는 이 속마음. 옛날에 공지영 작가가 결혼을 2~3번씩 하고 그 여자의 상처받은 마음들, 우리가 직접 경험은 안 했지만 자꾸 나의

일처럼 생각할 수 있는 능력이 여러분에게 있어야 된다고 했잖아요. 그래서 그 작가의 인생이 부러워요? 3번씩 해서 그 마음이 만신창이 되었을 텐데. 그나마 그녀는 소설을 쓰기 때문에 승화를 할 수 있었지만 각인된 상처는 남는 거예요. 그래서 여러분처럼 꼭 해야 하는 당위적 사고를 가지면 실수하게 돼요. 안 해야 될 사람과 하게 되고 더 불행해질 수 있어요. 그래서 이 시점에서는 여유를 갖고 봐야 해요. 나를 위해서 좋은 일도 할 수 있고, 인생을 될 수 있으면 크게 봐요. 내 것만 집착하지 말고. 인생은 그런 거예요. 양손에 떡을 다 쥘 수 있는 게 아니죠. 내가 결혼을 안 했기 때문에 젊은 날에 박사 학위도 땄고, 그런데 왜 꽝이야. 꽝 아니죠. 우리는 이런 세계에 있으니까 박사 학위가 훌륭한지도 모르고 누구나 다 하나보다 하지요. 실제 외국 사람들은 박사 학위 소지자다 하면 굉장히 학문적으로도 대단한 사람이라고 봐요. 꽝이란 말을 함부로 하면 안 돼요. 말을 잘해야 해요. 때에 따라서는 포기하는 것도 배워야 하고요.

코스모스: 이야기를 듣다 보니까 언저리에 제 감정들이 다 나와 가지고 수용할 수 있고, 공감할 수 있는 일들이 좀 있었던 것 같아서 어떤 이야기를 꺼내야 될지 망설였는데, 생각을 하다 보니까 저 같은 경우는 좀 그런 게 있어요. 새로운 환경, 새롭게 해야 한다는 두려움과 불안이 있는 것 같아요. 뭘 배운다거나 처음 만난 사람들이나 그런 것에 불안한 게 있지 않을까 싶어서 여기서 알아볼 수 있는 기회가 될 수 있으면 좋을 것 같아요.

햇살: 혹시 여기 자리도 불편하세요?

코스모스: 불편하기보다는 집단이라는 것이 처음이기도 하고, 동기들 집단상담은 이야기가 어느 정도 편하긴 했는데, 무슨 이야기를 꺼내야 될지, 공감은 가는데 제가 여기저기 어떻게 끼어야 할지 그런 것들이 쉽지 않더라고요.

햇살: 근데 코스모스 님 불편해 보이거든요. (아 그래요?) 불편하다는

것보다는 편하시지 않은 것처럼 보여서.

호기심: 최근에 가장 불편했던 경험이 있으시면, 얘기를 해 주시면 이해하는 데 도움이 될 것 같아요.

코스모스: 최근에 제가 어린이집을 운영하다가 이거를 정리하는 상황이 되었고, 다시 어린이집 교사로 들어가게 되었어요. 불편하기보다는 다시 새롭게 뭔가를 해야겠다는 기대를 갖고 있었는데, 처음에는 감사했지만 점차 힘들더라고요. 아는 언니의 어린이집에 가게 되었는데, 열심히 하고 아이들도 보고, 어쨌든 월급도 받게 되고 그랬는데, 제가 좋게 좋게 하면서 열심히 하는데 조금 힘들더라고요. 학교를 오기 위해선 새벽같이 가야 하고, 그렇게 되면 7시 30분까지 출근을 하게 되고, 화요일과 수요일에 인턴과정을 하게 되면, 그러니까 월요일부터 금요일까지 6시 30분에 일어나서 7시 30분까지 출근을 해야 하는 그런 상황도 처음에는 감사하면서 아이들하고 지내서 어쨌든 하게 되었는데 쉽지 않더라고요. 즐거움이 있다가도 패턴이 힘들다, 지친다, 그런 느낌이 들었어요. 여기 오기 위해서는 휴가를 받아야 되고, 본의 아니게 다른 사람한테 피해를 주게 되잖아요. 제가 아이들을 맡고 있는데 제 아이들은 다른 선생님이 봐야 하는 상황이 되니까 그런 게 미안한 것도 좀 있고 그런 여러 가지가 복잡한 마음이 있어서 불편했어요. 제 감정을 잘 모르겠어요. 그래서 제가 그런 감정 때문에 힘든 건지, 아니면 경험을 안 해봐서 처음이라는 것에 익숙지 않은 건지 잘 모르겠어요.

리더: 3일 동안 여기서 자신의 얘기를 내놓은 사람들이 도움을 좀 받았나요? (일동: 네) 사람들이 도움을 받았잖아요. 코스모스 님도 너무 거창하게 우주적으로 생각하지 말고 내가 정말 이 집단에게 도움을 받고 싶은 나의 마음 상태나 이런 걸 얘기해 주면, 풀리지 않는 어려움 같은 것을 얘기해 주면, 도와줄 수 있지 않을까요.

코스모스: 관계인가? 인간에게 관계를 못해서 그런 건지.

리더: 그럼 어떤 상황을 얘기해 봐요. 상황을. 이런 상황에서 내가 굉장히 힘들었다.

코스모스: 상황이….

리더: 지금이 힘든 거예요? 내가 어린이집을 운영하다가 어린이집 교사를 하니까 애들을 돌봐야 하고, 오늘 같은 날은 휴가를 내서 나와야 하고….

코스모스: 불편함도 있고, 그러면서 여기 와서 집중하지 못하는. (집중을 못해요?) 말은 집중을 하는데 생각이 많아서, 복잡해서. 마음은 지금, 여기에 있는데 생각은 우리 아이들이 잘 있을까? 아니면 다른 선생님 혼자서 5명을 봐야 하니까 그런 것도 있고. 지금 내가 이야기를 해야 하는데 어떤 말을 해야 될까. 제가 남에 대한 피드백을, 귀가 얇아서 그런지 이야기에 좀 민감한 상황이라서 어떤 이야기를 해야 내 마음을 편하게 이야기를 다 할 수 있을까? 여러 생각들이 있다 보니까.

햇살: 저의 바람은 코스모스 님이 여기서 편하게 있길 바라는데, 안 편해 보여서 그냥 얘기한 거예요.

하이디: 저는 선생님의 불편한 마음이 안전하지 않은 것 때문에 그렇지 않을까? 그것 때문이 아닐까란 생각이 들었어요. 선생님이 가장 안전하고 편할 수 있으려면 내가 있는 환경이라든지 관계 안에 있을 때 안정감을 느끼면, 있는 내 모습 그대로를 드러낼 수 있잖아요. 그런 안정감을 느낄 때는 어떤 장면이셨는지.

코스모스: 이렇게 많은 사람하고 이야기하는 것이 저는 많지는 않아요. 모일 때 2~3명 정도는 이야기를 하는데 이런 게 익숙지는 않더라고요. 편안한 감정이 들 때는 지금 현재로는 교회 가서 기도하거나 교회 사람들하고 어울리고 그럴 때.

나무: 저도 되게 내향적인 사람이거든요. 그래서 교회 가거나 친구들하고 만날 때는 진짜 편안한데, 낯선 분들, 불편하거나 안전하지 않다는 것은 아닌데 낯선 사람들이 많잖아요. 저는 첫날에는 발

표하지 않았어요. 낯설어서. 근데 그 낯섦을 극복해서 익숙해지는 데 하루 정도였어요. 어제부터는 괜찮았거든요. 그런데 선생님은 저보다 조금 더 내향적이어서 이런 낯선 사람들 사이에서 나의 공간을 만들어 내는 것, 이런 것들이 시간이 조금 더 오래 걸리시는 것 같아요. 지금 익숙하지 않다고 하시는 게, 이제 이 사람들을 많이 보면 익숙해지는 거잖아요.

코스모스: 그런데 모르는 사람이 있지는 않아요. 다들 동기라.

푸른바람: 그래서 더 힘드실 수도 있을 거 같아요. 동기시잖아요. 그러면 좀 어려울 수도 있을거 같아요. 선생님이 머뭇머뭇하시는 거에서 제 모습도 좀 보이거든요. 그러니까 선생님이 힘드실 거가 저는 좀 이해가 돼요. 저는 오히려 모르는 사람들이 있었기 때문에 더 내놓을 수 있지 않았나. 내가 자문자답 했을 때. 선생님은 동기시니까 조금 천천히 하셔도 돼요.

리더: 얘기 안 하고 싶으면 안 해도 돼요. 억지로 할 거 없어요.

코스모스: 제가 얘기하고 싶은 것은 이런 불안함과 그런 걸 어떻게 해야 하나. 새로운 것에 익숙해지면 조금씩 물들어 가는데 처음에 어떻게 해야 할지 잘 모르겠고, 또 사람들의 관계가 쉽지 않더라고요.

리더: 코스모스 님은 직장 생활을 안 해 봤어요? (아니요. 해 봤어요) 어디서? (처음에는 여행사에서 해 봤고, 그리고 보육교사요) 여행사에서는 많은 사람들을 안 만나요?

코스모스: 많이 만났어요. 근데 그게 또 업무적인 거라. 깊은 관계는 아니었던 것 같아요.

리더: 그런 식으로 따지면 남들은 5만 명 만났다는데 5만 명과 어떻게 다 깊은 관계가 돼요?

코스모스: 그러니까 제가 그런 스타일인가 봐요. 깊은 관계를 맺지 않고서는 사람하고 이야기하는 게 쉽지 않은 것 같아요.

들꽃: 근데 똑같은 거 같아요, 사실. 만나는 시간이 짧아서 그렇지 그 사

람하고도 어느 정도 관계가 형성되면 물어볼 수 있고 얘기할 수 있고 그런 거 같아요. 그런데 또 다르죠. 그 가면이 다르긴 한데 저는 그런 관계에서 떨리거나 불안하거나 그러진 않거든요.

코스모스: 저는 늘 똑같아요. 떨리고 불안하고.

리더: 왜 그렇게 자신이 없어요? 자신 없고 눈치 살피고 머뭇머뭇하고.

코스모스: 저 나름대로 열심히 살고 있는데 자꾸 눈치를 보게 돼요. 전 7시 30분에 출근하고 다른 사람들은 9시에 출근하니까 나름대로 떳떳해야 하는데 왜 눈치를 봐야 하나? 나름대로 열심히 하는데. 그러니까 제 스스로의 문제인 것 같아요.

하이디: 그걸 깰려고 하는 노력은 해 보셨어요? 어떤 노력이든지.

창: 저는 아까 코스모스 님의 처음 얘기 시작을 하실 때, '제가 귀가 얇아가지고 다른 사람들한테 말을….' 하시면서 여기서 멈추시고 뭘 얘기해야 할지를 모르겠어요. 그래서 그 중간의 말이 뭘까 궁금했어요. 다른 사람한테 말을 들었을 때 내가 귀가 얇아서 그 사람한테 휘둘린다는 얘기인건지, 아니면 그 사람이 한 말이 나한테 창이 되어 나를 꽂아서 내가 아플까 봐 말을 못한다는 얘기인건지 궁금했어요. 내가 흔들릴 것도 있고 그 사람 말에 상처받을 것 같은 두려움도 있어서?

코스모스: 네, 근데 그렇게 상처 준 사람도 없는데 어쨌든 그런 게 좀 있는 것 같아요. 배려라고 하는데 그 배려가 너무 과하지 않을까, 제가 할 수 없는 배려? 그런 느낌인데.

창: 배려를 받으셨을 때 이 사람이 하는 배려가 나한테 너무 과하다?

코스모스: 아니요. 제가 좋은 게 좋은 거라며 배려를 하는데 그걸 받아들인 건 저를 약간 이렇게 낮게 보는 그런 느낌도 있고.

들꽃: 아침에 출근을 일찍 하시잖아요. 그리고 9시 되었을 때 동료나 사람들이 오잖아요. 그때 어떤 기분이 들어요?

코스모스: 그냥 반가운데. (아까 눈치 보인다고 그러셨잖아요.) 아 눈치는 제가 스스로 보는 것 같아요.

창: 반가운데 눈치를 보시는 거예요?

코스모스: 그 사람한테 눈치를 보는 것이 아니라, 먼저 나오는 것에 대한 눈치? (일찍 퇴근이요?) 화요일에는 집단상담 때문에 먼저 나오는데 그땐 회의를 하고 있는 거예요. '먼저 갈게요.' 하는 게 좀 미안하더라고요.

들꽃: 어느 정도 좀 합의된 내용이 아닐까요?

코스모스: 그런데도 제가 미안하더라고요. 그런 마음이 좀 있는 것 같아요. (어떤 마음이요?) '미안하고, 피해 준다' 그런 느낌이요. 화요일하고 수요일은. 그런데 지금은 화요일에 안 나오잖아요. 그러니까 좀 괜찮고. 수요일만 4시에 나오잖아요. 그렇게 되면 제가 7시 30분에 안 가도 되잖아요. 일주일에 한 번 안 가도 되는데, 제가 쭉 가고 있는 거예요. 원장님이 힘들지 않겠냐고 물어보시면 괜찮다고 그런 식으로 하고. 자기 스스로가 힘들어 하는 가운데서도 그렇게 하는 게 힘든 거예요. 말을 못 하는 거요. 왜 그럴까. 왜 자꾸 떳떳하지 못하고 당당하지 못할까. 그런 생각이 드는데, 제 안에 뭔가 있어서 친구랑 얘기했을 때, 저희 엄마가 임신했을 때 가정형편이 좀 안 좋았대요. 그래서 아버지와 많이 싸우고 저를 낳기 싫어서 민간요법으로 아이를 지우려고 했다, 뭐 그런 걸 나이가 들어서 알면서 '그렇겠구나.' 했는데 유기불안 혹시 이런 게 있지 않을까 추측도 하고요. 그게 자꾸 이어지다 보니까 관계에서도 좋은 게 좋은 거라고 다 받아주는데 어떤 쪽에서는 제가 받아주는데 상대방은, 제가 거부할 때가 있잖아요. 제가 만사 오케이 했을 때 그런 느낌은 저는 힘들면서도 오케이 하는데, 상대방은 저에게 무리한 요구를 해서 오케이 안 할 때는 상대방은 이해가 안 간다는 식으로 그래서 친구랑도 좀 멀어진 상황이거든요. 항상 그럴 때마다 제가 먼저 미안하다, 지는 게 이기는 거라고 먼저 전화하고. 그런데 그렇게 자꾸 패턴이 이어지다 보니까 제 스스로가 억울한 면도 있고 답답한 면도 있

고. 지금은 그런 관계에 있는 친구가 한 명 있는데 저는 말을 안
하고 있는 상황이에요.

옹이: 본인이 일찍 나오기 위해서 일찍 가서 하신다고 했잖아요. 나는
남한테 배려를 과하게 하는데 다른 사람들이 나한테 해 주는 것
은 그렇지 못한 거 같은 느낌이 들었거든요. 그래서 연결해보니
까 '내가 굉장히 열심히 하는데 다른 사람들에게 그렇게 열심히
하는 거에 대해서 별로 인정을 못 받는다.'라는 생각을 하시나
요? (원장님은 알고 계시죠) 그럼 선생님이 먼저 일찍 가서 그렇
게 했던 어떤 눈치를 주는.

코스모스: 그런 일은 없는데 제가 가끔 같이 있는 데서 얘기해요. '내가
먼저 가서 많이 힘들지?' 그러면 '아니, 언니도 일찍 오는데.' 그
런 말을 듣고 싶어서 얘기를 하는 건지.

옹이: 그럼 인정받지 못한다는 생각이 들 때 조금 더 눈치를 본다든지,
이런 것들이 생기는 건가요?

코스모스: 그런 마음도 있는 것 같아요. 인정받고 싶은. 선생님 이야기
할 때 저랑 비슷한 면이 있는 거 같아서 얘기를 하려고 해도 어
떻게 이야기할까 하고 좀 망설여졌어요. 억울함도 있고 저에겐
복잡한 감정들이 있는 것 같아요.

창: 저는 가장 최근에 했던 아르바이트가, 학교를 다니면서 했기 때
문에 4시에 퇴근해야만 했었거든요. 알바 자리 제안이 왔을 때
'난 무조건 월, 수는 4시에 퇴근을 해야 해. 그거 아니면 할 수가
없어.' 그랬기 때문에 계약서상에 월, 수는 4시에 퇴근을 한다는
걸. 그리고 팀의 보스가 사실은 오버타임 워크를 굉장히 좋아하
는 사람임에도 불구하고 월, 수에 대해서는 태클을 안 걸게끔 사
전에 해 놓고 나오니까 나올 때 당당히 나올 수 있었거든요. 선
생님의 경우에 그 부분에 대해서 혹시 내가 일찍 가서 그들은 회
의도 하고 있고 한데 나만 쏙 빠져나오는 것에 대한 불편한 마음
이 있다 하면, 원장님은 아시는데 같이 일하는 선생님들은 공식

적으로 모르실 수도 있다는 생각이 들었거든요. 원장님하고 나하고는 합의가 되었는데 다른 선생님들이 보거나 그럴 땐 '왜 특권이야, 안다고 일찍 가.' 이런 마음이 들까 하는 불편한 마음이 있을 것 같은 거예요. 좀 공식화해서 그 부분에 대해서 나는 '이번에는'이라는 걸 해놓으면 그 부분에 있어서 크게 불편함은 없지 않을까 하는데, 그거 혹시 그렇게는 해 보셨어요?

코스모스: 회의 때 이야기를 했는데…. 그러면서도 선생님들한테 인정을 못 받는다는 그런 느낌이 있는 것 같아요. '먼저 갈게.' 하면 '괜찮아요.' 그렇게 얘기를 하더라도 '선생님은 일찍 오니까 가도 돼요.' 이런 식으로 얘기해 주면 좋은데 안 해 주니까 그런 느낌이 있어서 그런가?

창: '네, 가세요.' 그러면 인정 못 받는 것 같고, '일찍 왔으니까 가세요.' 그러면 인정해 주는 것 같으신 거예요?

코스모스: 그럼 제가 피해를 안 주는 것 같은 느낌? 제가 불편함을 안 주는 것 같은 느낌?

들꽃: 지금 유치원에서 출근 관련해서 쭉 얘기를 듣고 계시잖아요. 그런데 이 얘기들이 내가 간지러운 곳을 긁어주는 얘기인가요? 내가 정말 하고 싶은 얘기는 딴 것인가요. (공식화하라는 얘기는) 앞에서 출근 얘기로 이슈화 돼서 여러 이야기를 해 주셨잖아요. 이런 얘기는 내가 정말 하고 싶은 얘기들인지 이들이 물어봐서 내가 응답만 하고 있는 건지.

코스모스: 제가 처음에 얘기했던 게 새로운 환경, 새로운 것을 배우는 것에 대한 불안함과 두려움이 있다고 했잖아요. 그것에 대해서는 제가 요구하는 그런 것은 아닌 거 같은데, 어쨌든 앞뒤 맥락이 없이, 설명 없이 하다 보니까 겉도는 느낌이 있는 거 같아요. 제가 가장 힘든 건 그런 거 같아요. 새로운 환경에서 내가 왜 이렇게 주변인처럼 느껴지는지? 그런 거 있잖아요. 내가 뭘 내가 하겠다 하면 달려들어서 해야 하는데 안 하고 싶은 느낌? 그러다

가 억지로 등 떠밀어서 해야 된다는 그런 느낌? 하긴 하는데 그게 마음이 가려고 하면 마음을 잡기까지 길어요, 저한테는. 그게 좀 힘든 거죠. 한 번에 '그래, 해 보자. 별거 아닌데.' 하면 저도 좋은데 이게 안 되니까. 계속 '할까, 말까.' 최근에 그것도 있어요. 집단상담을 하면서도 제가 리더를 해야 하는데 그게 너무 쉽지 않더라고요. 어쨌든 대학생 집단 아이들을 이끌어야 되고, 말을 끄집어내는 게 쉽지 않더라고요.

햇살: 어떤 어려움이 있으셨어요? 집단할 때?

코스모스: 저처럼 말을 안 하더라고요. 집단에서도 저처럼.

햇살: 아, 코스모스 님이 얘기 안 하는 것처럼 집단원들이 말을 안 하는 게 어려우셨어요?

코스모스: 서로 주고받고. 그래서 항상 저랑 같이 하는 리더한테 얘기하는 게 '왜 얘기가 안 나올까.' 저도 말을 잘 못하는데도 불구하고 거기서는 어쩔 수 없이 리더니까 이야기를 해야 하잖아요. 그러니까 그게 좀 힘들더라고요. '왜 안 나올까.' 그게 나 같은 성향의 아이들이 많다 보니까 아마 나오기가 쉽지 않았을 거고, 준비되어있지 않았을 거라고 이야기를 하면서도 저는 조금 힘들더라고요.

들꽃: 그럼 어떻게 보면 그렇게 말을 해야 하고 뭔가를 해야 할 상황인데 하지 못하고 있는 학생들을 보셨잖아요. 그 사람들을 보면서 어떤 생각이 드셨어요?

코스모스: 저 같더라고요. (나 같다) 네. 그러면서도 어떻게 끌어내야 할지 답답하기도 하고.

들꽃: 그걸 인지 관련된 거니까 그런 모습을 보면서 속으로 어떤 말을 했을까요? (침묵) 뭔가 해야 하는데 끝까지 하지 못하는 걸로 보이고, 머뭇거리고 있고?

코스모스: 아예 안 하더라고요. 저는 하고 싶은데 어떻게 해야 할지 모르는 상황인데, 그 친구들은 다른 거 같은 느낌? 나중에는 중반쯤

가다 보니까 그들도 이야기를 하고 싶어 하는데, 저처럼 못했다. 그런 느낌을 받았던 거죠. (나처럼 못했다가 조금 명료하지 않은 느낌?) 이야기를 어떻게 해야 할지 잘 몰랐다는 느낌?

푸른하늘: 코스모스 님이 리더 할 때 그러신 거예요? 리더가 두 분이셨잖아요. 코스모스 님이 할 때는 그 느낌대로 말을 안 했고, 다른 리더가 할 때는 말을 했고 이런 건지, 아니면 전체적으로 집단의 분위기가 그런 건지.

코스모스: 그래서 자꾸 같이 있는 친구한테 이야기를 하다보면, 원래 그런 성향들이라고 해요. 저희가 MBTI를 했잖아요. 약간 IS 쪽 그런 쪽이니까 그렇게 갈 수 있다, 그리고 리더도 끌어내기 쉽지 않다. 그러니까 저 같은 유형의 사람들이 보이면 쉽지 않은 거 같아요.

푸른하늘: 그 얘기를 듣고도 불편하시고 계속 힘드셨어요?

코스모스: 네. 계속 힘들었고, 그것에 대해서 계속 물어봤죠.

리더: 여기 누가 짝이에요? 같이 (저요) 그러면 평화 님이 얘기하면 애들이 잘 얘기했어요? 코스모스 님이 할 때는 잘 안 되었고?

평화: 일단 저는 코스모스 님이 생각하는 그런 느낌은 아니었어요. 집단원들이 이야기를 하면 아직은 하고 싶지 않나보다. (불편하지 않으셨다는 얘기셨어요?) 네, 불편하지 않았었거든요.

코스모스: 그래서 계속 물어봤어요. '내가 뭘 잘못 알고 있는 거니? 너는 어떠니?' 원래 집단은 처음에는.

리더: 지금 이야기가 겉돌아요. 다들 호소 문제를 이야기하는데 명확하질 않아요. '내가 무엇이 힘들다. 내가 무엇이 어렵다.' 지금 코스모스 님은 석사 학위까지 받은 분인데 내가 하고 싶은 이야기를 분명하게 해야 하는데, 너무 크게 잡아서 그러나? 도대체 무엇이 불편하고 무엇이 힘들다는 것인지 잘 모르겠어요. 불편하고 힘든 걸 얘길 안 하려고 하니까. '나는 왜 불편하고 힘든 걸 얘기하기 싫은 걸까? 누군가가 얘기했지? 안전하지 않다고 느끼

나? 내 얘기를 별로 안하고 싶다.' 그거 다 좋아요. 차라리 '이번에는 어쩐지 제 얘기를 안 하고 싶어요. 제가 많은 사람 앞에서 저의 어려움을 얘기하는 게 준비가 안 되어 있나 봐요.' 차라리 이렇게 이야기하는 게 좋지요. 그렇게 해야지. 애매모호하잖아요. 무엇이 그렇다는 건지. 계약을 하고 들어갔는데 왜 미안해야 해요? 원장이 그렇게 하라고 허락해 줬잖아요. 그래서 내가 쇼핑하러 일찍 나오는 게 아니라 원장이 공부하라고 허락해 줘서 일찍 나왔는데 그게 왜 미안해야 해요? 별로 얘기할 게 없어서 끼우고 붙여서 그런 얘기를 하니까 듣는 사람들이 막 힘든 거예요.

호기심: 제 개인적인 느낌은요. 코스모스 님이 무엇이 불편하고, 무엇이 힘든지에 대해서 자신이 잘 못 느끼시는 거 같아요. 그러니까 다른 사람들의 얘기에는 공감을 하지만, 모두 다 어떻게 보면 나의 모습들이 다 있잖아요. 근데 본인에 대해서 느끼는 그런 감정이 그걸 모르셔서, 그걸 말을 안 하는 게 아니라 내가 뭘 느끼는지를 잘 못 느끼시는 거 같은 그런 생각이 들어요.

평화: 저는 푸른바람 님 말씀대로 모르는 사람들이었으면 더 편하게 이야기할 수 있지 않았을까?

리더: 삶의 태도가 여러 가지인데 차라리 '제가 모르는 사람 앞에선 자유롭게 얘기할 수 있는데 지금은 뭔가 준비가 안 되어 있어서 제가 뭐가 불편한지 말하기가 좀 싫어요.'라든가. 그런 게 좀 명확한 표현 아닐까요? 상담자가 좀 명확해야 하잖아요. 우리가 상담적 트레이닝을 하는 것인데, 내담자가 상담자가 무엇을 말하는지 헷갈린다 그러면 그다음에 오겠어요? 무엇을 말하는지 내담자가 정확하게 파악하게 말을 해야지.

어그: 첫날 평화 님이 제 옆에서 말씀하셨어요. 차라리 저같이 처음 오는 사람이면 이야기할 수 있을 거 같다고 살짝 얘기를 하셨어요.

리더: 그것도 맞는 말이에요. 다시 안 볼 사람이면 마음껏 이야기를 하겠지만 다시 만나야 될 거고 말하면 '쟤가 싫다.' 이럴 수도 있는 거고. 아니면 '익숙한 사람들 앞에서 있으니까 내가 뭘 모르는지 잘 모르겠다.' 이렇게 하면 차라리.

평화: 제가 받은 느낌은 '싫다.' 이것보다도 집단상담 얘기를 해서 다 하고 싶은데 사실 그 당사자인 제가 있잖아요. 그러니까 저를 배려한다고 말을 자꾸 돌리고 이러는 느낌이었거든요. (아니요) 그거 아니었어요? 제 생각에. (그거 아니고)

햇살: 할까 말까 그런 스타일에 젖어 있는 것 같아요. 이 말을 할까 말까, 그러면 행동으로 옮기기가 굉장히 어려운 면이 되는 거거든요.

들꽃: 저는 이야기를 들었으면 좋겠어요. 어느 정도 피드백이 나왔으니까.

코스모스: 사실은 뭘 해야 할지 모르겠어요. 집단상담에서 제 안에 있는 걸 동기들은 알고 있는데 꺼내야 되는 건지, 아니면 내가 지금 정말 불편한 게 그거라고 생각했거든요. 내가 자꾸 새로운 곳에 가서 쭈뼛쭈뼛하는 느낌? 그런데 저는 쭈뼛거리는 게 아니라 상황을 보는 거거든요. 어떻게 껴야 될지 모르고.

창: 저 궁금한 게 있는데요. 일을 벌리기는 내가 벌리잖아요. 누가 하라고 해서 벌리는 게 아니잖아요. 새로운 세상에 이미 들어와 있는데 내가 적응을 못하는 게 문제라고 하시는 거 같거든요. 그러면 세상에 누가 날 넣어 놓은 게 아닌데. (적응 못 하지는 않는데 적응을 하려고 하는 그런 상황이 너무 오래 걸린다는 거죠. 그게 나한테는 있다는 말인데 그게 뭘까)

나무: 제가 1학년 학생들을 주로 봐요. 대학교 1학년. 고등학교 때는 시키는 공부만 잘해요. 근데 대학교에 오면 세상이 달라지거든요. 새로운 세상은 이미 열렸어요. 근데 자기 확신이 없는 거에요. 친구들이랑 밥을 먹으러 가도 먹고 싶은 거 먹으면 되지, 이

건 우리 생각이고 약간 심리적으로 단단하지 않으면 뭐 하나 하는 거 되게 작은 것이 자기 확신이 없으면 주저하게 되고 힘들어 지는데, 머리는 크니까 별거 아닌 거 아는데 잘 못하는 거예요. 그런데 아까 선생님 말씀대로 '잘 모르시나 보다.' 이렇게 주변사람들이 느껴지죠. 잘 모르냐고 물어보면 잘 모를 만한 상황이 아니니까 모르지 않는다고 대답은 하는데, 자기 확신이 아주 사소한 거에도 없는 거예요. 자기가 주관적으로 주도적으로, 자율적으로 뭘 해 본 경험이 많지 않으면. 나는 자기 확신이 없는데 남들은 이해가 가지 않는 거예요. 그게 왜 알고 모르고의 문제야? 하지만 그래 보여요.

들꽃: 저는 어떤 생각이 드냐면, 뭔가 이야기가 안 나오니까 몇몇 분이 얘기하는 게 이럴 거야 예상하고 해석하고 추측한 얘기들이 막 나오거든요. 실제 본인 얘기가 안 나오고 있는 느낌이에요.

어그: 저는 첫날 들었던 느낌이, 선생님이 뭔가 상황이 주어졌을 때 이것을 완벽하게 해야 된다고 항상 피드백을 받았을 수 있을 거 같아요. 여기서 예를 들면, 그 상황에서 이걸 선택하기도 그렇고, 저걸 선택하기도 그러니까 중간쯤에 서서 '이럴까, 저럴까.' 하는, 이것을 선택해도 평가적으로 비난이 올 거고, 저걸 선택해도 또 평가적으로 비난이 오니까 차라리 그때 살짝 빠져서 그냥 지켜보자라는 느낌이 들었어요. 유치원 상황에서도 그거 '아침에도 일찍 나오고, 회의도 참석하고 나의 퍼펙트한 모습을 보여야 사람들이 뭐라고 안 할 거야, 평가가 좋을 거야.'라고 생각을 한 상황에서 그걸 못했을 때 죄책감을 안 느끼면 되는데 그것도 느끼고 그렇다고 그걸 할 수도 없고, 항상 중간에 서있으니까. 그것을 수용을 하면서 받아들이든지, 욕을 하면서 '나는 원래 그래 내 인생을 살 테다.'라든지 그 액션을 할 때 조금 더 지지적 압력이 있어야 하지 않을까? 그런 느낌이었어요.

리더: 맞게 얘기해 주신 거 같아요. 코스모스 님은 많은 지지와 격려가

필요한 사람이에요. 주변에서 무조건적인 지지를 해 주고, 그래서 자신감이 회복될 수 있게.

코스모스: 제가 살면서 결정을 했기 때문에 결정을 못하지는 않은데 상황을 보니까 선생님 이야기에 공감이 가는 게 두 가지 상황에서 결정을 늘 했던 거 같아요. 사람들하고 어울리면서 이런 게 쉽지 않았던 삶이.

리더: 형제가 몇 명이에요? (언니하고 남동생) 엄마는 누구랑 살아요? (엄마는 혼자 살아요) 그럼 언니하고 남동생하고는 교류가 없어요? (남동생하고는 친하다가 지금은 연락을 안 하더라고요) 그럼 내가 하면 되잖아. (저한테 삐져가지고) 언니는? (언니랑은 연락해요. 언니랑은 편하지는 않은 거 같아요. 사이는 좋아졌어요. 언니가 깍쟁이 같아서) 형제들은 있었으나 나한테 그렇게 지지적이지는 않았고. (각자의 삶을 살았던 거 같아요) 아버지는? (제가 스무 살 때 돌아가셨어요) 그럼 스무 살 전까지 모든 게 형성되는 시기인데, 뭔가 이렇게 핵심되는 이야기를 잘 못해. 일부러 안 하는 건지, 원래 못 하는 건지. 일부러 안 하는 것이면 차라리 좋겠고, 원래 못하는 거면 적응하는 데 어려움이 많지요. (그래서 제가 자꾸 눈치를 보게 되나 봐요.) 머리가 나쁜 사람도 아닌데 왜 상황파악이 잘 안 될까? (제가 S 성향이라 감각으로 다 익혀야 되는데 경험이 많지가 않으니까) 지금 이런 말도 내 질문에 대한 올바른 답이 아닌 거예요. 물론 질문에 정답이 없는 질문들을 하지만, 이게 핵심 되는 말을 잘 못해요. 그래서 이게 뭘까? 성장하면서 분위기 파악을 안 해도 되는 가정에서 살았나? 왜 그럴까? 그리고 가족이 아버지가 빨리 돌아가시고 그랬으면 대체로는 가족이 똘똘 뭉쳐서 가족애를 발휘하는데 왜 그 집은 그런 게 없었을까요. 동생이 힘든 상황이면 언니가 챙겨주고 그래야지 무엇 때문에 사이는 나빴을까? 동생은 무엇 때문에 삐질 일이 있을까? 많은 것들이 분명하지 않고 애매모호

해요. 그러니까 늘 엉거주춤하고요. 이것도 아니고, 저것도 아니고. 그럼 대인관계가 힘들죠. 쟤는 도대체 색깔이 뭘까? 쟤는 왜 맨날 자기 의견을 얘기 못할까? 이야기하더라도 쟤는 왜 맨날 눈치를 볼까? 옆에 있는 사람도 힘들 수 있어요. 무엇이 그렇게 두려워요? 두려움이 많은 사람이에요. 상황을 살피고.

눈치를 많이 살피면 사람들이 나의 그런 것을 악용해요. 착한 사람들은 안 그러는데, 사람들 마음속이 악한 점이 발견되면 자꾸 그런 걸 악용하는 거죠. 그러면 이유 없이 나를 괜히 따돌릴 수도 있고 그런 것 가지고. 내가 당당하게 세상과 맞서지를 못하는 거예요. 그리고 이런 데서 왜 당당하게 내 얘기를 못하는 거예요. 다시 보면 어떻고, 안 보면 어때요. (침묵) 그게 내가 볼 때 코스모스 님의 핵심이에요. 별칭도 애매모호하고 저 멀리 있는 코스모스, 나와 동떨어져 있는, 현실적이지 않는. 현실과 접촉을 안 하잖아요, 지금. 상황과 접촉을 안 해. 터치가 일어나야 거기서부터 뭔가 시작되는 거 아닌가요? 문제해결도 시작되고. 접촉이 안 되니까 문제도 뭔지 모르겠고, 해결책도 모호하게 나오고 겉돌다 마는 거죠.

옹이: 저는 감정과 사고를 혼돈하신다는 생각이 들었어요. 자기 감정을 잘 수용을 못하신다는 생각. 아까 같은 경우도 어린이집으로 복직할 때 사실 원장으로 있다가 직원으로 들어가는 거잖아요. 그럼 되게 속상할 거 같은데 그 속상함을 얘기하기보다는 '감사하죠.' 이렇게 얘기를 했을 때 그 감사가 감정이 아니고 생각이지 않았을까? 지금 계속 헷갈리는 게 자기가 갖고 있는 감정을 수용하기보다는 머릿속에 있는 생각으로 감정을 억압하고 있다는 생각이 들어요.

리더: 자기의 모습을 보려하지 않아요. 옳은 지적이죠. '제가 어린이집 운영을 못해서 남의 집에 가야 하는데 제 처지가 너무 한심한 거예요.' 그런 말이 좀 더 진솔한 거죠. 그리고 나서 '제가 생각을

정리하고 보니 감사한 일이더라고요.' 그러면 수용이 되지만. 그런 말을 다 빼고 감사하다고 하니까 '정말 표피적이다' '이야기가 겉돈다' 그런 말을 하는 거죠. 예를 들면, '제가 운영능력이 없어서 그런 걸 못하고 제 자신이 비참하고 한심해요.' 그러면 정말 다 그래요. 공감이 가죠. 그런 걸 얘기하는 게 무엇이 두려울까요? 그런 걸 마주보는 게 굉장히 두려운 것 같아요.

들꽃: 방금 코스모스 님께서 '제 상황을 아시잖아요.' 라고 나지막이 얘기해 주셨잖아요. 그 상황을 아는 게, 여기서 아는 집단원이 있고 모르는 집단원이 있잖아요. 그 부분을 좀 더 명확하게 해 주세요.

코스모스: REBT 집단에서 좀 얘기했을 때, 어린이집 운영이 안 돼서 아이가 한 명 있을 때 굉장히 힘들었거든요. 그런데도 어떻게든 될 거라는 생각으로 했는데 안 되었어요. 그래서 거의 집도 안 나가는 상황이 되고, 0원으로 나와야 되는 상황이 되다 보니까 내가 능력이 안 되고 그거는 둘째 치고, 빨리빨리 어린이집 처리해야겠다는 생각으로 급급했거든요. 그런 상황이다 보니까 어린이집 나가고 처리하는 상황에서 저는 월세금이라도.

리더: 다른 사람들이 하는 말이 다 뭐냐면요, 이 장이라는 게 어렵게 만들어진 장이잖아요. 그리고 여기서는 시간과 비용을 들여왔으니까 내 심리적 힘든 어려움을 해결해 가야지 하는 그런 의지들이 있잖아요. 그런데 코스모스 님은 그런 게 없는 거 같다는 거예요. 왜 여기 와서 자기 어려움을 이야기하고 사람들에게 지지도 받고, 내가 잘못 생각하는 게 있으면 지적도 받고 그럴 의지가 있어야 하는데 그냥 모든 게 다 무섭고 두려워. 그래서 여기서 얘기를 못하는 거 같아요. 그런 게 사람들은 안타까운 거지. 굳이 꼭 얘기를 안 해도 되는데 그런 당신의 태도가 보인다. 그게 또 일상에서도 나오는 걸 거라고. 아마 장이 만들어졌음에도 기회를 잘 이용하지 못하는, 활용하지 못하는 그런 패턴이 있

는 것을 코스모스 님이 보기를 원하는 거예요. 밖에 나가서도 코스모스 님은 자신의 문제를 정면돌파해서 해결하는 능력이 없겠다, 그런 판단이 들어서 리더로서 안타까울 뿐이에요. 또 '나는 여기 온 사람들이 모든 문제를 끄집어내야 한다.'라는 비합리적 신념이 있어요. 모든 사람이 어느 정도 도움을 받고 가야 한다는 것도 잘못된 생각이고 한두 사람 정도는 이럴 수도 있다, 이게 우리 인생이잖아요. 우리 인생이 항상 명확한 것은 아니니까 그렇게 하고 넘어갈 수밖에 없다는 게 나의 판단이에요. 푸른바람 님은 뭔가 할 얘기가 있는 거 같아요.

푸른바람: 어떤 상황 속에 가면 젖어드는데 개인차가 전부 있잖아요. 그러면 처음에 들어갈 때부터 민낯으로 만나는 게 진솔성이라는 이름으로 그게 젤 바람직하다고 할 수 있는데, 근데 처음에는 집단원이라는 그런 역할적인 면에서 출발을 하잖아요. 근데 다 개인차가 있어서 쉽게 물속으로 쏙 들어가서 젖어서 막 풀어내는 사람도 있지만, 좀 늦게 들어가시는 분들도 있잖아요. 또 완전 들어가서 수영을 해야 정답도 아니고 그런데 코스모스 님이 좀 힘드실 건데, 직면이 너무 강하니까.

리더: 내가 직면을 너무 세게 했나? (모두 웃음)

코스모스: 리더 님 말이 맞는 거 같아요. 안전하지 못하다는 느낌이어서 그런 거 같아요.

푸른바람: 저는 개인적으로는 이런 민낯의 집단은 처음인데 진짜 집단다운 집단은 처음인 거 같아요. 리더께서 인지적으로 바로바로 직면을 해 주시니까 저는 좋아요. 이런 경험을 언제 해 보겠어? 너무 시원하고. 처음엔 버틸까? 어떨까? 되게 조심스러웠거든요. 그렇지만 직면을 저는 받으면서 따라들어갔는데 코스모스 님 상황이 조금 더 이해가 되는 거 같아요. 제 안에 코스모스 님의 모습이 좀 있다 보니.

리더: 그래요. 그러니까 리더의 비합리적 신념은, 모든 사람은 이 시간

을 통해서 도움을 받아야 한다, 그거죠. 그래서 내가 비합리적 신념을 철회한다 했잖아요. (모두 웃음) 사람마다 준비도가 다르기 때문에 수용하는 것도 다르지만 안타까운 거지요.

하이디: 코스모스 님이 처음에 문제를 내놓으실 때 관계의 어려움을 내놓으셨잖아요. 저는 코스모스 님을 잘 몰라요. 가까이에서 이야기를 해 본 적이 없기 때문에. 그렇지만 어찌 보면 2박 3일의 여기도 관계의 장면이고 관계의 환경이잖아요. 그런 것들을 통해서는 느낌이 어떠셨는지 한번 여쭈어 보고 싶어요. 새로운 관계가 주는. 코스모스 님이 여기서 어떤 모습이었는지. 아까 여러분들이 말씀해 주셨지만, 주도성의 문제라든지, 리더십의 문제라든지, 자기 확신의 문제라든지 다 공감을 하셨잖아요. 그러면 이것을 3일 동안 경험하면서 정리하셨을 때 본인을 어떤 모습으로 생각을 하시는지.

코스모스: 저를 다 이야기를 못했음에도 불구하고 몇몇하고 이야기를 했을 때 어떤 거는 저랑 맞는 부분도 있고, 그렇지 않은 부분도 있고 그래요. 저랑 맞는 부분은 '그래, 내가 저 모습이다.'라고 받아들일 수도 있고, '저건 내 모습이 아닌데?' 그래도 내가 그만큼 보여 주지 않았으니까 또 이야기를 하게 되고. 지금은 적극적으로 하려 해도 어떻게 해야 할지 모르는 난감한 그런 느낌? '이야기를 더 해야 하나?' 아니면… 그런 마음이죠.

푸른하늘: 대학생들이랑 집단상담을 했을 때 집단원들이 내가 원하는 대로 얘기가 빨리 안 나오고 그러면 답답하다고 하셨잖아요. 제가 코스모스 님을 볼 때 그런 마음이 살짝 좀 들었던 게, 안전하지 않다는 것은 동기들이 있어서 안전하지 않다는 건가요?

코스모스: 동기들만 있는 건 아니잖아요. 여기 분위기가 이야기를 더 깊숙이 내놓으면. (불편하세요?) 그렇게까지는. 지금 저는 힘든 게 그거거든요. 환경에서 왜 그렇게 쭈뼛거릴까를 찾으려고 했는데.

하이디: 찾으려고는 하는데 나서지는 않는다는 느낌인 거예요, 저는.

햇살: 자기 개방이 어려우신 거 같아요. 저는 질문을 하고 싶지가 않은 거예요. 너무 힘들어하셔서.

창: 얘기하면 다칠까 봐 그래요? (그런 건 아니고)

들꽃: 집단원 모습이 제가 보기엔 계속 뭔가 큐가 안 나오니까 계속 '이래요? 이런가요?' 이렇게 하고 있는 상황이에요. 스스로 이 상황이 되게 혼란스러울 거 같아요.

코스모스: 저는 제일 불편한 게 그거거든요. 진짜. (집중되는 거)

호기심: 여기 있는 사람들이 선생님을 바라봤을 때 되게 답답하고 힘들어 하는 모습이 보여지지 않아요? 저는 그렇게 보여지거든요. 그런데 선생님한테 물어봤을 때 '전혀 힘들지 않아요. 불편하지 않아요.' 계속 그렇게 얘기를 하시는데, 저는 느낌이 굉장히 힘들어 보이고 불편해 보이고 답답해 보이고 그러는데….

코스모스: 제가 원하는 답이 안 나오니까 어떻게 해야 할지….

창: 큐가 없어서 원하는 답을 주기가 쉽지 않아요.

들꽃: 약간 스피드 퀴즈처럼 느껴져요. 다음, 다음, 다음. (모두 웃음)

어그: 남자친구들이 힘든 게 '뭐 먹을래?' '아무거나.' 한식집 들어가도 화내고, 중식집 들어가도 화내고. 그래서 '뭐 먹을래?' 그러면 '몰라 아무거나.' 이 느낌?

길따라: 그럼 저는 이 시점에서 '더 안 하고 넘어가면, 혹시 불편하세요?' 라고 여쭤 보고 싶었어요.

햇살: 마무리 하고 싶으세요? 아니면 더 얘기하고 싶으세요?

코스모스: 마무리할게요.

리더: 우리들의 원함은 코스모스 님이 정말 환경하고 제대로 접촉하고 환경을 제대로 보고 마주하고 그렇게 기능하면서 살기를 원한다, 이런 뜻으로 이해하면 될 거 같아요. 애매모호한 이런 걸 우리가 뭐라고 해요? 내 것도 아니고 네 것도 아닌 내 안에 들어와서 소화되지 않은 나를 너무나 힘들어 하는, 융합의 상태, 게슈탈트로 말하면. 본인의 삶도 그럴 거 같은 거죠. 여기서 보이는

게 본인의 패턴이잖아요. 이걸 코스모스 님이 보고 삶 속에서 적용할 수 있다면 이번 집단에 참여한 의미가 있을 것 같아요.

⚹ REBT 집단상담: 마지막 날 오후

■ REBT 집단상담: 평화

리더: 오전에 좀 찜찜해요. 볼일을 보고 뒤처리를 안 한 느낌. 그냥 넘어가는데 코스모스 님, 맨날 이런 식으로 넘어가면 자기성장이 안 될 거예요. 코스모스 님 뭔가 반전이 일어나야 하는데 반전이 안 일어나요. 그건 본인 몫이에요. 그다음에 자신의 이야기 아직 못하신 분 말씀하세요. 평화 님이 끝인가요?

평화: 더 하시고 싶으신 분이 있을 수 있으니까.

리더: 평화 님이 해야지. 마지막까지 기다렸어요.

평화: 제가 무슨 얘기를 할까 어제까지도 많이 생각하고 사실 첫날은 할 얘기가 많았어요. 그때 제 안에 역동이 일어나서 제가 비합리적 신념을 찾았어요. 원래 많은데 지금 생각나는 것은, 제가 원래 징크스를 안 믿는데 징크스가 생겼어요. 짝수 해는 안 좋았어요. 이제 20××년이잖아요. 그걸 좀 말씀드려 볼까 하고. 남편이 아팠는데 진단받은 게 뇌동맥 한쪽이 폐쇄가 됐다, 선천적일 수도 있고 후천적일 수도 있는데 그때 딱 생각하기엔 많이 놀랐었거든요. 딱 10년 전 30대 중반 제 처지도 불쌍하고 남편 처지도 불쌍하고 처음에 눈이 돌아가고 축 늘어지고 같이 술 마시던 친구가 연락을 해서 응급실로 갔어요. 그때 받은 진단이 너무 스트레스 상황이니까. 주변에 모세혈관들이 잘 공급을 못해서 그런 거다, 평생 사는데 삶의 중간에 또 이런 일이 생긴다면 인공으로 혈관을 수술을 해야 한다고 그러더라고요. 그때 힘들었는

데 남편이 아프니까 남편도 30대 중반이었으니까 젊은 나이에 아파서 그것 때문에 힘들었어요. 그러다가 20××년에 남편이 암 선고를 받았어요. 제 처지가 좀 그런가 봐요. 그때 갑상선암을 초기에 발견했는데 남편 성격이 제어가 안 되는 거예요. 자기가 불쌍해서 그런지 모르겠지만 제어가 안 돼서 정말 난폭해지더라고요. 사실은 지금 생각하면 그때 난폭함이 제일 힘들었던 거 같아요. 그렇게 지냈는데 20××년에 대장암이 걸린 거예요.

리더: 아이고! 저런!

평화: 스트레스 워낙 잘 받는 스타일이라서… 그때 그래도 살 만한 게, 두 번째 암이라고 제가 의연하더라고요. 그러다가 20××년도에 건강하시던 아빠가 갑자기 돌아가신 거예요.

리더: 정말이에요? 처음 들었네요.

평화: 지금 징크스라 해야 될지 어떨지 모르겠지만 20××년에 대학원에 입학을 했어요.

리더: 좋았잖아요.

평화: 나쁜 일이 없었네. 근데 이제 20××년이 되니까 두렵더라고요.

리더: 20××년에 나쁜 일이 없었던 것처럼 20××년에 아무 일이 없을 거야. 근데 대장암 걸린 건 회복됐어요?

평화: 계속 세 가지를 관리해야 하니까.

리더: 관리하는 중이구나, 아휴 야, 평화 님 마음에 평화가 와야 되는데 얼마나 힘드셨어요. 그럼 지금 생계는 어떻게 꾸려 가요?

평화: 남편이 수입 있는 일은 거의 못하고 어떻게 꾸려 가는지 생각이 잘 안 나는데 그때는 애들이 어렸을 때니까 초등학교, 중학교 그때는 밥 먹는 거밖에 들어가는 게 없었으니까 학원 보내고 이런 것도 아니고. 그러게요, 어떻게 살았을까요?

리더: 그때 남편이 뭐 한다고 그러지 않았나요? 음식점인가?

평화: 그거 망했잖아요.

리더: 아 망했어요?

평화: 20××년 12월, 아 8월 9월 그것도 나쁜 건가?

리더: 아니에요, 왜 자꾸 징크스를 만들어. (모두들)

평화: 그때 너무너무 하고 싶다고, 저희 정말 이혼 위기까지는 아니지만 마음만 먹으면 제 마음은 '이혼해, 말아.' 그런 상황이었는데 그럴 때는 사람이 되게 난폭해지거든요. 그런데 제가 공부를 하면서 '아, 남자들은 우울하거나 그러면 분노로 온다고 해서 그런가?' 3개월 만에 망했어요.

리더: 그래서 실제로 손해를 많이 봤어요?

평화: 저희가 투자를 많이 한 게 아니라 저희 손해는 1,000만 원 정도.

리더: 회생할 수 없는 것이 망한 거지 1,000만 원 정도는 조금 손해 봤다. 1억, 2억 정도 이런 게 망한 거지.

평화: 그런데 감사한 것은 그 일을 하며 손해를 보고 나서 남편이 조금 성장했어요.

리더: 그러니까 지금 힘든 것은 20××년 짝수 해에 나쁜 일이 오지 않을까 해서? 에휴, REBT 상담하는 우리가 징크스에 이렇게 매달리면 되겠어요? 징크스는 자기가 나쁘다고 믿으면 나빠요. 그렇지 않을 거라 믿으면 좋아요, 징크스는. 왜? 과학적 사고가 아니니까. 그게 두려운 거예요? 20××년에 나쁜 일이 있을까 봐?

평화: 그게 대비는 하고 있어야 하지 않을까….

리더: 마음의 준비는 하고 있고 평화 씨가 43세인가.

평화: 46세요.

리더: 46세까지 살아왔는데 이제부터 우리 집의 책임은 내가 진다. 마음의 준비를 하세요.

평화: 남편이 그런 다음부터 제가 그 마음이 들어간 거 같아요.

리더: 책임지고, 남편에게 큰일만 치르지 않으면… 글쎄 남편한테 기대해도 좋을까요?

평화: 그걸 잘 모르겠어요.

리더: 기대하지 말고요.

평화: 남편이 아프고 그러니까 남편한테 하고 싶은 말을 잘 못할 때가 많이 있어요. 그게 제일 비합리적 신념인 거 같아요.

리더: 하고 싶은 말을 하면 무엇이 좋을까요?

평화: 아픈 사람한테.

리더: 이건 합리적 신념 같아. (웃음) 아픈 사람한테 그런 말 해가지고 뭐가 좋겠어요? 자기 몸도 추스르기 힘든 사람한테 막 해대가지고 부부관계가 좋아지겠어요? 그 사람 병이 좋아지겠어요? 그냥 내가 속상한 걸 풀어내는 수준이잖아. 아니면 내가 요구를 했을 때 받아줄 수 있는 상황인가요?

평화: 받아줄 수 있는 상황? 이제 뭐, 음식점을 하면서 손해 본 이후로는 성장을 좀 해서 제가 지레짐작으로 안 하는 거 같아요.
아, 음식점 하면서 성장은 한 거 같은데 제 사고는 10년 전으로 머물러 있다는 생각이 들어요.

리더: 그럼 내가 힘든 건, 남편이 아프다는 이유로 내가 해야 될 얘기를 못하는 게 힘든 거예요?

평화: 네.

리더: 남편이 내가 말 안 하면 모를까요?

평화: 모르더라고요.

리더: 그러면 이야기를 하되 공격적으로 하지 말고 부드럽게 얼마든지 할 수 있지요. 어떤 말을 하고 싶어요?

평화: 채널 돌리지 말라고 하고 싶어요.

리더: 그러면 그전에는 그런 말 안 했어요? '이거 보고 있는데 같이 좀 재미있게 봐요.' 얘기해 주면 안 될까?

평화: 될 거 같아요.

리더: 그럼 그렇게 해요. 남편이 나를 돌보고 함께 해 주고 남편이 돈도 벌어다 주면 좋겠지만 아프기만 하고 내가 남편을 돌봐야 하는 상황이네요. 아무래도 스트레스에 취약한 사람이 병에 걸리는 것일 거예요. 그렇다면 돌봐야 하는 대상이라고 생각을 하세

요. 그야말로 아들… 그걸 불행하다고 여기지 말라는 거지요. 내가 사랑하는 남편이 나를 돌봐야 하는데 내가 그를 돌봐야 하는 상황이 불행한 것이 아니라고 생각을 하는 거지요.

평화: 아니에요. 제가 REBT 수업 계속하면서 그건 이제.

리더: 그게 자기 십자가잖아요. 내가 좋아서 했든 안 좋아서 했든 맺어졌잖아요. 그 사람이 아주 못된 사람이 아니라면 함께 길을 가야 되는데 이 사람은 병중에 있어 그럼 어떻게 해요, 내가 돌봐야지.

평화: 어제 여러분들이 남편 얘기를 하면서 떠난다는 게 저는 남편이 떠난다 그러면 죽음? 회피는 하고 있지만 두려움.

리더: 지금 어떤 상황인 거예요? 초기에 발견한 거예요?

평화: 계속 추적검사를 하고 있는 중입니다.

리더: 신경을 많이 써줘야 되겠네요.

평화: 말을 안 들어요. 술 마시고 들어오고.

리더: 남편이 인생 스트레스가 많나 보네요. 돈이 잘 안 벌리는 거 그런 말을 남편하고 이야기해 보세요. 상담실에서 하지만 말고.

평화: 그 부분에 대해서 얘기했어요. 음식점 하기 전에 그런 얘기하더라고요. 자기가 일이 너무 안 풀리니까 너무 억울하고 자살생각도 한다. 그런 얘길 했죠. 그게 다가 아니라고 거기에 너무 책임감을 갖지 말라고 가장으로서.

리더: 돈 많이 벌고 건강 나빠 죽으면 뭐해요. 사람 있고 돈 있지, 돈 있고 사람 있는 거 아니잖아요.

평화: 근데 제 생각엔 그 사람은 그게 우선순위가 아닌 거 같아요. '내가 즐겁게 놀면 돼. 술을 마시건 뭐하건 즐겁게 놀기만 하자. 짧게 살다 가지만 즐겁게 살다 가면 돼.' 이런 식으로.

리더: 그럴 때 뭐라고 그래요?

평화: 저도 오래 됐잖아요. 처음엔 식이요법하다 뭐하다 자기 먹고 싶은 거 먹다 간다고, 지금은 속으로는 '그래, 명대로 살다가 가겠지.'

리더: 겉으로 '나는 당신이 좀 오래 살았으면 좋겠어.' 이렇게 말해 봤어요?

평화: 했죠. 그런데 이렇게도 오래 살 수 있다고 그래요.

리더: 책임감이 부족하네요.

평화: 그런 말은 못 해봤어요.

리더: 그런 말을 하면 충격 받을까 봐, 그런 말도 못하면 무슨 말을 하고 살아요.

평화: 신혼 초에 제가 그런 말 했다가 실어증에 걸려 가지고.

리더: 독특한 인생사다, 그 사람도. 그럼 어떡해. 그냥 수용해야겠다.

평화: 그런데 이게 비합리적 생각인가 해서.

리더: 아니에요. 그런 말이 영양가로 작용을 하는 게 아니라 충격으로 작용을 하면 안 하는 게 낫겠지요.

평화: 아까 말씀드린 것처럼 그 사람도 그때와 다를 수도 있는데 20년 전이니까.

리더: 상황과 사람이 바뀌었으니 말해보세요. '난 아직도 당신을 사랑한다. 우리 애들에게도 당신이 필요하고 당신이 없으면 당신의 빈 자리를 채울 사람이 없다. 우리에 대한 책임으로 건강관리를 해 줄 수 없느냐.' 이런 말을 화내면서 명령하듯이 하지 말고 부드럽고 유머스럽게 그렇게 해보세요. 그게 트라우마 걸릴 말이야, 그래서 그 사람이 안 듣는 거 같아도 듣는다 했잖아요. 나는 속으로 이 여자가 귀찮아만 하는 줄 알았는데 나를 끔찍이 여기는 부분이 있었네. 그러면 그 사람이 자기를 돌보게 하는 행동을 하게 만들 수 있지 않을까요? 어때요. 평화 님.

평화: 해봐야 될 거 같아요.

리더: 그때 그 트라우마 때문에 남편에게 해야 할 말을 잘 못하고 산 거 같아요?

평화: 그때 그 말이 다르다는 거.

리더: 그리고 진심으로 내 마음을, 부부는 이심전심이 안 돼요? 마음이

통하는 게 있잖아요. 내가 자기를 끔찍하게 사랑하고 있다는 거 마음으로 알지 않을까요?

평화: 살아 있다는 게 고마워요.

리더: 평화 님이 지금 준비하는 거잖아요. 내가 벌어서도 충분히 먹고 살아. 우리가 기대에 충족이 안 되었을 때 문제가 되는 거지만 기대가 없을 때 문제가 안 되지. 결혼을 안 하고도 사는데 나는 아이들을 둘이나 얻었고 전문직 여성으로서 꼭 남편이 돈 벌어 오는 걸로 먹고 살아야 한다는 법이 어딨어요? 그쵸? 여러분들 좀 도와줘요.

들꽃: 저희 친누나가 결혼한 지는 첫째 아이가 중학교 2학년 됐거든 요. 15살인가요. 결혼한 지 15년 만에 매형이 죽은 거예요. 술을 너무 많이 먹어서 급성 간경화가 와서 새벽에 죽은 거예요. 누 나는 매형한테 술을 좀 그만 먹으라고 했는데 어느 날 마음을 팍 끊어버린 사건이 있었어요. 끊은 게 매형이 외도를 한 거예요. 외도를 한 순간 그런데 남편이 잠자리를 하자고 했는데 그게 안 되잖아요. 상처가 있으니 술을 마시든지 말든지 마음을 내려 놓 으니 막상 매형이 죽어버리니까 이 사람에게 못해 준 것들에 대 한 후회, 아쉬움, 그런 게 너무 많이 남아 있는 거 같아요. 근데 평화 님은 모든 걸 대신 해 주는 거 같아서 그런 부분은 아무리 큰일이 일어나더라도 그런 마음이 덜하실 거 같다는 생각이 들 었고요.

리더: 인지적으로 해석하면 '우리 남편이 건강도 해야 하고 돈도 잘 벌 어오면 좋겠지만 내가 남편을 돌봐야 하고 애들을 살펴야 하는 데 그런 것이 내 인생에 꽝이 아니다.'라고 생각하면 되지 않을 까요? 이것은 내가 져야 할 십자가고 내가 몸이 건강하고 지금 내가 공부를 하고 생계를 책임질 수 있는 준비를 하고 언젠가 그 렇게 될 것이고 나에게 다이아몬드 같은 아이가 두 명이 있고 그 런 이유로 존재의 이유가 충분하지 않아요? 그러니까 포기할 건

포기하고 '내가 우리 가정을 잘 꾸려야 되겠다.' 생각하고 그러한 상황이 참 비참하다 생각하면 한없이 비참하니까 그런 생각하지 말고 그래도 하나님이 나에게 이런 지적인 능력을 주셨고 성경에 쉬지 말고 기도하고 범사에 감사하고 남편이 빵빵 잘나가고 놀고먹어도 될 정도로 돈도 벌어다 주면 나는 쇼핑이나 하고 좋지만 그러한 상황에 처해있는 사람도 막상 자신이 그런 상황에 있으면 좋아하는 것 같지 않아요.

평화: 성질내면 좋아하지 않아요.

리더: 그러면 성질내면 내버려둬요. 아파서 그러는 거야. 아프고 자격지심 때문에 자기가 아빠나 남편의 역할을 못 하니까 외롭고, 저게 나를 또 공부한답시고 잘난 척하고 다니나 그러면 끓어오르고 그러면 성질로 나오는 거죠. 예나 지금이나 공부하는 여자들 집에 가면 더 쩔쩔매는 거 알아요. 성공한 여자 학자들이 집에 가면 누가 밖에서 잘났다고 이러냐 그런 소리 안 들으려고.

평화: 제가 '이래서 이러면 어쩔 거 같아요.' 했더니 한번은 '가르치나?'라고 했어요.

리더: 자기는 아프고 가장의 역할을 못하고 마누라는 똑똑하고 잘나서 막 공부하러 다니고 뭘 좀 아는 소릴 하면 약간 기분 나쁠 수 있죠. 왜냐하면 허약한 상태에 있으니까 그걸 같이 부딪치면 안 돼요. '내가 약간 그런 경향이 있지, 몰랐어?' 유머를 하거나 자꾸 유머를 개발해야 돼요. 그리고 웃기고 한바탕 넘어가면 되잖아. 그렇지 않아요?

평화: 맞는 말씀인 거 같아요.

리더: 어제도 그저께도 말하지 않았나요. 아우슈비츠 수용소에서 살아남은 사람의 두 가지 특징, 유머가 많았고 신앙심 깊었다고. 여러분, 1988년 아카데미 외국어 영화상을 받은 이탈리아의 〈인생은 아름다워〉라는 영화가 있어요. 거기에 고도의 승화된 유머가 무엇인지 보여 주잖아요. 그래서 다행히 우리 평화 님은 그런

걸 수용하고 자기한테 그런 상황능력의 조절능력이 있는 거 같아요. 얼마나 감사한 일인가요. 뭔가 아픔이 있는 거 같은데 아픔 속에 함몰되어 있지 않는 거야. 너무 고맙게 생각해요, 인지적으로 힘을 주신 것도 고마운 거지. 애들은 몇 살이죠?

평화: 중3, 고3이요.

리더: 아이들 많이 키워 놨잖아. 남편 없이 아이들하고만 살아도 돼요. 그래, 안 그래?

평화: 남편이 불쌍하잖아요.

리더: 아니 그니까 이제.

평화: 혼자되는 거보다 남편에게 나쁜 일이 일어나지 않을까?

리더: 암이 3기 이런 거 죽는 거죠, 예를 들면.

평화: 엄마도 계시고.

리더: 엄마도 계시잖아요. 미리 대비해서 그런 일이 있더라도 나는 잘 겪어낼 수 있다. 우리 엄마가 나한테 이런다. '나이가 많으니 어차피 가는 거 아니니.' 죽음을 위해서 우리 인생이 그런 일이 올 수도 있는 거지, 오더라도 잘 겪어내고 지금 46살이지 33살에 그런 일을 안 겪는 게 얼마나 다행인지. 애들 다 컸고 아빠가 필요할 때도 아니고 남편이 불쌍해서 그렇지 혹시 그런 일이 일어났더라도 잘 견뎌 낼 수 있는 힘을 달라고 기도해야죠. 인간이라는 게 참 나도 늘 두려워요. 우리 어머니 아버지가 연로하시니까 언젠가는 겪을 텐데 어쩌지 하는 두려움이 있어요. 그래요, 실존적 두려움이잖아요. 영원히 살 수 없으니까 살아있는 동안 더 잘해 주고 성질내도 유머로 더 잘해 줘요.

평화: 어제, 오늘 느낀 게 그거였어요. 내가 노력이 좀 부족했구나.

리더: 하여튼 무조건 잘해 줘요. 남편 얘기까지 할 시간이 안 되지만 그 이도 성장과정에 결핍이 있었겠지요.

평화: 있어요.

리더: 그러니까 별말도 아닌 데서 그런 거잖아요. 평화 님이 엄마처럼

잘해줘 봐요.

평화: 이 사람이 진심으로 신뢰하는 거예요. 그전에는 안 했었거든요.

리더: 그런 경험을 해본 사람이 상담도 더 잘해요.

평화: 그 부분은 감사해요.

리더: 상담필드가 맨날 자기 인생이 잘 풀려가고 즐겁고 해피하게 산 사람이 무슨 상담이 잘되겠어요? 인생이 다 해피한 줄로만 아는데. 빵이 없다고 그러면 '왜 라면은 안 끓여먹니?' 이런 얘기나 하는데 잘되겠어요? 인생은 있잖아요, 절반은 실패예요. 그래서 작가 이경자 씨의 소설인 〈절반의 실패〉도 있어요.

푸른바람: 왜 날 쳐다봐? 나 안 봤어.

네. (웃음) 저도 비슷하거든요. 저도 경제적인 부분은 제가 해왔고 하고 있어요. 그런데 평화 님은 억울함은 별로 없으시죠?

평화: 네.

푸른바람: 저는 가장역할 하는 것에 대한, 좀 뭐라고 할까 '그래, 대단해. 잘하고 있어.' 그런 느낌도 있으면서 내적 에너지가 약해지면 그 부분이 아킬레스건처럼 '약간 불행한가?' 이런 생각이 드는데 저는 억울함이 강했었고요. 지금은 많이 털어내고 그런 걸 보면 평화 님은 괜찮다 생각을 했어요.

들꽃: 저희 누나가 아이가 셋이거든요. 초1, 초2, 중2. 아빠가 필요하고 엄마도 돈을 많이 벌어야 하는데 아무것도 없이 매형이 어느 날 갑자기 죽은 거예요. 지금 가족들이 눈에 보일 수 있는 시간이 있잖아요. 상대적으로 자원을 많이 가지고 계신 거 같아요.

평화: 맞아요. 그런 부분을 잊고 있었더라는 거.

햇살: 말씀 안 하시면 잘 몰라요. 유머러스하고 센스도 있으시고.

푸른하늘: 굉장히 열심히 살아요.

들꽃: 사람 만나면 '하이.' 이러면서 에너지도 전환시켜 주고.

평화: 살아 있음에 감사하고.

리더: 기본적으로 평화 님이 능력이 있는 사람이지요. 다른 사람 기대

는 것보다 내가 나를 믿을 수 있고 내 주도하에 자기 삶을 끌어
가는 거니까 지금 공부방 해요?

평화: 지금 강사일 하고 남편이 취직했어요.

리더: 좋은 사인이네요. 좋은 일을 즐기지 못하고 짝수 해에 나쁜 일이
생기면 어떻게 하나.

천리향: 짝수 일에 어떤 나쁜 일이 일어날 거라 생각하세요?

평화: 예측을 못하겠어요. 제가 뭔가를 보고 생각을 하고 있어야 안 일
어날 거 같고.

천리향: 아… 대비하는 거.

리더: 대비하는 건 좋은데 걱정하는 건 안 좋아요. 예수님이 말씀하시
길 대비는 하지만 걱정은 하지 말라 했어요. 내일 일은 내일 걱
정하라고. 왜 사서 걱정해.

평화: 20××년에 대비를 해서 그러니까 무사히 넘어간 거 같아요.

들꽃: 20××년에 좋은 일 있지 않아요?

평화: ….

들꽃: 실제로 예상되는 좋은 일, 졸업하시잖아요. 석사 졸업 좋은 일이
잖아요.

천리향: REBT 전문가 자격증도 따고.

리더: 그럼.

푸른하늘: 졸업하면 일이 더 많아질 거예요.

평화: 졸업하면 서운해서.

리더: 만나면 되잖아요. 수요 스터디 모임을 하면 되지. 어차피 일주일
에 한 번 만나는 인생인데 뭐.

평화: 맞아요. 좋은 일이 많네요.

리더: 학위를 따면 일이 많고. 전문가 자격증 따면 확실한 기회가 오
죠. 학교를 안 나오면 좋지 않나.

천리향: 며칠 안 나오고 집에 있으니까 부글부글 끓고 동기들 보고 싶고,
동기들 중독인가 싶기도 하고요. 오면 속상한 걸 형제처럼 누군

가에게 말 못하는 걸 공감 받고, 차 마시고 해 주니까 보고 싶기
도 해요.

푸른하늘: 끈끈하죠.

천리향: 네.

푸른하늘: 5학기가 되니까 '졸업을 하는구나. 졸업하면 못 보는구나.'
그런.

햇살: 오랜만에 졸업하고 오면 너무 좋아요.

천리향: 졸업하면 ××분회가 있으니까.

햇살: 특강할 때도 오고.

리더: 졸업생을 위한 우리가 하는 모든 걸 초대 안 해도 자연스럽게 초
대하는 거니까 무슨 소리만 들리기만 하면 다 오세요. 원래 모교
를 영어로는 알마마타(Alma mater)라고 해요. 전능하신 어머니
라는 뜻이에요. 엄마 품이 얼마나 따뜻하고 좋아, 자신이 졸업한
학교가 그런 상징적인 의미가 있어요. 졸업하는 학교와 가까이
지내는 게 좋아요.

리더: 이 분은 졸업한 학교에 취직까지 했잖아요. 금상첨화지, 평화
님, 좀 정리돼요?

평화: 예, 많은 걸 얻은 제가 미처 생각 못했던 숨겨있는 자원들을 말
씀해 주신 게 힘이 돼요. 지금은 제가 남편한테 더 많이 노력을
안 해서 하고 싶어요. 너무 감사해요.

리더: 평화 님은 남편을 사랑해요?

평화: 예, 제가 적극적인 구애로.

리더: 사랑한다는 말을 잘 안 해요?

평화: 사랑한다고는 이모티콘으로. 남편도 표현을 잘 안 하는데 이모
티콘을 잘하더라고요.

천리향: 저는 20××년에는 졸업하고 활동을 하면 경제적으로 좋아질 수
도 있잖아요. 마음의 대비도 하고 경제적으로도.

푸른하늘: 부지런해요. 저는 보면서 본받아야 한다는 생각을 하는데 딱

생각하고 있으면 바로 행동으로 해요.

햇살: 진짜 솔선수범해요.

리더: 살림도 잘할 거 같아.

햇살: 제가 간사하는데 따로 연락해서 도와줄 거 없냐고 그게 아니고
　　　찾아서 열심히 해요.

평화: 진짜 게을러요.

리더: 누구나 게으르죠.

들꽃: 인턴십 하면 놓치는 거 있으면 다 챙겨주세요.

천리향: 전체적으로 잘 챙겨요.

햇살: 그러는 게 다 보이시는 거죠.

리더: 하여튼 이제 준비는 하되 걱정하지 말고 20××년.

푸른하늘: 저는 오히려 선생님이 짝수일 때 징크스라고 하는데, 저는 아
　　　홉수네요.

집단원들: (모두들 웃음)

나무: 저는 작년에 사주 봤어요. 20××년에 봤는데 변동이나 이동수
　　　가 없어서 안정적이라고 생각하면 안정적이고 변화가 필요한 사
　　　람들한테는 돌파구가 없고 내가 편안하게 느끼는 사람한테는 지
　　　속되고 해석을 그렇게 하는 거죠. 변동이라는 거에는 편안한 사
　　　람은 그냥 변동이 있으면 깨지는 거지만 도전을 하고 싶은 사람
　　　은 변동이라는 것이 양면인 거죠. 도약이 될 수도 있고 도전이
　　　될 수도 있고 해석을 그렇게 하는 거라 해서 작년에는 변동수가
　　　없어서 시집을 못 간 거예요. (모두들 웃음) 변동을 한다고 하
　　　면 좋죠. (모두들 웃음)

리더: 그래요. 너무 근거 없는 불안에 시달리지 않았으면 좋겠어요. 정
　　　말 근거가 없어요.

평화: 지금 이제 괜찮을 거 같아요.

리더: 그리고 졸업하고 좋아진다니까요.

푸른하늘: 저희 평화 님께서는 걱정 안 하셔도 돼요. 저는 좋거든요. 저

는 평화 님 믿어요, 충분히.

천리향: 저도 믿어요.

리더: 여기 와서 만난 거지 다들.

천리향: 네.

푸른하늘: 네.

옹이: 저는 평화 님이 아까 남편분이 짧지만 내가 좋아한 거 맘대로 하다가 짧게라도 나중에 좋다 했을 때 마음이 팍 아팠어요. 그럼 나는? 평화 님은 자기가 노력해야지 하는 예쁜 마음을 갖고 있잖아요. 남편을 위해서. 그런데 남편은 아내의 입장을 헤아려 주지 못하는 거 같아서 마음이 아팠어요. 한번은 아내 입장을 생각해 볼 수 있도록 사랑해서 조금이라도 오래 있어줬으면 좋겠는데… 남편이 아내 입장을 생각할 수 있도록 얘기를 했으면 좋겠다, 이런 정도 얘기는 해서 마음이 통하는 그런 부분이 있었으면 좋겠어요. 희생하는 노력 말고 남편과 마음이 통하는 노력도 필요할 거 같다는 생각이 들어요.

들꽃: 그러면서도 말한 대로 노력은 아까 하신다고 하시니 내가 이 사람에게 이모티콘 하트 보내면 이 사람도 작은 이모티콘으로 보내오는 모습이 작은 거지만 피드백 오는 모습이 그런 말씀하신 것이 되어가는 과정 아닐까 생각해요.

리더: 그래요. 희망을 좀 갖고 오래 열심히 쓸데없는 불안에서 시달리지 말고 잘 살기 바라요. 오케이? 거의 한 바퀴 돌았는데 '나는 이 얘기를 하고 싶다?' 아님 저를 공격해도 좋아요. (모두들 웃음)

길따라: 저는 어제 제 얘기를 하고 동기 언니들이 남아서 얘기를 하고 가자며 상담이 끝나고 자리를 마련해서 얘기를 하고 갔는데요. 처음에는 REBT가 낯설고, '논박'하고 '직면'시키는 부분에서 처음 하는 REBT를 하며 소화를 해서 괜찮은데, 다른 분들은 어떠셨는지 그게 궁금했어요.

리더: 어제 그게 힘들었어요?

길따라: 힘들지 않고요. 뭔가 제가 제 나름대로 변명을 하고 싶다는 거. 리더 말씀이 힘들지 않았어요.

리더: 뭔가 상담이 생소했었나 봐요, 그러면?

길따라: 아. 예.

리더: 어떤 부분이?

길따라: 첫날부터 '힘들었겠구나.' 이런 거보다 이렇게 바로 그것에 대해 해결로 가는 분위기를 받아서 그런 부분이 낯설어서요.

리더: 그랬구나. 딴 분들 얘기 좀 해보세요.

들꽃: 여러 치료 도구가 있고 저는 심리극이라는 도구로 경험을 하는데 REBT 경험을 하잖아요. 오히려 그런 직면들이 짧은 시간에 자기 자신을 들여다보잖아요. 스스로에 대한 저항을 잘 들여다 보면 진짜 원했던 것이 무엇인지 뭐가 결핍돼서 그런 건지 명확하게 분별해 주는 느낌을 받았어요. 그 경험이 오히려 신선하게 다가왔던 거 같아요. 따뜻하고 공감하고 공감이 안 된 것도 아니고 오히려 따뜻한 느낌을 많이 받았어요. 공감과 직면을 명확하게 느꼈던 시간이었어요.

길따라: 제가 표현을 잘못했나 봐요. 들꽃 님 말씀하신 것처럼 저도 그렇게 느꼈거든요. 소화한 부분이 다들 그런 건지 그게 궁금했어요.

푸른바람: 저는 제가 둘째날 오면서, 지하철을 타고 오면서 나름 적응을 했잖아요. 이런 시간을 가지면 잔잔하고 반짝반짝 빛나고 한 번씩 휘저으며 수면에 한 번씩 올라오잖아요. 첫날 끝난 걸 정리해서 아 좋다하고 왔는데 더 깊이 하는 느낌을 받았어요. 그런데 힘들고 귀한 걸음을 딱 내딛을 수 있어서 그것이 리더의 강한 직면 효과인 거 같아요. 직면 순간을 만나기도 힘들잖아요. 상담에서 불꽃이 확확 터지는 느낌. 이 귀한 경험이 종착역이 가까워지나 보다 그런 느낌이 오늘 올 때부터 느껴졌어요.

푸른하늘: 저는 어제 리더께 피드백 받을 때 표정이 기억에 남아요. 뭔가

찾으려고 하는데 준비되지 않은 상태에서 저 아픈데 주사 놓는 듯한 느낌. 어 이게 무슨 주사지? 하고 느낀 그런 표정을 봤거든요. 그런데도 중간중간 뭔가 찾고 느끼시려고 하는 것이 좋아보였어요.

푸른바람: 그런데도 많이 힘들었어요. 제 강점이 인지적이잖아요. 아까 제 표현이 딱 맞아요. 화려한 불꽃이 터지는 거, 직면이 터지는 걸 보며 이런 집단을 또 언제 올까? 그리고 이 시간이 끝나가는구나.

리더: 아직도 많이 멀었어요.

푸른바람: 어제도 개방하시면서 교도소 얘기 나왔어요. 저는 '교도소' 하니까, 저 때는 약혼을 많이들 했어요. 저도 약혼을 하고 결혼식 날짜를 잡아왔는데 저희 고모가 돌아가셔서 신촌 세브란스에서 남편이 급하게 오다가 교통사고가 났어요. 그래서 합의가 안 돼서 구치소를 넘어갔다가 교도소까지 합의가 안 되는 상황이었어요. 저는 그때 그 남자는 갇혀 있고 결혼식은 다가오고 상황이 참 힘들었는데 나중에 시집와서 보니까 '결혼을 깨라, 여자가 좀 뭔가 안 맞나 보다.' 그런 얘기가 있었더라고요. 거기는 불교 집안이고 전통적인 사주 육갑 따지는 집안이라 제가 안 맞는다 하고 저를 비판적으로 평가하는 게 있었나 보죠. 그런데 남편이 다 막으면서 결혼이 진행되었던 거예요. 다 잊혀졌던 얘긴데 '교도소' 말을 딱 들으니 그쪽으로 기억이 떠오르면서 남편에 대한 마음이 돌아선 게.

들꽃: 그러면 이제 말씀하신 걸 들으면서, 그리고 아까 제일 처음에 스스로 개인마다 소화되는 속도가 다르지 않냐 얘기 들으면서 오히려 집단상담이라는 게 그 사람의 얘기로 그 주제와 관련된 것으로만 직선으로 달려가는 게 아니라 삶의 전반으로 연결될 수 있고 나눌 수 있겠다고 느꼈어요. 그것이 다양한 모습으로 펼쳐지다 보니 소화하는 속도도 개인마다 다를 수 있다는 생각이 들

었어요.

옹이: 저는 신랑 질투했던 마음을 누구한테도 털어놓을 수 없는 거예요. 창피해서 누구한테 말할 수 없는데 모르는 게 아니라 아는데 그런 마음이 들어서 어쩔 수가 없더라고요. 근데 남의 얘기를 듣기만 하는 거랑 내 얘기도 하고 듣는 거랑은 받아들이는 게 다르다는 생각을 했어요. 저를 비워내는 시간이 됐어요. 저희 신랑이 같이 차를 타고 오면서 묻더라고요. 뭐하러 가냐고. (웃음) 아주 쉽게 얘기를 해 줘야 되잖아요. '상담하는 사람들은 군더더기가 있으면 안 돼. 비워야 돼. 내 그릇을 비워야 다른 사람을 채울 수가 있지. 내 냄새가 나면 내 냄새가 나는 거지 그 사람 냄새가 나는 게 아니야. 그래서 비우러 가는 중이야.' 생각해 보니까 그 말이 맞더라고요. 이런 시간을 통해 가벼워지는 느낌 그런 생각이 들어서 좋았어요.

길따라: 저는 어제 고집 있다는 얘길 듣고 제가 고집이 있다는 걸 알았는데 손뼉도 맞아야 소리가 난다고 남편이 오면 뭘로 받아치는지 잘 모르겠더라고. 고집이 없다는 것이 뭔지 알겠더라고요. 남편이 한 번 하자고 하는데 그걸 왜 못 들어줬는지 그 부분에서 정도로 치면 도를 넘어서는 반응을 보였구나 그런 부분에선 알게 된 거 같아요.

창: 저는 이미 머릿속에 가서 한번 산소 가서 확 울고 와야지 이 몸이 안 움직이고 있는데 다리 하나만 건너면 되는데 이번 명절도 오고 하는데 날 잡고 가야겠다는 생각이… 많이 실천을 하고 좀 있으면 차도 바꿔야 하니까?

푸른하늘: 뜸 들이면 안 돼요.

창: 저번에 사고가 났었어요. 지난번 특강이 있던 날 차가 공장에 들어갔었는데 보험사에서 렌트를 소나타로 준 거예요. 와이에프 소나타를 준거예요.

푸른하늘: 너무 좋았어요?

창: 3일 다녔는데 좋은 거예요. 경차는 바닥이 내 몸으로 다 느껴졌는데 얘는 달려도 떠다니더라고요. 차 바꿔야 해요. 얘기 나오면 차를 확 바꾸고, 그전에 아빠한테 가서 말씀 드리고.

리더: 보통 집단에선 혼자 하게 내버려 두기도 해요. 5박 6일 집단상담 같은 데선 하기도 하죠.

여러분이 집단상담 체험이 많이 없네요. 제가 결코 세게 직면하는 사람이 아니에요. 여러분이 세게 하는 걸 못 가봐서 그러는데 진짜 세게 하는 사람은 정신이 번쩍 들게 할 거예요. 여러분은 어디 집단상담 해 봤어요? 하이디 님은요?

하이디: 저는 인간중심 티그룹은 좀 안정적으로 운영이 되긴 하는데 더 깊이 들어가요. 전 어제 그래서 제 것을 노출을 하면서 사실은 더 깊이 들어갈까 생각하고 여러 개의 가지들을 만들어 놓고 했는데 리더께서 안전하게 다뤄주신다는 느낌이 들었어요.

리더: 초심자들하고는 30시간 14명 다루기가 어려워요. 여러분이 학회에서 요구하는 시간 채웠다고 그만두지 말고 5박 6일 이런 데도 다녀도 좋아요. 새로운 체험들이 있었을 거예요. 집단상담 중독되면 여름, 겨울마다 다니기도 하는데 내가 결코 세게 직면 안 했는데 아주 최소로 했는데 이걸 세다하면 좀 더 체험이 필요하겠다는 생각이 들었어요.

🙈 REBT 집단상담: 집단원별 상담내용 정리

독자들의 이해를 돕기 위해 각 집단원별로 보이는 비합리적 생각과 이에 대해 논박의 과정에서 나타난 내용을 정리하면 다음과 같다.

옹이: "내 남편이 나의 친정식구들과 가깝다는 것을 내가 견디기 어렵

다."로 찾아냈다. 그녀는 남편은 자신이 원하는 대로 해 주어야 하고, 남편이 우리 가족, 특히 친정아버지에게 자기가 받을 수 없는 사랑을 받는 것이 질투가 나고 싫다고 하였다. 그녀는 자신이 가족의 평화에 기여해 주었는데 가족 내에서 자신을 알아봐 주는 사람이 없어 섭섭하다고 하였다. 집단과정이 진행되면서 옹이는 집에서 아버지가 외도하여 낳은 이복동생들과 함께 자라면서 가족의 평화에 대해서 기여를 했는데 결국 남편의 등장으로 인하여 자신의 존재가 인정받지 못하는 것을 힘들어하였다.

호기심: "나는 다른 사람들이 원하는 대로 해 주어야만 한다. 나는 엄마의 요구, 남편의 요구, 아이들의 요구를 다 들어주어야만 가치 있는 사람이다." 호기심은 자신의 주장을 적절하게 하면서 관계의 기술을 습득하지 못했다고 하였다. 호기심은 가치 있는 사람이라는 신념에 부합하는 삶을 살기 위해 주변 사람들, 특히 어머니와 남편의 잠자리 요구까지 본인의 의견과 상관없이 들어주면서 힘겨운 삶을 살아왔다. 호기심의 경우에는 지금까지 자신의 시각이 고정되어 있음을 깨닫고 있다. 그동안 부모의 관계에서도 아버지가 문제가 있어 어머니가 힘들어 하시는 줄 알았는데 실제로 어머니가 아버지를 힘들게 하는 요인이 있음을 알게 되었다고 고백하였다.

푸른하늘: "시어머니에게 인정과 사랑을 받아야만 한다."라는 비합리적 생각을 보이고 있다. 깊이 들어가면서 푸른하늘은 "내가 친정어머니에게 받지 못한 사랑을 시어머니에게 받아야 한다. 우리 어머니가 며느리에게 잘해 준 것처럼 시어머니도 내게 잘해 주어야만 한다." 등이다. 푸른하늘은 시어머니에게 사랑과 인정을 받아야겠다는 신념으로 끊임없이 뭔가를 해드리면서 그에 대한 반응이 없는 것을 호소하고 있다. 그녀는 논박의 과정을 통해 어머니 사랑의 대치물로서 시어머니의 사랑을 받고 싶어 하는 마음으로 끊임없이 무엇인가를 해왔고 그것에 대해 반응이 없음에

힘들어 하는 것을 시어머니의 독립적인 성격이 이를 거부하게 만드는 것이지 며느리를 사랑하지 않기 때문에 반응을 안 보이는 것은 아님을 알게 되었다.

푸른바람: "근사하고 좋은 것만을 남에게 표현해야 한다." "근사하지 않으면 남에게 버려질 것이다." 그녀는 타인에게 근사해 보여야 하기 때문에 남편의 외도, 가세의 몰락 등으로 이혼이 필요한 상황에서조차도 그에 대한 생각을 못한다고 토로하였다. 또한 상담의 상황에서도 늘 내담자의 정서를 잘 다루기 위해서는 때때로 주체할 수 없는 감정을 표현해서는 안 된다는 어려움을 호소하고 있다. 타인에게 근사해 보여야 하는 이슈 때문에 문제를 마음속에 끌어안고 있다가 해결의 실마리를 놓치면서 괴로워하고 있다. 푸른바람은 평소에 자신이 하는 일의 영향 때문에 정서적으로 자신을 드러내는 것을 삼가고 정리된 생각을 표현하고 있는 자신의 모습을 바로 보고 있다.

들꽃: "나는 사람을 100% 신뢰해야만 한다. 아내도 100% 신뢰할 수 없고, 이 여성도 원하는 것을 해 주지 않으면 나를 떠날 것이다."라는 비합리적 생각을 호소하고 있다. 과거의 사람들이 모두 다 나를 떠났기 때문에 지금 현재 나의 아내도 앞으로 만나는 사람들도 내가 그들의 마음에 들지 않으면 언젠가 나를 떠날 것이라는 비합리적 생각으로 늘 불안하다고 호소하고 있다. 과거의 사람들이 나를 떠났기 때문에 앞으로 만나는 사람들도 나를 떠날 것이라는 생각의 논리적 근거를 묻고 과거의 경험으로 내가 미래에 겪을 경험을 일반화하지 말 것과 그러한 생각이 집단원에게 전혀 도움이 되지 않음을 지적하고 있다.

창: "내 인생은 쓸모없고 허접하다."라는 비합리적 생각을 지니고 있다. 왜냐하면 어렸을 때부터 부모님은 동생인 아들만 챙겼고 하고 싶고 되고 싶은 것이 많은 내담자(집단원)에게는 지지보다는 "네 인생 네가 알아서 해라."는 말이 공포로 다가왔다. 한마디

로 남녀차별을 하는 가족구조 속에서 겪어내야 하는 어려움이었다. 그녀는 하고 싶고 되고 싶은 것이 많은 꿈이 많은 아이였음에도 부모의 지지가 없어서 늘 허기지고 슬퍼하면서 살아왔다고 하였다. 부모님은 "우리가 해 줄 능력이 안 되니까 네 인생 네 거니까 하려면 열심히 하고 안 하려면 말고 대학에 떨어지면 끝이다."라는 말씀이 늘 부담이었고 세상에 대한 두려움이었다고 말한다. 또한 직장에서도 자신이 원해서 그만둔 적이 없고 직장에서 그만두라고 해서 그만두었기 때문에 더욱 자신의 삶이 구차하고 허접하게 느껴진다고 하였다. 그럼에도 불구하고 그러한 신념에 굴하지 않았으며 자신의 결핍을 보완하기 위해 상담도 받았고 공부도 하게 되어 신념에 굴하지 않은 자신의 모습을 바로 보게 되었다.

길따라: "남편에 대해서 포기하고 남편을 돌봐 주어야만 하는 사람이다. 이런 남편과 사는 나는 비참하고 불행하다."는 생각을 탐색해 보면서 "남편과의 성적 관계는 사이가 좋을 때에 해야만 한다."는 비합리적 생각을 찾아내었다. 남편의 요구에 절대로 본인의 판단에 따라 응해 주지 않음으로써 부부관계가 더욱 악화되고 있었다. 남편은 미성숙한 특성으로 인해 고통당해 온 그간의 사정이 있으나 길따라도 그의 특성을 닮아 가면서 유사한 행동 양식으로 남편과 대응하면서 어려움을 많이 겪고 있었다. 그러므로 그러한 남편과 사는 자신이 비참하고 불행하다는 생각에서 벗어나서 그녀가 먼저 남편을 수용하고 남편의 요구에 응해 준다면 그녀를 힘들게 하는 남편이 변화가 될 것이라는 점을 상기시키고 있다.

나무: "내가 원하는 결혼을 하지 못해서 불행하다. 내 인생은 꽝이다."라는 비합리적 생각을 보이고 있다. 결혼을 하고는 싶으나 마음의 준비는 덜 되었다는 생각이 드는데 나이를 먹어 가는 것이 불안하다. 결국 그녀는 자신이 갖고 있지 않은 것에 치우쳐서 정

작 자신이 갖고 있는 것을 못 보고 있다는 비합리적 생각을 깨달았다. 자신이 홀로 서서 삶이 더 풍요로울 수 있다는 것을 못보고 있다는 것을 깨닫게 된다. 그녀의 나이대에 이루어져야 하는 결혼이라는 발달과업을 아직 이루지 못하는 것에서 오는 정서적 불편감을 현재 상황이 주는 반대 급부를 직시하면서 자신의 비참함에서 벗어나고 있다.

코스모스: "나의 이야기를 분명하게 표현하면 사람들이 나를 싫어할까봐 표현하지 못한다."라는 비합리적 생각을 이야기하고 있다. 그래서 새로운 곳에서 늘 당당하지 못하고 쭈뼛쭈뼛했음을 고백하고 있다. 자신이 처한 상황과 현실을 있는 그대로 바로 보는 것을 상당히 두려워한 나머지 세상과 진실한 접촉이 없는 듯이 보인다. 두려움의 기저에는 자신감이 없고 타인의 인정이나 지지를 충분히 받아본 경험이 없는 듯이 보인다. 그럴수록 세상과 당당하게 맞서고 그런 후에 뿌듯함을 느껴 보도록 지지하고 있다.

평화: "짝수 해가 오는 것이 두렵다."고 하면서 안 좋은 일들이 짝수 해에 일어났다고 토로하고 있다. 이것은 대표적인 징크스적인 생각으로 짝수 해에 나쁜 일이 몇 번 일어났다고 하여 그것은 과학적 근거가 없는 생각임을 바로 보도록 하였다. 그러한 신념들은 인간을 파괴적으로 몰고 가기 때문에 거기에 함몰되기보다 인간의 삶은 새로운 희망 속에 존재한다는 신념을 상기시키고 있다.

3. 집단의 종결단계

집단상담의 참여자 14명이 모두 자신의 호소문제를 이야기하고 이에 따른 탐색과 논박을 통한 해결과정 등을 마친 다음에 약 1시간 정도는 본 과정의 총정리를 하는 시간을 갖는다. 총정리는 본 집단에 참여한 소감과 이에 대한 피드백 그리고 집단원들 각자 여전히 남아 있는 어려움, 해결된 어려움을 유지·지속하기 위해 필요한 과제 등을 나누고 총정리를 한다. 집단상담에서 종결의 과정은 이를 통해 전체가 마무리되는 경험이므로 이때 본 집단상담에서 배운 점 등이 나오고 다른 집단원의 소감을 통해 본인들도 새롭게 배우고 깨닫는 점을 확인하게 하는 중요한 시간이다.

🧑‍🤝‍🧑 REBT 집단상담 마지막 부분: 소감 나누기

리더: 이제 우리 마지막을 장식할 시간인데, 마지막에 무엇을 다루면 좋을까요? 앞으로 나의 다짐. 여러분이 이번 3일 동안 분명히 뭔가 새롭게 알게 된 것, 체크한 것, 통찰, 이런 거 분명히 있겠죠? 그런 것들을 이야기하시고, 이런 것들을 내가 유지하기 위해서 앞으로 어떤 노력을 할 것인지, 그런 이야기를 하면서 오늘 정리할 시간을 가졌으면 합니다.

하이디: 저부터 하겠습니다. 저는 자녀 문제에 대한 이야기인데요. 저의 아들이 청소년기를 보내면서 청소년 시절에 건강하게 자연스럽게 이행할 수 있는 발달과업을 멋지게 드러내지 못한 것에 대한 그런 깊은 죄책감이 있었던 것 같아요. 그런데 그런 죄책감을 들여다보지 않고 그것의 원인이 저희 남편과의 문제 때문에 발생한 것이라는 탓을 두면서 그것을 벗어나려고 했던 그런 마음이 있지 않았을까 하는 생각을 이번 집단 안에서 다시 한번 통찰할 수 있었습니다. 그리고 그 이면에는 제가 아이들이 어린 과정에서 상담을 계속 공부해 오고 또 학위 과정을 마치고 이렇게 하면

서 자잘하게 엄마가 양육해 줘야 하는 시기의 적절한 기회들을 온전하게 부여해 주지 못했다는 것에 대한 죄책감이 공포로 표현되지 않았나라는 생각을 쭉 했던 것 같아요. 근데 어제 리더께서 피드백을 해 주시고 여러 선생님께서 저한테 해 주신 피드백을 종합해 보면서 이것이 내 남편의 문제도 아니고, 우리 아이의 문제도 아니고 저의 문제도 아니고, 지금까지 살아온 것이 결코 나쁜 삶이 아니었기 때문에 앞으로도 살면서 제가 노력해 오고 또 열심히 살려고 하고, 아이들에 대해서도 건강하게 조망하려 하고, 이런 채널들을 좀 더 긍정적으로 시야를 확보하면서 살아가야 되겠다 생각했어요. 그래서 원인을 자꾸 그때 있었던 그 상황에 연결고리를 지어가지고 구성원을 힘들게 하는 삶을 살지 않아야 되겠다. 그것이 나에게 어떤 건강하고 합리적인 삶의 방법이겠다. 이런 생각들을 해 보았던 것 같습니다.

리더: 그러면 제가 리더로서 도움을 드리고 싶은 거는, 내가 일을 안하고 애한테 매달렸으면 애가 내가 원하는 것으로 되느냐, 그거는 아주 모르는 거죠. 안 될 수도 있는 거죠. 결국 역사의 가정은 없듯이 개인의 삶에도 걸어가지 않은 길에 대해 아쉬워하고 더군다나 죄책감을 가지고 이런다는 게 우리 삶에 하나도 도움이 안 된다. 이제부터 죄책감으로부터 졸업했으면 좋겠어요.

창: 저는 계속 듣는 말 중에 '급하다. 말을 너무 빨리 하려 한다. 바로 뭔가 나오길 바란다. 보다 좀 천천히 가면 좋겠다.'인데요. 아빠가 돌아가셨을 때 그 감정에 머무르지 못하고 빨리 감정을 확 전환했던 것도 제가 가지고 있던 특질상의 문제인 건지 힘든 상황을 빨리 끝내 버리고 다른 일을 했던 것을 충분히 머물러야 후회가 없겠다고 생각해 보았고, 충분히 머물러야겠다고 생각했어요.

리더: 창 님은 뭘 많이 하려고 하는데 잘 안 돼. 단계를 밟아서 체계적으로 꾸준히 하는 연습이 필요한 거 같아요. 욕심이 많나봐요.

이것도 하고 저것도 하는데 그게 돼요? 제한된 시간과 에너지 속에서 잘 안 되지. 그러니까 너무 많이 다양하게 이것저것 하려니 잘 안 돼. 하나를 잡아서 꾸준히 체계적으로 가는 습관을 좀 들여야 돼요. 해남에 가면 '녹우당'이라는 곳이 있어요. 고산 윤선도가 쓴 어부사시사의 원본이 남아있더라고요. 그걸 보고 늘 가슴에 새길 때가 있어요. 내가 빨리 가려 할 때, 한꺼번에 무슨 일을 대충대충 하려 할 때 늘 그것을 떠올려요. 그 사람이 그 옛날에 이런 불도 없을 때 촛불을 켜놓고 그 글을 한 자 한 자 꼬박꼬박 쓴 거예요, 그래서 그게 작품이 되어서 우리에게 남아 있는 거죠. 한꺼번에 뭔가 큰 것을 왕창 하려고 하면 나오려 하지 않죠. 그러니까 우리가 그런 특성도 국민적으로 있는 것 같아요. 한꺼번에 뭔가 빨리 이루었잖아요. 그것이 우리의 DNA 속에 담겨 있어서 단계를 밟지 않고 뭔가를 후다닥 해치우려고 하는 거, 그거에서 제동을 걸고 천천히 뭔가를 하려고 하는 거. 세월호 사건과 같은 것도 결국 우리가 단계를 밟아서 체계적으로 성장을 했으면 그런 일은 결코 생기지 않는 일이에요. 단계를 밟지 않고 차근차근 가지 않으면 꼭 어디에선가 걸리게 되어 있어요. 걸림돌을 만나게 되어요. 여러분이 차분히 단계를 밟아 정도를 가게 되면 먼저 도달할 수 있다는 것을 아셨으면 해요.

호기심: 저는 아는 사장님을 만나 계약을 하게 되었는데 그분이 고기의 달인이세요. 그분이 제게 하는 말씀이 '고기 맛이 무슨 맛이냐?'고 물었어요. 그래서 제가 어떻게 표현하고 이야기를 해야 될지 몰라서 그냥 담백한 맛이라고 답을 했어요. 그분이 고기에는 많은 맛들이 있는데 구수한 맛, 담백한 맛, 감칠맛, 단맛, 씹는 맛 등 이건 혀를 어디에 두느냐에 따라서 맛이 다르다. 저는 그것을 그러냐 하고 말았는데 방법을 달리해서 먹으면 맛이 달라지듯이 집단상담을 하며 느낀 것은 어떠한 사실 하나를 보더라도 그것을 어떻게 해석하느냐에 따라서 정말 다양한 관점으로 볼 수 있

는데 내가 보는 방향이 경직되고 내가 해석한 방법에 따라 느끼는 것이 내가 무엇을 보고 느끼듯이 나를 좀 볼 수 있었으면 참 좋겠다. 그러면 좀 더 다양한 모습들을 볼 수 있겠다는 생각이 들었어요.

들꽃: 저도 국순당 전통막걸리 대표님을 만날 기회가 있었어요. 그분의 아버지는 일제시대 때 우리나라 주류(술)를 만드셨는데, 전통 기법이 없어진 상태에서 기업을 일으켜서 지금까지 전통 막걸리를 만들려고 했던 기업이거든요. 그분이 각각의 집들을 찾아다니면서 술 제조법을 하나씩 적어가면서 하는 시절이 있었고, 외국도 많이 돌아다녔는데 외국엔 와인의 역사가 깊잖아요. 그분이 한 말이, '우리의 삶도 심리적 숙성이 중요하다. 삶을 살아가는 데 있어서 숙성이, 그런 시간들이 필요하다. 그랬을 때 똑같은 삶을 살더라도 다를 수 있다.'라고 얘기해 주셔서 삶에 대한 시간 여유가 좀 더 필요하겠다고 느꼈어요.

평화: 저도 고기 맛이 어땠지? 근데 여기서 또 술 얘기가 나오는 거예요. 저는 고기든 술이든 저의 기분에 따라서 달랐던 거 같아요. 그래서 내 안에 항상 내가 기분을 어떻게 하느냐에 따라서 같은 술인데도 정말 국순당이 맛있을 때가 있고 없을 때가 있고 고기 역시 그랬던 거 같아요. 그래서 내가 소화시키는 것도 내 기분에 따라서 다르다는 것을 두 분 말씀 듣고 함께 느꼈습니다.

푸른바람: 제가 아침에 나오는데 엘리베이터가 내려왔을 때 사람들이 차 있었고 7층이라 내려가는데 뒤에서 누가 드라마를 보는 거 같았어요. 사랑에 관한 장면이었는데 내 마음을 안 받아 주면 내 마음을 가지 말게 해야지 하는 내용이었는데 그게 크게 들리더라고요. 좀 당황스러우면서도 웃기면서 복잡한 감정교차가 되었는데 누군지 확인해 보고 싶어 돌아보니 백발이 되신 어르신이 집중하면서 보며 내려오셨어요. 제가 순간 통찰이 온 게 뭔가 하면 참 예의가 없다. 공동의 공간인데 저렇게 하나 그런 생각을

했어요. 그분이 사실은 그런 분이 아닌데 내가 REBT 집단상담을 하러 가는데 REBT 상담기법과 연결되면서 선입견이나 지레짐작이나 인지오류들과 관련된다는 생각에 짧은 순간 그분과 연결되었어요. 해석이 중요하다는 생각을 했어요. 저는 이번 상담에서 저의 패턴이 회피라는 것을 알고 있었는데 진짜 회피라는 것을 한 번 더 알게 되었어요. 리더 말씀 중에 고통을 직시하라는 말씀이 제일 가슴에 와 닿았고 제가 여러 이유로 방어가 합리화 같은데 그런 이유로 직시하지 못했던 거 같아요. 말로만이 아니라 나에게 도움이 되는 것, 그것을 직시하는 것이 중요한 것인 줄 알았고 앞으로 그것이 잘 유지가 되었으면 좋겠습니다.

리더: 저의 바람은 해결된 것도 아니고 안 된 것도 아닌 것이, 내 안에 있으면 얼마나 고통스럽고 힘들겠어요. 그러니까 고통을 바로 본다는 게 해결의 시작이잖아요. 그래서 남편과 어떤 식으로든 같이 살 거면 해결해서 마음도 나누고 좋은 결혼생활을 하시기를 진심으로 바라요. 우리가 이런 공부를 해서 나한테 적용하지 못하고 남한테 쓴다는 것이, 계속 얘기하지만 좀 모순된 것 아니겠어요?

천리향: 저는 집단을 하면서 참고 억압하며 스스로 힘들었다는 생각이 많이 들었어요. 힘든 일이 생기면 즉시 부딪혀 해결하지 못하고, 이런저런 핑계로 빙빙 둘러서 회피한 적도 많았고요. 또 무엇을 해야 한다는 경직된 틀에 매여 유연성도 부족했던 거 같아요. 이젠 좀 자유로워지고 싶어요.

들꽃: 어제 집단 후 집에 갔는데 저녁때 애기가 잠을 잘 안 자더라고요. 아내랑 늦게 잠을 재우고 이런저런 이야기를 하다가 제가 '주말에 같이 교회 갈까?'라고 했더니 아내가 너무 좋아하더라고요. '나 당신과 교회 가고 싶었다.' 제가 몇 번 거절 했거든요. 아내는 이미 교회 다니는 곳이 있는데 그 교회 목사님이나 다른 분들은 오랫동안 아내를 본 거예요. 저는 익숙했던 사람들에게 제

가 포장된 모습만 보여 주었지 그러고 싶지 않았던 거예요. 믿음이 안 가서. 그런데 그 생각을 바꾸고 예배드리러 가고 싶다고 했더니 아내가 깜짝 놀라면서 당신 어떻게 생각이 바뀌었냐고 물으면서 아내가 리더께 찾아가서 잘해드리고 싶다고 했어요. 그래서 이제 두려워하지 말고 아내에게 더 잘해 주고 잘 살아야겠다는 생각을 하게 되었습니다.

리더: 들꽃 님께 앞으로 좋은 일들이 많이 생기기를 바라요.

햇살: 저는 첫날에 남편이 너무 미웠잖아요. 그런데 비합리적인 신념을 트레이닝 받으면서 찾는 것이 좀 익숙해진 편이거든요. 그런데 남편에 대한 마음이 잘 바뀌지 않더라고요. 남편이 이래야만 된다. 지지적이고 그래야 된다는 거를 바라면 남편은 잘 느끼더라고요. 남편에 대한 그런 마음을 가지고 있었고 잘 움직이지 않았거든요. 그런데 집단에서 리더께서 '서로 아팠겠구나.' 하시는 말씀에서 확 바뀌면서 전환이 되었어요. 근데 만약에 '남편도 아프잖아.' 이렇게 말씀하셨으면 전 안 바뀌었을 것 같고요. 그랬는데 그 말이 글자 하나 차이에서 바뀌는 저의 마음을 보았어요. 언어로 정말 통찰이 확 왔어요. 나도 아프고 아이도 남편도 아프고 왜 남편이 아팠다는 생각을 못했는지. 그날 저희 남편과 이야기를 하며 좋은 시간을 가졌어요. 눈 녹듯이 남편에 대한 섭섭한 마음도 사라지고 아이와도 좋은 시간을 가졌어요.

리더: 햇살 님은 저에게 좋은 학생이죠. 제게 배운 거를 바로바로 사용하시고 좋은 경험을 하시고 감사하게 생각해요.

햇살: 제가 감사드려요. 리더 님께 계속 좋은 배움으로 가족과 좋은 경험을 많이 해서 제가 느낀 경험을 내담자에게 해야겠다는 생각을 하게 되었어요. 리더 님께 감사드려요.

푸른하늘: 저도 첫째날 말씀드렸는데, 마치고 집에 가니까 아들이 '엄마, 할머니 다녀가셨어요.' 집에 안 들어오시고 마트에서 과자, 과일만 사주고 가셨다고 했어요. 집에는 왜 안 들어오시고 차도 드시

고 하면 좋은데 마치 며느리 눈치 보는 시어머니처럼 하시는 행동이 저는 그게 좀 안 맞았거든요. 근데 그날은 집에 갔는데 아무 생각이 안 나더라고요. 평소 저를 불편하게 하는 어머님의 행동이 저를 힘들게 했는데 그날은 그렇지가 않았어요. 그냥 전화 드려야 되나 말아야 되나 하는 생각도 안 들더라고요. 다른 날 같으면 전화 드리고 기분도 살펴보고 했는데 그날은 전화도 하고 싶지도 않고 불편한 마음이 생기지 않고 그대로 받아들이고 지금도 불편하지도 않네요. 제가 인정받고 사랑받고 싶은 마음, 또 남편을 사랑하니까 어머님께 잘해드려야겠다는 생각에 어머님께 잘해드리고 사랑받고 싶었거든요. 이제는 제 마음이 더 중요하다는 생각이 들었고, 지금 좀 편해졌어요.

리더: 정말 좋은 시어머니이신 것 같아요. 깔끔하신 현대판 사고방식을 가진 시어머니 같으세요. 부담을 주지 않으시고요. 시어머니에 대해 다른 생각들을 하지 마시고 그 상황들을 즐기시기를 바라요.

옹이: 저는 처음 이야기했던 그 부분이 '제가 참 용기가 없는 사람이었구나.' 하게 되었어요. 확인을 하면 좋았던 일들을 그때는 내면의 힘이 부족해서 확인을 못했을 거예요. 거절에 대한 두려움 때문에 아빠한테도 그렇고, 지금은 힘이 좀 생겼거든요. 그래서 이제부터는 머릿속으로 애매모호하게 '그럴 거야.' 그런 거보다는 확인을 하는 버릇을 좀 많이 들여야겠다는 생각을 했고요. 제가 사람 얼굴을 잘 기억 못해요. 몇 년 전까지 남편 얼굴도 기억 못했고 볼 때 마다 얼굴이 달랐어요. 그래서 이 집단 와서 서로 얼굴을 보며 기억하려고 하는데 이튿날 보면 또 다른 얼굴들이 되어 있었어요. 그래서 제가 일부러 자리를 바꾸었어요. 성공적이었어요. 지금 계시는 분들은 다 기억이 나고 머릿속에 들어왔어요. 어찌 보면 제가 사물을 직시하지 못하고 회피하는 패턴을 가지고 있었던 거 같아요. 그리고 지레짐작 이게 상담할 때 너무

안 좋더라고요. 제가 경험이 너무 좁고 현실감각이 좀 많이 떨어진다는 걸 알게 되니까 제대로 보지 않으면 제대로 가져갈 수 없더라고요. 그렇게 내 경험 안에서 그랬던 것처럼 '저 사람도 저랬겠구나.' 이게 너무 안 좋더라고요. 그래서 지금 연습을 하거든요. 얼굴 똑바로 보고 관찰하는 연습, 그리고 좀 현실감 있게 확인해 보려고 노력하고 그런 노력들이 조금조금 들어가면서 되게 자유롭다는 생각이 드는 거예요. 잘 관찰하고 살아야겠다는 것을 통찰했던 거 같아요.

리더: 좋은 통찰이에요. 지레짐작하는 거 아주 나쁜 거예요. 지레짐작하는 생각들 잘못된 경우가 굉장히 많거든요. 그러니까 어느 순간 내가 추측하는 버릇을 멈추었어요. 그게 안 맞을 때가 많았었거든. 지금도 추측하는 게 많은 사람들이 비합리적 신념으로 변형이 되어가지고 굉장히 힘들어요. 확실한 거, 이거를 믿어야 되고 불확실한 거는 내담자께 꼭 확인하는 자세가 좋아요. 왜냐하면 상담은 과학이잖아요. 상담은 정말 근거를 가지고 사람의 마음을 읽는 과학이기 때문에 두루뭉술 추측은 안 된다는 거죠. 좋아요. 좋은 통찰이었어요.

어그: 저는 이번 집단에서 집단원들의 말씀을 들으면서 이분들이 감사하다고 하는데 '진짜 감사하나? 장난치나? 어떻게 이 상황에서 감사하지?' 하는 생각이 들었는데 지금 생각하니 진짜 감사하는 마음을 가지는 거 같아요. 생각해보니 집단을 하면서 지금까지 내가 힘들었던 것이 별로 힘든 것도 아닌데 힘들다고 했다는 것을 느꼈고, 경험이 약해서 이래가지고 내가 상담을 할 수 있을까 하고 생각을 했는데 리더께서 경험을 넘어서 생각을 하면 될 수 있다고 하셔서 그 부분에서 조금 상담에서 볼 수도 있겠다, 조금 되겠지 하는 것을 느꼈어요.

이게 사실 상담에서 힘들었고 제일 큰 부분이었어요.

리더: 이 집단상담에 어떻게 참여하게 되었어요?

어그: 저는 상담을 할 때 보통 하는 패턴 자체가 그냥 제일 처음 내가 어떻게 하는지 봐야겠다는 생각이 상담인 거 같아서, 보면 힘든 거부터 보통 얘기를 하는데 그 사건이 어떤 게 있었느냐면요. 일반적인 패턴에서 강한 직면에 들어가니까 무섭다는 이야기를 듣고 좀 미묘했어요. 충분한 공감의 부족. 저의 상담을 뭐로 메인을 할까 하다 저와 잘 맞는 집단인 거 같아서 참여했어요. 하면서 참 좋았어요.

코스모스: 저는 오늘 많은 이야기를 하지 않았지만 여러 선생님들의 이야기를 듣고 내가 많은 사람 앞에서 말하는 것이 참 쉽지 않구나. 말하는 연습을 좀 더 해야겠다. 사람들하고 어울려 봐야겠다는 생각을 하면서도 그것과 더불어 제가 어울리면서도 자꾸 제 안에 다른 느낌을 가지고 있나 봐요. 현재 머물러 있는 감정들을 느껴야 되는데 그런 시간을 못 가졌던 거 같아요. 이런 집단도 처음이고 경험을 해보라는 말씀을 듣고 처음이니까 첫발을 떼었으니까 다른 집단 경험도 해봐야겠다는 생각도 해보았어요.

나무: 저는 제가 상담 공부 시작하면서부터 지금까지 제가 속해 있던 곳이 제가 경험한 것의 전부였기 때문에 같은 곳에 쭉 있었어요. 학회도 다니고 교육도 받으러 다니고 했었지만 제가 속해 있던 공동체에 쭉 있어서 경험이 제한적이었어요. REBT 집단에 오면 더 인지적이고 더 기능적이지 않을까 하고 생각했는데 여기 와 보니까 제가 속해있던 곳에 대해서 훨씬 더 공감적이고 훨씬 분위기가 좋고 훨씬 더 현실세계에 가까운 곳이라는 느낌을 받았어요. 제가 속해 있는 곳이 훨씬 더 차갑고 상담적이지 않고 진짜 세상이랑 조금 떨어져 있었던 곳 느낌을 받은 거 같거든요. 그래서 인지적인 REBT 집단에 대해서 배우러 왔는데 당연히 배웠고 또 다른 상담 세계, 진짜 세계, 따뜻한 공동체도 경험한 거 같아요. 정말 좋은 경험이었어요.

리더: 나무 님이 속해 있던 곳은 어떤 곳인데요?

나무: 음. 서술적으로 설명하자면 기능이 되게 강조되고 역할과 과업과 수행이 되게 중요한 곳이죠.

리더: 그 대학이? 아니면 센터가?

나무: 센터가요.

리더: 그거를 동일선상에서 비교할 수 없어요. 왜냐하면 거기는 서비스의 대상이 있는 곳이잖아요. 그리고 높은 생산성을 내어야 하는 곳이고. 조직 내에서 인정을 받아야 또 많은 예산을 가져오고 하는 곳이기 때문에 그야말로 이 집단과 그곳은 기능이 다르기 때문에 거기의 생존을 위해서는 나쁜 게 아니라는 것을 알았으면 좋겠다는 거죠. 여기서 3일 하고 끝나는 것이지 누가 우리 보고 '왜 너네는 그런 식의 결과밖에 못 냈니?' 하는 것도 아니고 그러니까 거기가 훨씬 더 긴장된 곳이고 또 많은 사람이 보고 있는 곳이고 그러니까 거기는 그렇게 할 수밖에 없는 곳이고 또 나에게 월급을 주는 곳이니까 좋은 곳이다 이거지요.

길따라: 저는 저의 부부관계에서 제 어떤 점이 문제를 일으키는지 솔직히 잘 몰랐었는데 고집이라는 부분에 대해서 어떻게 그게 남편과의 관계에서 작용하는지를 알게 된 거 같아서 그 점이 가장 컸던 것 같고요. 문제 해결에 있어서 제가 혼자 생각하고 혼자 해결하는 경향이 있어요. 친정 부모님 같은 경우도 뭔가 이 부부에 좋지 않은 기류가 있는 거는 아는데 제가 직접적인 도움을 요청하거나 이런 상황을 설명하지 않으니까 관여하지 않으시며 되게 걱정을 많이 하셔요. 오늘 아침에 전화를 드려서 대략적인 상황 설명을 하고, 하면서 적절한 도움을 받을 수 있는 것도 능력이라는 생각이 들어서 오늘 아침에 실천하고 왔어요.

리더: 건강한 사람의 특성이지요. 도움을 요청할 줄 아는 것. 그러니까 사람이 접근할 여지를 잘 안 주는 사람이 있어요. 상호작용하는 것도 능력이에요. 상대가 말을 하면 반응을 보이는 것이 자연스러운 것이지 그런 태도를 알고 고쳐갔으면 좋겠어요.

길따라: 저의 화두가 남편과 저를 평가하는 분들을 어려워하는 거 같은데 그 부분이 동시에 가는 거 같아요.

리더: 그런 거 같아요.

평화: 생각에 따라 달라지는데 이 집단을 통해서 제가 노력했다는 부분이 조금 덜했다는 느낌이 들었고, 무슨 일이 있어도 노력해야겠다. 그래야 여한이 없을 거 같아요. 그것도 타이밍이 있으니까 당장 오늘 실천으로 해야겠다고 생각했어요. 말씀들 다 듣고 오늘 딱 그 주제를 내놓으니까 액땜한 느낌 있잖아요. 좋은 일만 있을 것 같고.

리더: 좋은 일만 어떻게 있어요. 그게 비합리적인 신념이에요. 이런저런 일이 다 섞여서 인생을 만드는 거니까 수용할 수 있을 정도로 마음이 단단하고 깊고 넓으면 되지 않을까요.

평화: 나쁜 일도 빨리 극복할 수 있는 힘이 생기도록 하겠습니다.

리더: 여러분들이 너무 순응적이고 좋은 분들이 많이 오셔서 집단 잘 마치게 되었어요. 감사해요.

03

REBT 클로버 보드게임을 활용한 집단상담

1. REBT 클로버 보드게임의 소개

- **사용 대상**: 아동~성인
- **사용 인원**: 4~9명
- **활동시간**: 90~120분
- **구성품**: 보드판 1개, 게임말 10개, 주사위 1개, 클로버 칩 100개, 질문카드 50장, 합리카드 50장, 행동카드 50장, 4행시카드 50장, 설명서 1부

1) 특징

① 이 게임은 Ellis 박사에 의해 창안된 REBT 이론에 근거하고 있으며, REBT 이론은 현존하는 심리치료 이론 중에서 가장 많이 활용되고 있는 이론 중 하나이다.

② 이 게임은 네잎 클로버를 이용하여 창안하였고 REBT를 주로 사용하는 상담자가 아니더라도 자유롭게 활용할 수 있다. 즉, 전문상담교사, 상담심리전문가, 사회복지사, 정신간호사 등의 다양한 정신건강 영역에 종사하고 있는 전문가들이 사용할 수 있다.

③ 이 게임은 REBT 집단상담에서 효과적으로 사용될 수 있도록 고안하였으며, 초등학교 고학년 아동에서부터 청소년, 성인에 이르기까지 다양한 연령층에서 활용할 수 있다.

④ 한 판의 게임에서 4~9명 정도의 인원이 참가할 수 있으며 집단의 리더들도 집단상담의 효과를 극대화하기 위해서 집단원과 함께 참가할 수 있다.

⑤ 이 게임은 집단상황에만 국한되는 것이 아니고 다양한 상황에서 할 수 있으며 학교에서 급우들 간의 친화력을 향상시키고 청소년상담기관, 사회복지기관, 건강가정지원센터의 다양한 기관에서 집단원 간의 응집력을 향상시키기 위해 활용될 수 있다.

2) 장점

① 재미있는 게임을 통해 참여자의 흥미를 유발한다: 누구나 쉽게 게임을 즐길 수 있어서 상담 회기에 더욱 더 정규적으로 참여하도록 유도하며, 게임의 사용은 위협적이지 않으므로 상담 회기에서 얻을 수 없는 것들을 성취할 수 있다.

② 게임 참여자의 자존감을 향상시킬 수 있다: 게임 참여자가 자기 자신에게 과도하게 비판적이지 않고 자신을 있는 그대로 수용할 수 있도록 도와준다.

③ 자기 개방을 통해 집단의 응집력을 높인다: 게임 참여자들이 게임을 통해 자신을 쉽게 개방하는 것은 집단원 간의 신뢰와 응집력을 높일 수 있다.

④ 합리적 사고를 통한 합리적 의사결정을 하게 한다: 게임 참여자들은 그들의 왜곡된 사고가 정서적 곤궁을 유도한다는 것을 깨달을 수 있다.

⑤ 정서교육에 좋다: 게임 참여자로 하여금 신념이 어떻게 행동과 정서에 영향을 미치는가를 깨닫게 하는 계기를 제공하며,

합리적 신념을 통해 건강한 정서와 행동을 습득하도록 도와
준다.

3) 활동방법

① 게임말 1개, 클로버 칩 10개씩을 나누어 갖고, 가위바위보를
  하여 순서를 정한다.
② 질문카드, 합리카드, 행동카드, 4행시카드는 각각 더미를 만
  들어 보드판의 해당 위치에 놓는다.
③ 자신의 순서가 되면, 주사위를 던져서 나온 수만큼 게임말을
  이동한다.
- **질문 칸**: 질문카드 더미에서 하나를 선택해 지시대로 수행한다.
- **합리 칸**: 합리카드 더미에서 하나를 선택해 내용을 큰 소리로
  읽고, 카드의 내용에 대한 자신의 생각을 이야기한다(카드에
  쓰여 있는 말에 대해서 질문을 하거나 토론을 할 수도 있음).
- **행동 칸**: 행동카드 더미에서 하나를 선택해 지시대로 수행한다.
- **합리적 클로버 칸(클로버 그림)**: 해당 플레이어를 제외한 나머지
  집단 구성원들은 해당 플레이어에게 '클로버 칩'을 하나씩 주
  며, 4행시카드의 내용을 읽어주거나 합리적이고 좋은 말을 해
  준다. 해당 플레이어는 맨 마지막 순서로 자기 자신에 대해 합
  리적이라고 여기는 장점을 말한다.
④ 모든 집단 구성원의 게임말이 보드판을 한 바퀴 돌면 게임을
  끝낸다.

⑤ 클로버 칩이 가장 적게 남은 구성원(합리적인 말을 가장 많이 한 구성원)에게 박수를 쳐주고, 각자의 소감과 함께 REBT 4행시카드 더미에서 한 장을 뽑아 읽거나 4행시를 새롭게 지어보는 것으로 마무리한다(게임 종료 조건과 승리 조건은 상황에 따라 변경 가능).

2. REBT 클로버 보드게임의 상담 실제

리더: 자, 그럼 이제 게임으로 들어갑시다. 이건 어떻게 하는 게임이냐 하면, 이것(카드)을 각자 하나씩 가지세요. 자기 색깔이 다른 번호표입니다. 그리고… 이 클로버 보드 게임은 최근에 제가 개발한 것으로 일주일에 한 번 운영하는 집단에서 한 달에 한 번 하라고 추천을 해요…. 제가 도와줄까요?

실개천: (카드 하나를 집어들고 읽는다.) 당신은 어떤 것을 좋아하는 것이 아니라….

리더: '어떤 것을 좋아하지 않을 수 있는 게 아니라, A가 아니고 B이다. 당신은 어떤 것을 확실히 참을 수 있다.' 이 말의 의미가 나한테 어떻게 적용이 되나, 좋아하지 않는 것, 참을 수 있는 견딜 수 있는 어떤 것, 이 말이 나한테 어떤 의미가 되는지 자기한테 적용되는 것을 자기말로 풀어서 해보는 거예요. 어렵지 않아. 잘 모르겠으면 딴 것을 뽑아요, 다시.

실개천: 그냥 하죠.

리더: 여기서 참을 수 없는 것은 대체로 비합리적인 신념 중의 하나니까 '참았을 때 이런 것을 견디기 어렵다.' 그것을 우리한테 크게 이야기하는 것입니다.

실개천: 알았어요. 좋아하지 않는다 하더라도 어느 정도는 참을 수 있다, 이 말이죠. 예를 드는 거예요?

리더: 이것이 나한테는 어떤 의미다.

실개천: 내가 좋아하지 않는 것이라 하더라도 그것을 어느 정도 인내롭게 어느 정도까지 해낼 수 있다, 그런 의미로 들리거든요. 내가 좋아하는 것만 다 잘할 수 있는 건 아니고 좋아하는 마음이 약하더라도 내가 인내롭게 할 수 있는 일이 있다, 이렇게요.

리더: 구체적인 건 뭐 없어요. 내가 별로 좋아하지 않지만, 참고 할 수 있어요.

실개천: 금방 ○○하고 열심히 떠들다가 왔는데. (웃음) 아, 별것은 아닌데 제가 고집을 피웠던 것 같아요. ○○상담이 일 년에 네 번인데 서로 말하는 달수가 틀렸어요. 네 번 해야 되는데 몇 월부터 몇 월까지 해야 하고, 중간에 기간은 어느 달을 둔다는 얘기를 하는데 서로 말이 안 맞았거든요. 각자 얘기하다가 마쳤는데, 내가 그렇게 언성을 높여서 얘기하는 것을 별로 좋아하는 건 아닌데, 아 뭐라 해야 할지 모르겠네….

리더: 그렇지만 그런 생활을 내가 받아들일 수 있겠나, 응? 조직사회에서 사니까 즐거운 일도 내가 좋아하는 일도 아니지만 살면서 그렇게 부딪칠 수 있지 뭐. 그것을 견딜 수 있고 내가 그것 때문에 상처를 안 받아요. 그렇게 말하면 되지 않겠습니까?

실개천: 예.

리더[1]: 이 클로버 보드 게임에서는 리더의 참여도 권장하기 때문에 저도 참여할게요. 저도 '합리카드'네요. "행복을 느끼기 위해 타인에게 의존한다면 그때마다 당신은 어려움에 처하게 될 것입니다."(카드에 쓰여 있는 내용) 그런 얘기니까 이것을 어떻게 얘기

---

1) 합리카드: 게임판에 주사위를 던져서 말이 합리카드 위에 떨어지면 합리카드 더미에서 한 장을 집는다.

할까. 저는 의존을 잘 안 해요. (웃음) 내가 실개천 님한테 의존을 많이 했는데 이 사람이 내가 원한 대로 안 해줬잖아. 그럼 내가 아마 고통을 당했을 텐데, 의존 자체를 별로 안 하니까 고통이 별로 없었어요. (웃음) 어떻게 돌아가는 건지 알겠죠?

망고: 이거 계속해요?

리더[2]: 해봐요. 그렇지, 이게 여러 가지 종류가 있어요. 이것만 나오는 게 아니야. 그럼 이제 자기가 해봐요, 고무줄 님…. '클로버' 칸은 뭐냐 하면, 여기 '네잎 클로버' 칸에 말이 옮겨지면 우리 집단 구성원 하나하나가 모두 고무줄 님의 좋은 점을 말해 주는 것입니다.

망고: 야, 그것 굉장히 좋다. (웃음)

진달래: 고무줄 님은 참 밝은 것 같아요. 밝으면서 옆에 있는 사람이 부담 가지 않게끔 분위기를 잘 맞춰 주시는 것 같아요.

망고: 자기한테 맡겨진 일은 무슨 일이든지 끝내는 것 같아요.

향수: 남을 잘 보살피고 배려하고 돌볼 줄 아는 것 같아요.

리더: 한없이 나오네. (웃음) 부담이 없지요? 친근해요, 굉장히 오래 알아왔던 사람같이.

실개천: 남편을 참 사랑하는 것 같아요. (웃음)

리더: 그래요?

고무줄: 예. (웃음)

리더: 이렇게 하는 거예요. 그다음에…. 진달래 씨.

실개천: '합리카드'다.

리더: '합리카드'가 많이 나오네. 응. (카드에 쓰인 다음과 같은 내용을 집단원들 앞에서 크게 읽는다.) "비록 자신은 어리석게 행동하더라도 당신은 어리석은 사람이 아니다. 당신이라는 사람과

---

2) 말이 게임판의 '네잎 클로버' 칸에 떨어지면 집단의 모든 구성원이 해당자에게 그가 지닌 좋은 점을 말해 주는 것임.

당신이 하는 행동은 분리된 별개입니다."저와 저의 행동은 아주 분리된 별개의 것이라는 거죠. 한번 예를 들어 얘기해 보세요. 진달래 님한테 이것이 무슨 의미인가요?

진달래: 아무리 미련하게 행동을 한다 하더라도 저 자신은 미련한 사람이 아니다. 예를 들면, 어버이날 카네이션을 드리잖아요. 올해는 제가 챙겨 드렸는데 작년에는. 아, 그것이 아니고, 얼마 전에 어머니 생신이었어요. 아침에 장미꽃 한다발이 집으로 도착을 했어요. 이건 누가 준 거냐고 좋으시겠다고 얘기를 하고 있는데 저는 외부에서 준 건 줄 알았거든요. 그런데 제 동생이 어머니한테 부친 거예요.

리더: 집에 같이 사는데?

진달래[3]: 예, 같이 사는데 미리 주문을 해가지고, 저는 아무런 준비를 못하고 있었거든요. 그래서 내가 참 생각이 모자랐구나 그런 생각을 했었는데 그렇다고 해서 제가 어머니에게 불효를 하는 그런 미련한 사람은 아니지 않을까….

리더: 그러니까 내가 엄마한테 재치 있게 그날 동생처럼은 못했지만 나라는 사람 자체도 재치 없고 바보 같은 사람은 아니다, 이런 얘기죠?

진달래: 예.

향수: 내 차례. (주사위를 던지고 나서 그 숫자에 따라 말을 옮기자 질문칸에 떨어졌고, 질문하기 카드 더미에서 카드 한 장을 뽑았다.) "이 집단활동을 통해서 배운 것은 무엇인가요?"(웃음) 어려운 거다. 글쎄요. 우리가 아직 다 끝난 건 아니니까. 이런 건 마지막 시간에 했으면 더 좋았겠지만, 제가 문제를 많이 내놓아서 아주 적극적으로 상호작용을 했던 건 아닌 것 같긴 한데, 그래

---

3) 진달래 님이, 인간의 행동이 부족하더라도 인간 그 자체는 어리석다고 말할 수 없다는 것에 대한 자신의 예를 들음.

도 무엇을 배웠나? 무엇인가 좀 심오한 얘기를 해야 되는 건 아닌가?

리더: 아니, 그렇게 생각하는 게 비합리적인 거지요.

향수: 아, 그런가요?

리더: 사소한 것도 배울 수 있고요.

향수[4]: 일단 저한테 당면과제였던 그런 것을 마음 편하게 생각해서 해결할 수 있도록 도와줬고요. 그리고 다른 사람들 얘기나 경험, 사례를 들으면서도 "음, 그렇겠구나."라고 어떤 비합리적인 신념이 우리한테 방해하고 있는 것들, "마음먹기 나름인데"라는 말이 참 맞다 그런 것을 배우고 있어요.

리더: 오케이, 그다음에 망고 님.

망고: "사람들로부터 내가 사랑을 받지 않아도 다른 사람이 나를 좋아하지 않아도 내가 견딜 수 있습니까?"

리더: 그래, 그런 얘기를 자기 예에서 한번…. 견뎌왔잖아요, 여태까지.

망고: 예. 너무 많아요.

리더: 처음엔 꼭 받아야 된다고 생각했는데….

망고: 하나를 말하려니까 참 힘들다.

고무줄: 저번에 그 선생님 건, 추천서 받으려던….

리더: 그래, 그것도 어떻게 보면 그 선생님께 사랑을 못 받은 거잖아. 그렇지만 큰 타격 없이 지나갔지요.

망고: 예.

리더: 넘어갈까, 그냥?

실개천: 이번 주에 당신에게 일어났던 가장 좋은 일을 얘기하라고….

리더: 그래요, 한번 얘기해 보세요.

---

4) 향수 님이 지금까지의 집단상담 과정 동안에 배운 것을 토로함.

실개천[5]: 오늘 수요일입니까? 저번 주 월요일에 ○○한다고 늦게 갔었
는데 어머니한테 늦게 간다고 얘기를 하는 것이 미안한 일이죠,
아기를 봐주시니까. 늦게 간다고 말씀드리고 나서 ○○이 안 우
냐고 그러니까 너무 잘 지낸대요. 너무 잘 지내고 잘 있다고, 그
냥 "열심히 하고 와라."라는 그 말을 들었을 때 상당히 기분이 좋
았거든요. 그런데 집에 가보니까 그날 어머니 아시는 분이 오셨
는데 우리 ○○이가 코가 예쁘다, 어른들은 코하고 귀만 보더라
고요. 그게 복 코, 복 귀라고…. 그래서 코하고 귀가 예쁘다고 칭
찬을 많이 하고 가신 날이어서 우리 어머니가 기분이 좋으시던
차에 제가 전화를 했으니까 그것이 그렇게 반감을 안 사게 들렸
던가 봐요. 그래서 그것이 가장 기뻤어요.

리더: 그래, 충분히 기뻤겠어요. 그렇지요? 자, 그럼 제 차례. 내가 문
제를 해결하는 게 우리에게 문제를 떠나보내려고 하는 게 아니
라는 말이지. 도망가는 게. 문제가 있으면 지금 당장 해결하고
그것을 하는 게 좋다. 내가 무슨 문제가 있지? 우리 ○○하고 문
제가 있지.

실개천: 어제 문제, 어떻게 해결했어요?

리더[6]: 어제 문제? 그러고 지나갔는데 나는 문제를 회피하는 사람이
아닌데, 저 자신이 그때 풀어버리는 편인데, 지금 당장은 문제가
없어요. 어제 같은 경우는, 어제로 돌아가 볼게. 지금을 어제라
고 생각하고, 같이 집단작업을 하는데 우리 ○○가 좀 정서적으
로 불편하시더라고. 보통 때는 제가 참았는데 어제는 참지 않고
표현을 했어요. 그래서 어떤 점에선 대든 건 아니지만 순종하지
않았기 때문에 기분은 나쁜데 ○○의 행동 패턴을 제가 너무나
꿰뚫고 있기 때문에 그렇게 적절하게 한 것이 참 잘했다는 생각

---

5) 실개천 님이 자신에게 일어났던 좋은 일을 이야기함.
6) 상담자가 자신이 당면한 문제 가운데 회피하지 않고 직면한 경우의 예를 듦.

이 또 들었어.

망고: 참 용기예요, 그건.

리더: 그래요?

망고: 누구도 그것에 대해서 반발을 못하잖아요. 마음속으로만….

리더: 저도 그동안 얘기 안하고 못들은 척하고 그랬는데, 이번에는 좀 해야 할 시기가 온 것 같아서 의도적으로 한 것도 있어요.

실개천: 여기 깃털이 하나 달렸잖아요.

리더: 미운털이요? (웃음) 오늘은 아직 그런 일이 없었고요. 됐죠?

고무줄: 어제요. 수업이 좀 옮겨졌어요. 그래서 어제 하루 종일 집에 있었거든요. 저희 엄마가 일 때문에 토요일부터 월요일까지 나가 계세요. 아빠 혼자 계셔서 안 그래도 월요일 날 9시 50분까지 상담하고 너무 늦게 들어가서 아빠한테 죄송한 것도 있었는데 저도 쉬느라고 좋았고 하루 종일 또 집안을, 제 방을 정리도 하면서 쉬고, 숙제도 많이 할 수 있었고, 아빠도 챙겨 드릴 수 있어서 좋았던 것 같아요.

리더: 음, 그것은 좋았어요? 굿(Good)! 그다음에 우리 진달래 씨, 진달래 씨가 향상하고 싶은 것에 대해서 우리 그룹 사람들한테 말해 주면 돼요.

진달래: 향상하고 싶은 거, 이루고 싶은 거요?

리더: 그렇지, 좀 더 나아지고 싶은 거.

진달래[7]: 제가 좀 더 나아지고 싶은 건, 자신감이에요. 일을 할 때도 그렇고, 사람을 만날 때도 자신감 있게 할 수 있는 거예요.

리더[8]: 많이 좋아지지 않았어요? 그리고 이 게임은 우리가 말을 하게 하는 도구이지, 이 게임 자체에 의미가 있는 것이 아니기 때문에 게임을 하면서 말이 필요하면 얼마든지 해도 돼요.

---

7) 진달래 님이 좀 더 나아지고 싶은 부분에 대해서 말함.
8) 이 게임은 단순한 게임이 아니라 게임을 활용하여 자연스럽게 자기가 해야 되는 말이나 생각을 표현하게 해 주는 도구일 뿐임을 설명함.

실개천: 말을 참 많이 하게 되네요.

리더: 우리가 진달래 씨한테 줄 수 있는 말이 없나? 참 많이 개방적이 된 것 같아요?

진달래: 네. 많이 개방이 된 것 같아요. 그 테이프를 정리하면서, 너무 창 피하더라고요.

리더: 창피하다. 왜?

진달래: 아니 얘기를 쭉 적는데 성이 다 달라요. ○ 씨, ○ 씨, ○ 씨 …. ○ 씨는 나밖에 없잖아요. 그런데 제 성씨가 집단이 거의 끝나 갈 때까지 하나도 없는 거야. 한 말이 없어요. 어, 너무 심했다. 그러면서 '개방을 해야 되겠다.'라는 생각을 많이 하게 됐어요.

리더[9]: 진달래 님이 개방을 못하는 건 무엇인가 의미가 있을 텐데? 오늘 내가 어떤 분하고 점심식사를 했거든. 내가 아침에 하는 인지 상담교실에 오는 분인데, 어느 회사 회장님이에요. 그분이 전공도 심리학이 아닌데 심리학의 원리를 너무너무 좋아해서 공부를 열심히 하세요. 대학 상담학회에도 나오시고, 거기서 저를 만났어요. 그런데 이분에게 제가 이런 것을 어디다 써 먹냐고 했더니 자기는 사원을 채용할 때도 집단상담을 하고 쓴대요. 그러고 보면 이 사람을 훤히 알 수 있겠다는 거야. 그다음에 '개방을 하면 좋은 것이 무엇이냐.'고 제가 물어봤어요. 그랬더니 거리낌이 없대요. 그렇잖아, 다 드러내니까. 우리는 안 드러내면 내가 혹시 거짓말을 하고 무엇인가가 감추어져 있지 않나 불편하지. 그런데 아예 다 드러내 버리면 아주 자유로울 수 있다는 거지요. 자기는 사원들한테 자기가 얼마를 쓰는지도 다 공개를 한대요. 그냥, 오늘 불평은 뭐냐 하면 당신 부인이 생활비를 ○○만 원씩 주는데 적다고 그래서 내가 "한 백만 원 더 올려주시지 그러세요?" 그랬더니 사원들이 다 아는데 너무 많이 쓴다고 그럴까 봐

---

9) 자기개방(self-disclosure)에서 오는 자유와 즐거움에 대한 설명.

걱정이 된다고 하시더라고요. 하여튼 개방을 하면 그런 자유와 즐거움이 있어요. 진달래 님.

진달래: 예.

리더: 다음으로 넘어 가지요….

향수: (말이 합리카드 더미로 옮겨지자 거기에서 하나를 빼서 읽는다.) "자신의 행동에 따라 스스로를 평가하는 것보다 자신 스스로를 믿는 것이 낫습니다."

리더[10]: 그래요, 여기서 계속 강조하는 것이 뭐냐 하면, 인간 그 자체를, 인간의 행동 그리고 인간이 갖고 있는 사고와 완전히 분리한단 말이죠. 내가 아무리 바보 같은 일을 해도 내가 바보 같은 사람이 아닌 것처럼, 훌륭한 일을 하기 때문에 혹은 훌륭한 행동을 하기 때문에 내가 훌륭한 사람은 아니라는 거지. 나는 그 자체로도 이미 훌륭하단 말이에요. 그것을 계속 강조하지요.

고무줄: 선생님, 여기 있는 것들(합리카드에 쓰인 내용들)은 전부 그런 합리적인 신념을 이끌어 내도록 하는 문장들인가요?

리더: 그렇죠. 합리적 신념뿐만 아니고 REBT 상담에서 중요하게 생각하는 개념들을 다 집어넣었습니다. '신념뿐만 아니라 신념과 인간의 행동을 구분한다.' 이런 것, 인간에 대한 관점 등 REBT 상담의 주요 개념들을 담고 있습니다.

향수: 뭐가 있을까….

리더: 자랑스럽게 잘한 행동이 뭐예요? 남한테 좋게 평가받는다고 느끼는 행동.

향수: 글쎄… 뭐가 있을까?

리더: 아! 이건 꼭 잘한 행동뿐만 아니라 너의 행동이 너를 가치 있게 하는 건 아니란 말이죠. 그죠? 단순히 당신 자신을 믿는 것이 더

---

10) REBT 상담의 인간관에 대한 설명.
인간이 위대한 행동을 해서 위대한 사람이 아니고 누구나 살아서 숨 쉬는 것만으로 위대하고 가치 있는 인간임을 강조.

낫지. 나 같으면 그 얘기 하겠는데, 그때 얘기한 거 뭐지요? 남이 꼭 해줘야만 하는 거 있잖아. 비록 나는 완벽해서 내가 꼭 하지 않으면 직성이 안 풀리잖아요? 그것은 여기서 바람직하지 않은 행동이잖아요. 그죠? 그런 행동을 하지만 나는 가치 있는 사람이다. 이런 식으로 하면 되잖아요.

향수: 그것도 있고 내지는 어떤 생각이 들었나 하면, 이럴 수 있잖아요. 조금 낯선 사람들하고 사이에 있을 때 날 알리거나 내가 인정받고 싶어서 무엇인가 어떤 행동으로 나를 자꾸 표현하려고, 쉽게 말하면 잘 보이려고 그런 행동하는 거, 그럴 수도 있는데 그럴 필요 없다.

리더: 그렇지요.

향수: 내 자신의 중심이 있으면 됐지 내가 겉으로 행동으로 나를 장식할 필요는 없다.

리더: 좋아요. 그다음에. 지금 머릿속에 꽉 차 있는 게 뭐예요?

망고: 아! 그게 있어요. 제가 오전에 '자기 상담사례'하고 '그냥 내버려 둔다'하고 접목시켜서 '어떻게 할 것인가?'를 생각해 보라고 그래서, 그때부터 그 시간에 다룬 것, 점심 먹고 와서 그 친구하고 통화한 것. 이 시간 시작하기 전에 와서 선생님하고 그 얘기를 잠깐 했던 것, 얘기 끝나고 나서도 제 마음속에 기분 언짢은 게 계속 남아 있었는데 이것을 내가 어떻게 다뤄야 하나….

리더: 그러니까 '이 사람이 치료자를 무시한 것이 아닌가.' 해서 속상했었구나.

망고: 무시한 거 그건 아닌 것 같고요. 현실적으로 제가 시간이 막 유동적으로 왔다 갔다 하고 여기 모임도 했다가 안 했다가 이러니까.

리더: 그렇군요.

망고: 그 내담자가 무엇을 얘기하냐면, "선생님, 오늘도 세미나 해요?" 제가 토요일에 오전 세미나 하는 것을 아니까. 제가 확실히 모르겠다 그랬더니 "선생님, 그럼요, 그 시간에 하면 어때요?" 해서

제가 원래는 직장 끝나는 시간이 5시거든요. 토요일이어서 1시부터 5시까지 하는데 그거 끝나고 만나는 것이 어떻게 보면 정식이거든요. 그런데 바꿀 수 없냐고 이런 식으로 해서 그럼 11시가 어떠냐 그랬더니 "선생님, 그것보다 빠르면 안돼요?" 하면서 자기가 12시까지 들어가 봐야 한다는 거예요. 그래서 그러면 언제가 좋겠냐, 10시 30분이면 되겠냐 하니까 더 일렀으면 좋겠다는 거예요. 그래서 10시로 내려 잡았는데 그것을 얘기하는 동안에는 전혀 불편한 것을 못 느꼈는데 끊고 나서 그 내용 전체적으로, 바빠서 안 돼요부터 막 골이 아픈 거예요.

리더: 어! 한번 찾아봅시다. 그것이 왜 골이 아팠을까?

망고: 제가 상당히 그랬었거든요. 굉장히 열심히 했었어요. 어떤 면에서 그랬나 하면 뭐 토요일도 걔가 올 수 있는 시간에 맞춰서 다른 사람들 다 퇴근했는데도 6시, 7시, 그때까지 남아서 일하고, 그런데 저만 그런 것이 아니라 저희들 모두 그래요. 고무줄 님 같은 경우엔 9시 넘어서까지 하고요.

리더: 그게 왜 그러는 거예요?

고무줄: 시간이 그때밖에 안 맞고 그러면 어쩔 수 없이.

리더: 그 내담자의 편의 때문에?

고무줄: 제가 나올 수 있는 시간과 내담자의 시간을 최대한 맞추다 보니까….

망고: 꼭 도와주고는 싶고.

리더: 그렇군요.

망고: 매주 만날 수 있는 내담자라면 모르겠는데 두 주에 한 번 겨우 만나는데 그렇다고 문제가 많이 좋아지고 호전되는 것도 아니고 8개월 9개월 동안에 한 16회밖에 못 만났고…. 안타깝죠? 제가 이것을 잘해서 마무리를 짓고…. 그런데 이 내담자는 그런 것을 전혀 모르겠지만, 이 내담자는 예전에 저녁 대접하고 싶다고 그래서 저녁대신에 차를 마시자고 했어요. 그랬는데 상담관계를

어느 정도까지로 봐야 하는지, 저는 계속 붙잡고는 있죠. 나는 확실히 당신의   리더로서 모든 상호작용을 그 한도 내에서 하고 있다는 것을 전 아는데, 그 내담자도 그럴까 하는 건 조금 의문이 돼요. 그래서 그런 것도 얘기를 같이 해봐야겠다, 구조화가 잘 안 된 것 같다, 자꾸 침범해 들어오는 느낌이 드는 거예요.

리더: 리더로서 충분한 존중을 못 받는 거에 대한 안타까움이 있는 것 같네요. 그런가요?

망고: 그 친구가 알 수 있게끔 내가 알려주지 못하면….

리더: 응, 결국 내가 부족한 것 때문에 내가 화가 난 거네? 계속 자기가 못했다고 생각이 돼서.

망고: 예, 그것을 넘겨 버리고 내가 편하게 넘어갔는가….

리더: 그러면 망고 씨도 제가 아까 고무줄 님한테 준 똑같은 숙제를 내주고 싶어요. 그 장에 그 절(Chapter)을 보면 도움이 될 거예요. 우리는 인지적이니까 가능하면 인지적으로 나가야 하니까. 우리가 불편하다는 것은 거기에 분명 나에게 그 불편을 유도하는 어떤 인지가 있기 때문에, 그 인지가 제가 볼 때는 그 중의 하나가 아닐까 생각되는 거예요.

실개천[11]: 그런 건 상담 초심자여서라기보다 상담 초기에 다 그랬던 것 같아요. 저도 처음 여기에 왔을 때 늦게까지 상담하고 어떻게 하면 그 내담자에게 맞출 수 있을까 시간을. 많이 그랬던 것 같거든요. 그러다 보면 결국에는 제대로 안 되더라고요. 그에게 맞춰서 시간을 정하고 했을 때 의외로 뭐랄까 상담이 어떤 전문성을 유지하면서 되는 것 같지 않더라고요. 결국 중간에 다 떨어져 나가고 결과가 만족스럽게 제대로 안 나왔던 것 같아요. 꼭 ○○이기에 연락이 제대로 안 되기 때문은 아닌 것 같아요.

---

11) REBT 집단이므로 집단성원이 표출하는 모든 문제에 대해서 인지적으로 해석하고, 인지적으로 문제를 해결하려고 시도함.

그것이 전문성을 쌓아 나가는 데 있어서 단계가 아닐까 하는 느낌이 들어요.

리더: 그렇지, 내가 필요하니까 사실 그런 것도 많이 있잖아요. 요즘에 저는 상담할 때 내 편의에 의해서 상담 스케줄을 많이 잡아요. 당신(내담자)이 전문가가 필요하면 당신이 맞춰 줘야지. 그러니까 내담자들이 '휴가'나 '월차'도 내고 별거 다하고 와요.

향수: 그러니까 그럴 수 있는 당당함, 요구할 수 있는 것, 네가 갖고 싶으면 와라, 그것이 많이 부럽죠.

리더: 그렇게 되기까지, 저도 옛날에는 맞춰 주고 했지. 누가 처음부터 그랬나요? 그러니까 그것 때문에 속상해 하실 필요는 없어요. 부분적으로는 나한테 도움이 되는 거니까. 글쎄, 이 말이 도움이 될지 안 될지 모르겠네요.

망고: 도움이 돼요.

고무줄: 오늘 오전에 한 상담. 너무 힘든데 그나마 저한테 참 많은 도움이 되는 것 같아요.

리더: 그래서 그렇게 못 놓고 싶어 하는구나. 그런데 고무줄 님 그것을 생각해 봐. 내가 그 사람한테만 도움을 받는 건 아니에요. 그 사람을 상담했을 때만 내가 도움 받는 건 아니거든. 어떤 종류의 내담자도 나의 전문적 성장에 보탬이 되는 거니까.

고무줄: 놓는 것조차도 참….

리더: 그러니까 거기 보면 '나는 항상 성공해야 한다.'는 비합리적인 신념이 있어.   리더가 그런 것이 아닐까 하고 내가 읽어 보라고 그런 거야. (웃음)

실개천: 요즘 저희가 공부하는 분위기인데, 그래서 그런지 몰라도 공부해야겠다는 생각을 참 많이 해요. 집에 가서도 아기 재워 놓고 보고 자려고 하고 여기 와서도 집중이 안 될 때는 타이핑하고, 집중이 될 때는 책을 읽고 이래서 오늘도 아침에 와서 인지치료를 오후에 스터디하는데 번역을 참 못했다는 느낌을 타이핑하

다 받아요. 말도 안 된다, 번역한 내용이. 그런데 오늘 또 차근히 읽어 보니까 어느 정도 말이 되더라고요. 그래서 특별히 고칠 게 없어서, 아 조금씩 하니까 어느 정도 원서를 읽어 내는 실력이 조금씩 나아지고 있구나, 그래서 조금은 기뻤어요. 어떻게 하면 더 공부할 수 있을까 그런 분위기를 만들 수 있을까 그게 가장 많은 생각을 차지해요.

리더[12]: 아 참 듣기 좋다. (웃음) 내 것이 이거였나? "이 집단활동을 통해 새롭게 배운 것 한 가지를 왼쪽 사람에게 이야기해 보세요." 오케이, 고무줄한테 배운 것은 친절이야. 나도 항상 저렇게 친절할 수 있었으면 좋겠다. 나는 내가 알고 있는 모든 사람들에게 인정받고 이해받고 사랑받아야만 한다. 그 생각이 너무 지나쳐서 내 행동을 제어하니까 문제지. 항상 착하려고 하니까. 다른 사람한테 친절한 게 뭐 나쁜 거예요? 좋은 거지 그런 것이 좋고 그다음에.

고무줄: "당신의 왼쪽 사람에게 그로부터 배운 것을 말하시오." 이것이 무엇일까? 하여튼 실개천이라고 생각하고, 밝아서 좋아. 항상 긍정적으로 생각하기 때문에 참 좋은 점이에요. 그런데 이렇게 하는 게 맞아요?

리더: 그러게요. 왜? 아직 행동카드는 안 나와요? 아 저쪽으로는 아직 안 가서 그렇군요.

고무줄: 너무 여기서만 노는 것 같아요.

리더: 그렇지? 그런데 이건 시간제한이 없어요.

망고: 빨리 끝나는 게 목적이 아니니까.

리더: 다른 사람의 문제에 대해서 내가 화가 나는 것은 지각 없는 행동이란 거지. 왜냐하면 내가 화가 나서 다른 사람의 문제를 해결해 줄 수 없으니까. 화내지 않으면서 다른 사람의 문제를 해결했던

---

12) 상담자를 중심으로 그 옆에 앉아 있는 사람으로부터 배운 것에 대해서 말함.

경우, 그런 얘기를 해 줄 수 있겠죠?

고무줄: 대부분 그런데.

　리더: 대부분 화내지 않고 당황하지 않고. 그중에서 한 가지를 얘기해 줘요.

고무줄: 어제 같은 경우예요. 집에서, 한 11시 30분 정도에 전화가 왔어요.

　리더: 남편한테?

고무줄: 아니요.

　리더: 아니, 상담 전화가 집으로 그렇게 많이 오나요?

고무줄: 글쎄 말이에요.

　리더: 그냥 아무한테나 주세요? 전화번호를?

고무줄: 아뇨. 그 강의 계획서를 주니까요. 학기 초에 학교에서.

　리더: 학교에 어디서 강의하는 건데요?

고무줄: 사회교육원.

　리더: 그러니까 아줌마들이 많이 오시는군요. 그런데 왜 줘? 그 전화 번호는?

고무줄: 강의 계획서에 강사들 연락처를 다 쓰게 되어 있거든요. 주소는 아니고.

　리더: 그러면 처음에 오리엔테이션할 때 그런 것에 대해서 전화를 해 달라고 그래? 아니면? 고무줄 씨가 만약에 그 전화상담을 즐기고 그것을 통해서 내가 배운 게 있다면 괜찮은데, 나한테 너무 방해가 된다. 그럼 자기 스스로를 보호해야지요.

고무줄: 작년까지는 제가 ○○학 강의를 해서 그렇게 상담전화는 올 게 없었는데….

　리더: ○○학?

고무줄: 예.

　리더: 원래 ○○학 같은 거 했어요?

고무줄: 석사 때 논문을 그것으로 썼어요. 과정은 그렇게 안 들었는데 논문만. 그래서 저도 그런 불편함을 전혀 못 느꼈거든요. 올해는

그 ○○상담과 치료 과목이다 보니까 아무튼 그렇게 될 줄은 저도 몰랐죠. 앞으로는 그러지 않으리라 생각을 하는데 어제 그 상황에서 저의는 아버지가 초저녁잠이 많으신데 저희 집 전화가 밤마다 한두 번 울려서 엄청나게, 전화 한번 울리면 이것저것해서 정말 크게 울려요. 그런데 아빠가 일찍 들어오셔서 주무시고 그땐 또 늦은 시간인데 그분 나름대로는 힘들다고 전화가 왔어요. 그냥 어제는 하루 종일 제가 편했잖아요. 전화받을 수 있었는데 만약에 ⋯. 아니 이건 예가 아니다. 화를 낼 상황이었을 수도 있잖아요. 일단은 아빠한테 죄송했어요. 그때 주무시고 있었을 때인데, 그것도 전화가 10시 30분, 11시 30분, 계속 제 전화가 왔었기 때문에요.

실개천: 저의 예를 하나 들어도 될까요?

리더: 그래, 좋아요.

실개천: 어떤 것이냐면, 여러 가지 일이 일어나면 우리끼리 일에 대해서 같이 입방아들을 찧어대는 경우가 많은데 어떻게 윗사람이 잘못해서 힘들어지는 일이 있으면 같이 속이 부글부글 끓는 거예요, 옆의 사람도. 어떻게 그렇게 하느냐 이렇게들 하죠. 그런데 오히려 그게 문제를 해결하는 건 아니거든요. 자꾸 입방아 찧으면 사람들마다 선입견을 만들어 가고 그러면 뭐랄까 윗사람으로서 존경하는 마음보다는 아휴 좀 잘하지 좀 덜 괴롭히지 사람을, 이런 마음들이 생기더라고요. 별로 좋은 감정은 아닌데 바로 저런 예인 것 같아요.

향수: 화를 안 내고도 해결한다.

실개천: 그러지 못했다고요.

리더: 그러니까 이거는 그랬을 때 화내지 않고 해결해야 한다 이거죠?

실개천: 화를 내고 내가 감정적으로 연루된다고 해서 그 문제가 해결되는 건 아닌데 주로 문제 해결지향적이기보다는 원인을 캐고 그 사람에 대해서 좀 더 잘하지 이렇게 입방아 찧는 것으로서 시간

을 많이 소모하죠. 그래서는 별 도움이 안 되더라 그것을 얘기하고 싶은 것 같은데요.

리더: 그것도 한 예일 것 같고, 정확한 예는 화를 내지 않고 보통사람 같으면 화를 낼 수 있는 상황인데 화내지 않고 문제를 해결한 것 그런 것이 있으면 좋겠지. 다른 사람의 문제에 대해서 더군다나 화를 내는 건….

실개천: 참 힘들더라고요. 그게 객관성을 유지하면서….

고무줄: 예를 들어서 오늘 아침에 그 내담자 아주머니 안 왔잖아요. 안 오셨는데 또 전화에 대고 하는 말은 아이 욕뿐만 아니라 학교 선생님 욕, 과외 선생님 욕, 그런 욕들을 쭉 하시면서 정말 저는 마음속으로는 그 엄마를 욕해 주고 싶은 마음이 많았는데….

리더: 그럴 때는 있잖아, 고무줄 님도 좀 적절하게 엄마에게 직면하세요.

고무줄: 오히려 그런 것들이 그 아줌마한테….

리더: 직면하는 건 화내는 게 아니잖아. 좋은 말 하는 건데 그렇게 직면(confrontation)을 시켜줬으면 좋았을 텐데….

실개천: REBT 상담에서도 야단치는 건 있죠?

리더: 아니, 야단치는 건 내 용어고. 야단치라고 얘기하지 않고….

실개천: 당신이 뭐가 문제라는 것을, 문제를 개념화한 다음에 지적해 줄 수 있는 것 아니에요?

리더: 당연히 그렇지.

고무줄: 공감도 해주지만 그저게 너무 많이 변화시키려 한다. 오히려 그래서 오는 걸까? 그런 생각이….

리더: 무엇이 많이 변화시킨다고요?

고무줄: 그 아줌마를….

리더: 고무줄 님이?

고무줄: 예.

리더: 그래, 그럴 수도 있어요. 사람이 너무나 많이 변화되는 존재가

아니기 때문에 작은 곳에서 변화가 된다면   리더가 만족을 해야지요.

고무줄: 오늘 아침에 참 그런 상황인데 계속 그렇게 얘기하고…. 그것도 참 화났었어요. 10시부터 제게 일이 있는 거 뻔히 아는데, 그것을 한 번 말씀을 드렸는데도 개의치 않고 10시가 넘었는데도 계속 얘기를 하는 거예요.

리더: 그럴 때도 직면해야지.

실개천: 아침 5분, 10분 간격으로 계속 전화가 왔었어요.

리더: 누구냐, 고무줄 님 참 골치 아프게 하는구나. 오늘 오셨어요?

고무줄: 오늘은 안 오셨어요.

리더: 결국 안 왔구나. 하여튼 성마른 사람이구나, 사람 자체가.

고무줄: 그 상황에선 정말 화를 적절하게 냈어도 좋았겠다 하는 생각이 들어요.

리더: 그래, 화 못내는 것도 병이다, 병. 오케이, 그다음에…. 진달래 님, "오른쪽에 앉은 사람에게 이 그룹에서 가장 좋았던 것을 말해 보세요."

진달래: 지금까지 저한테 그렇게 따지는 경우를 본 적이 없거든요. 그룹을 하면서 논박이라는 게 있잖아요. 그런 것을 통해서 저한테 좋은 점을 지적하고 얘기하고 그럴 때 직면시켜 줄 때 아주 참 좋았던 것 같아요.

리더: 그런데 그건 논박이 아니에요. 사실 논박은 부정적인 게 아니고.

진달래: 무엇인가 사실을 볼 수 있게 해 주는 것.

리더[13]: 정확하게 관찰하지 못하고 있는 것을 관찰하도록 도와주는 거지. 부정적으로 왜곡시킨 면이나 적절하지 않은 것을 제대로

---

13) REBT 상담에서 논박은 단순히 비합리적인 생각을 깨는 것이 아님.
내담자가 정확하게 관찰하지 못하는 것을 정확하게, 부정적으로 또는 적절하게 지각하지 못하는 것을 제대로 지각하도록 도와주는 것도 '논박'임을 설명.

지각할 수 있게 도와주는 거죠. 구체적으로 어떤 도움을 받으셨어요?

진달래: 제 자신이 눈을 뜬 것 같아요. 저의 약간 비현실적인 모습이 현실에 당면할 수 있는 계기가 주어졌던 것 같아요.

리더: 조금 더 구체적으로 얘기한다면?

진달래[14]: 예를 들어서 '조용히 입 다물고 있다면 중간은 간다.' 뭐 이런 생각이 아주 어렸을 때부터 제 스스로 만들어 왔던 생각인, 그런 생각들이, 그게 아니라는 게 아니고, 그런 것들이 무엇인가 안전을 지향하고 새로운 것들에 도전 받기를 싫어하는 나의 어떤 문제점과 결부되어서 나타나는 것이라는 것, 그걸 알게 된 거죠.

리더: 예. 저는 거기에 한마디만 덧붙이면, 모든 경우에 항상 입 다물고 중간 가는 건 아니지만 어떤 경우는 그래야 될 때가 있어요, 사실은. 그러니까 그 어떤 경우까지 진달래 님이 놓치지 말라고요. 어떤 때는 저 사람은 가만히 있으면 야단도 안 맞고 괜찮을 텐데 괜히 말 한마디 거들어서 안타까울 때가 있거든. 그건 중요하죠. 감각을 갖는다는 것. 이런 상황에선 말을 해주는 게 감각이 있는 거죠.

향수: '나쁜 사람이란 건 없다. 단지 그때 나쁘게 행동하는 사람이 있을 뿐이다.'래요.

리더: 그래그래, 맞아요!

향수: 본래 악한 사람은 없다고 그러는 것처럼, 예를 들어서 남편하고 싸웠어요. 일요일 날 저녁에 심하게 싸웠는데 자기도 화가 나니까 나도 화가 났고 서로 부딪쳤고 그러니까 말도 함부로 하고 행동도 거칠게 해서 나쁘다고 생각했지만 그때 그랬던 거지 정말 나쁜 건 아니라고 생각하죠.

---

14) 진달래 님이 지닌 비합리적 생각에 대한 좀 더 심층적인 통찰이 일어남.

리더: 그때 남편의 행동이 순간 나빴을 수 있지만 그 사람 자체가 나쁘진 않았다는 것을 그때 느꼈어요?

향수: 풀어진 다음에 느꼈어요. (웃음)

리더: 오케이, 또 "자기가 가고 싶은 칸으로 가시오." 네, 행동 칸으로 가실래요? 그러면 상대해 줄 사람이 있어야 되죠. 망고 님이 선택해도 돼요. 우리 중에 하나 뽑아서.

망고: 피하고 싶은 상황에 대한 A, B, C, D 분석을 해보세요.

리더: 그러면 사람이 필요 없다. 그치? 그럼 한번 분석해 보세요. 가상적으로 지어서 한 번 해보세요. A, B, C, D를 잘 알고 있나 이것을 확인시키는 거겠지.

망고[15]: 결혼에 대해서 저는 불안감이 아니라 성급함을 느껴요. 성급함보다는 신경과민한(nervous) 쪽에 가까운데, 내가 만일 결혼하지 않고 혼자 살았을 때 그런 모습을 생각하거나 그럴 것 같은 예감이 들면 아주아주 못 견디는 그런 게 있거든요. A, B, C, D 는….

리더: 그러면 내가 결혼하지 않은 상황이 A지. 그리고 C는 내가 신경과민해진 거지. 그치? 못 견딜 정도로. 그러면 거기 어떤 신념이 들어 있어서 내가 신경과민해질까요?

망고: '결혼을 해야만 내 인생에서 어떤 꼭 해야 될 일을 한 것이고, 그래야 내가 가치 있는 사람'으로 나도 느껴지고, 다른 사람도 그렇게 느낄 것이다.

리더: 결혼을 꼭 해야만 가치 있는 사람인데 결혼하지 못하고 있는 상황, 그러니까 신경과민한 거죠? 그러면 이제 자가논박을 해야지. 나는 가치 있는 사람이기 위해서는 꼭 결혼을 해야 한다잖아. 그게 B(생각)잖아, 그치? 그것을 자가논박(self-dispute)해 보세요.

---

15) 진달래 님이 지닌 비합리적 생각에 대한 좀 더 심층적인 통찰이 일어남.

고무줄: 우선 그것을 찾아내야 되는 거 아니에요? 찾아낸 다음에 논박하는 게….

망고: 찾아낸 신념을 대치할 수 있는 것을 생각하는 거죠.

리더: 논박을 해서 거기에 대치할 수 있는 신념을 찾아내는 거지.

망고: 모든 사람은 결혼을 해야만 하는 것은 아니다. 그리고 나도 결혼하지 못하는 사람 중의 하나가 될 수도 있다.

리더: 그것보다는 꼭 결혼을 해야지 인간의 가치가 드러나는 건 아니다. 결혼하지 않아도 얼마든지 인간의 가치는 있는 거다. 어떤 것이 합리적일까?

망고: 저는 합리성 거기에…. 논리성, 실용성, 현실성 거기서 현실성에 바탕을 두고 말씀드린 것이거든요. 현실적으로 결혼 안 하고 사는 사람도 많잖아요. 결혼하고 사는 사람도 많고. 현실적으로 비춰봤을 때, 결혼하고 안 하고의 가치를 기준 삼아 얘기할 수 있는 것이 결코 아니다. 그런 면에서 그렇게 얘기하고 싶었어요.

리더: 논박을?

망고: 예. 가치는 '있다, 없다'라기보다 가치가 다르다라고 얘기해야 할 것 같아요.

리더: 사람들은 다 가치가 다르다?

망고: 결혼한 사람의 가치하고….

리더: 가만 있어봐. 나도 지금….

망고: 결혼한 사람들이 결혼하지 않은 사람보다 훨씬 많은 일을 하며 살고 있다고 생각하거든요. 자녀를 낳든 안 낳든. 남편이 있으니까 남편에 대한 어떤 역할이 있고….

리더: 그러면 일을 많이 하는 것이 더 가치롭다고 생각하는 거예요?

망고: 안 한 사람보다….

리더[16]: 그것이 아니지요. 여기선 그건 아니라고 봐요. 일을 한다는 건 행동이잖아. 그 사람이 아무리 행동을 많이 하고, 아무리 훌륭한 일들을 많이 한다고 해도, 그 사람의 인간적 가치하고 연결되어서는 안 된다는 거죠. 누구나 다 가치 있는 사람이거든요.

망고: 그런데 전 끊임없이 가치로운 일을 하면서 살고 싶은 마음이 있기 때문에 그 범주 안에 그것이 포함되는 거예요. 가치 없다고 아무것도 하지 않으면서 가치 있다고 하는 그것, 그 말 자체가 합리적이지 않다고 내가 수긍하는 것이 아니라 그것도 인정하지만 그렇다고 그것을 인정한다고 해서 그대로 살아 버릴 수 있느냐….

리더: 그러니까 이렇게 해야 되겠죠. 나는 인간으로서 굉장히 가치 있다. 그리고 동시에 나는 가치 있는 행동, 가치 있는 일을 하며 살고 싶다. 그러면 되겠지 뭐. 그것을 비합리적이라고 그러진 않지요. 가치 있는 일을 하고 산다는데.

실개천: 결국 결혼과 관련된 일을 해야만 가치 있는 일이라고 생각하는 거예요?

망고: 네.

리더: 그건 아니잖아요. 그건 분명히 아니지요.

망고: 다른 것은 별로 가치 있게 안 느껴져요. 제가 옛날부터 그래요. 그것이 가장 창조적이고 가장 아름다운 일이라고 생각되거든요. 다른 것을 아무리 성취를 하고….

---

16) 망고 님이 지닌 인간의 가치에 대한 개념을 인지상담의 인간관으로 재해석해 줌.

A(상황)	B(신념)	C(결과)
결혼을 아직 못했다.	결혼을 꼭 해야만 가치 있는 인간이다.	신경과민(nervous)

D 자가논박(self-dispute)
* 모든 사람이 다 결혼을 해야만 하는 것은 아니다.
* 그리고 나도 결혼하지 못하는 사람 중의 하나가 될 수도 있다.
* 꼭 결혼해야지 인간의 가치가 드러나는 것은 아니다.

리더: 그런데 중요한 건 만약에 망고 씨가 50년쯤 지났는데 결혼을 안 했다 그러면 그 생각을 계속 갖고 있는데 내가 결혼을 안 했잖아. 그럼 난 정말 가치 없는 사람이 되어서 우울해진다고요. 그러니까 그것이 비합리적인 거야.

망고: 그러니까 행동해서 결혼하겠죠.

리더: 하여튼 가치 있는 것을 떠나서 자연스러운 모습이고 애도 낳고 그래야 되니까 결혼한다. 가치 있는 일이어서 결혼한다라기보다.

망고: 제가 너무 결혼에 대한 사회화가 강하게 된 것 같아요. 저의 엄마, 아빠가 너무 행복하게 좋은 부부로 살고 계시니까, 문제는 많지만 혼자 사는 것보다 훨씬 좋게 느껴지고….

리더: 실제로 그렇지. 그렇지만 실제로 그렇다고 해서, 내가 결혼을 안 하고 혼자서 살고 있다고 해서 나 자신이 가치 없다고는 아무도 말 못하는 거죠. 곰곰이 한번 생각해 보십시다.

실개천: "이 집단활동에서 가장 좋은 점에 대해 오른쪽 사람에게 이야기해 보세요." 일단 REBT모델에 대해 제가 알게 되었다는 것이 참 좋은 것 같아요. 선입견도 있었고 단순한 지식을 가지고 전체인 양 내가 그렇게 생각했었던 게 오류였다는 것을 알고 좀 더 깊이 있는 것을 알았다는 게 참 좋은 것 같아요. REBT 모델을 조금 더 깊이 있게 알게 된 게 가장 좋았던 거라고 얘기하고 싶네요.

리더: 좀 더 구체적으로 말씀해 보세요.

실개천[17]: 일단은 합리적·비합리적 개념에 대해서 무엇이 조금 더 합리적인가. 이 게임 내용도 좋은 것 같은데요. 그런 것을 알게 된 거고 단순히 우리가 논박이라고 생각했던 부분이 아까도 해 봤지만 비평하거나 비난하는 거 그런 것이 아니고 그 사람이 보지 못했던 것을 보게 해 준다는 것이 참 좋은 것 같거든요. 여기서 얘

---

17) 실개천 님이 새롭게 알게 된 '논박'에 대한 개념 정리.

기하는, 대화했던 주제는 그거였던 것 같아요. 그 사람의 한 면만 봤는데 다른 면을 보게 해 주었던 것, 인지적인 방법에 의해서….

리더: 한 면만 보던 것을 다른 면을 보게 해 준 의미도 있지만 그보다 더 중요한 의미는 과거에는 객관적이고 구체적이고 과학적으로 보지 못했단 말이죠. 왜곡이 많아서, 왜곡되게 보고 있는 것이 사실인 것처럼 착각했는데 이건 그것을 제대로 보게 해 주는 거죠. 그다음에. '나는 완전한 인간이다. 나는 정말 완전하지 않을 수 있는 모든 권리를 갖고 있다. 비록 다른 사람들이 너는 실수를 전혀 하지 않는다고 말해도 그 사람들을 믿지 말라.' 아이, 저는 실수투성이죠. 그래도 이것을 하면서 합리화시키는 건 아니고 때때로 상처를 차단할 수 있는 심리적인 힘이 생긴 것 같아요.

고무줄[18]: "이 그룹을 통해서 각각의 사람에 대해 배운 것을 왼쪽 사람부터 이야기해 보세요." 한 사람 한 사람보다 저는 어떤 것을 느꼈냐 하면, 맨 처음에 봤을 때는 Ellis가 말한 비합리적인 신념을 갖고 있는 사람은 참 불편하겠다고 남의 것인 양 느꼈었는데 첫날 왔을 때 자기한테 가장 불편한 것을 하나씩 써 왔을 때 그것 하나 말고는 더 없을 것이라는 생각을 가지고 있었거든요. 그런데 그게 아니라 살면서 하나하나 불편한 것들이 모두 다 그런 것에서 나온다는 것, 그리고 저한테서 그러한 비합리적인 신념을 찾아낸 것들, 각각한테도 그렇고, 크게 상황 상황마다 재현되고 있고 그게 하나의 과정으로 치료되어 가고 있는 것 자체를 참 많이 배운 것 같아요. 제 상황은 아니더라도 남의 상황에도 동일하게 배울 수 있는 것들도 있고,   리더로서 그와 유사한 장면들이 상담 장면에서 있을 수 있잖아요. 그런 것들을 한번 당겨서 경험

---

18) 고무줄 님이 자신이 지닌 숨어 있는 비합리적 신념이 상황 속에 재현 되면서 미친 영향에 대한 설명

해 본 것일 수도 있고….

리더: '도움이 안 된다, 왜 이런 건 없냐. 여기, 그런 것도 한번 얘기해 봐라.' 그런 것도 있어야지요. 그다음….

진달래[19]: '네잎 클로버' 칸이에요.

실개천: 성실한 부분이 참 좋은 것 같아요. 늘 성실하고 열심히 한다는 의미보다는 최선을 다한다는 그런 느낌이 좋은 것 같고, 이 좋은 아가씨를 왜 남자들이 안 데려갈까 옛날부터 그 생각을 참 많이 했어요. (웃음)

고무줄: 사람들을 볼 때, 보통 '아이, 저건 참 아니다.'라고 생각되는 것도 장점으로 받아들일 줄 아는 것 같아요.

리더: 그러니까 다른 사람의 '아니다.'라는 면까지도 좋게 받을 줄 안다 이거지요.

향수: 변함이 없고, 꾸준하신 것 같아요. 아까 성실해 보인다는 거랑 일맥상통한 건데.

망고: 사람이 굉장히 선하신 것 같아요. 마음이, 심성이요. 굉장히 선하신 것 같아요. 그래서 저는 미처 못 느꼈는데 동생, 언니인가, 친구들이랑 통화하는 것을 들었는데 목소리가 너무 감미로워요. 그런 감미로운 목소리로 사랑을 해 주는 사람이 있어서 그 사람과 관계 맺는 사람들은 참 행복한 사람이고, 그렇게 해 주는 본인도 정말 좋은 사람이겠구나 이런 마음이 들었었어요.

실개천: 하나 더 얘기하고 싶은데, 진짜 존중받는다는 느낌을 받았어요. 지나가면서 인사하실 때도 우린 보통 그냥 '안녕하세요.' 이러면서 지나가는데, 저한테만 그러시는 건 아니겠죠. (웃음) 고개가 남들보다 조금 더 많이 숙여진다는 그것 때문에 존중한다는 건 아니지만 그건 하나의 예고요. 제가 생각할 때는 내가 존중받고

---

19) 진달래 님의 말이 게임판의 '네잎 클로버' 칸에 도달하자 집단 구성원 모두 진달래 님의 합리적이고 좋은 부분에 대하여 이야기를 해 줌.

있다는, 나를 가치 있게 여겨준다는 그런 느낌을 받았어요.

리더: 그래, 참 좋다. 남을 존중하는 사람이 자기가 존중받는 거예요. 성서에도 보면 '섬기는 사람이 다스린다.'고 했기 때문에 섬기고 감사하고 이런 사람이 섬김을 받아. 그건 진리예요. 저는 표현이 이상한데, 잘난 척하는 기색이 없어서 참 좋아. 너무 겸손한 모습 그게 참 좋아요. 부담이 없고. 자 그다음.

향수: 저도 실개천 님하고 비슷한데요. 저는 최근에 공부를 하고 있어서 공부 생각이 드는 게 아니라 공부를 너무 안 해서 공부 생각이 나는데요. 아까 점심 먹으러 가서도 잠깐 얘기했는데 오늘 아침에 또 특별히 세미나를 해서 원래 토요일에 했어야 하는데 수요일에 했거든요. 참가하고 나니까 내가 잘 모르는 새로운 이론을 설명해 주시고 그러고 나니까 지금이 교육집단, 특별히 REBT 집단에 참여하고 있지만, REBT 기법에 대해서도 사실 잘 모르면서도 그렇고, 어떤 것도 저는 지금 상담 초보이기 때문에 '아! 난 부족한 게 참 많은데, 내가 열심히 하면서 따라가야 하는데.' 하는 생각 때문에 공부를 많이 해야지, 시간을 더 투자해야지라는 생각을 오늘 특별히 더 하고 있어요.

리더: 그런데 그것 때문에 기가 죽거나 그럴 건 없어요. 우리 모두 공부가 결국은 내가 모르는 것을 더해 가는 거지. 그렇기 때문에 그만큼 그게 공부가 된 거죠. 내가 무엇이 부족하고 무엇을 보충해야 하는지를 알게 된 게… 그죠?

실개천: 박사는 그거라면서요. 내가 무엇을 모르는지를 아는 게 박사라면서요.

리더: 내가 말한 건데 누가 써 먹었어? (웃음)

실개천: 우리 교수님이 늘 그 말씀 하셨어요. 박사가 되는 순간 내가 무엇을 모르는지를 알았다고.

리더: 박사 학위 논문은, 우리 공부할 때는 야, 학위 논문이 거창하고 뭐 대단한 것인가 하고 박사 졸업 하는 줄 알았는데. 참 논문이

라는 게 거대한 학문의 바다에 점 하나 찍고, 파문도 못 남겨. 점
하나 찍고 학위를 받는 거더라고. 참 허망한 거야. 공부하는 사
람은 죽을 때까지 공부만 하다가 죽는 수밖에 없지 뭐. 그다음,
이 그룹 안에서 가장 나빴던 것을 말하는 거네요.

망고: 구성원에 대한 불만은 없는데요. 분위기가 너무 술렁술렁댄다
는 느낌이 들어서 교육집단이 왜 이렇게 술렁댈까, 내면 깊이까
지 들어갈 수 있는 그런 분위기가 아니고, 술렁대다 보면 잡힐
만한 게 잡혀지지가 않는 그럴 때가 있어서 그런 점에서 약간 안
좋다는 느낌이 있었어요.

리더: 그 술렁술렁댄다는 게 뭘까?

고무줄: 웃고 뭐 농담하고….

망고: 이 내용 자체도 그래요. REBT 집단 자체가 다른 기법에 비해서.

리더: 정서를 덜 다루는 것 같기 때문에 그래요?

망고: 굉장히 뭐랄까 메마른 느낌이 들어요.

리더: 메마른 느낌….

망고: 생각만 갖고 하니까. 물기 없이….

리더: 그럴 수 있지. 응, 좀 드라이한 거.

망고: 네.

리더: 그럴 수 있겠지. 좀 끈적끈적한 맛은 없는 것 같기도 해요.

〈다 같이 웃음〉

망고: 그런데 이 구성원들로 하는 게 아니라….

리더: 그러니까 이 내용, 원래 인지 내용의 특성 때문에 느껴진 거죠?

실개천: 그리고 또 우리가 서로 너무 많이 아니까 그것도 불편한 것 같아
요. 우리가 어떤 얘기를 했을 때 그게 다른 사람에 관한 얘기를
할 거면 누군지를 아니까 내 정서나 내 신념이 다른 사람과 연결
되니까 무엇인가 말을 할 때 많이 조심스러워지는 것 같아요. 서

로 너무 아니까.

리더: 사실 개방이 완전히 잘 안 되지?

실개천: 네. 그것이 많이 힘든 것 같아요. 내가 말을 해놓고 나서 그것을 어떻게 거둬들여야 하는지도 모르겠고. 그게 힘든 것 같아요.

리더[20]: 응. 그럴 수 있지. '기차 속의 효과(on the train effectiveness) 가 잘 안 되는 거지. 서로 잘 모르는 사람끼리 만나서 해야 되는 건데…. 다음….

모두[21]: 와 좋겠다…. (웃음)

고무줄: 선생님은 참 편한 것 같아요. 특히 집단에서 많이 느꼈는데. 말 하기도 편하고 구수한 사람이라는 느낌이 들어요. 잘 전달됐는 지 모르겠네.

실개천: 어떤 선배가 나보고 시골에서 다라이를 이고 가는 아줌마 같다 고 하더라고요. (웃음) 몸빼 입고… 뒤뚱뒤뚱 걸어가는.

리더: 응. 그 느낌 전달된다. 촌스럽다거나 그런 게 아니라 구수한 거. 편안한 거.

고무줄: 그런 생각을 하고 있었어요. 조심스러운 유리그릇이 아니라 뚝 배기같이…. 굉장히 편하게 아무 데나 푹 앉아도 안 깨지고, 요 동도 안 하는 그런 느낌.

향수: 저는 일단 생각이 굉장히 편안하고 밝은 것 같고, 또 하나는 저 보다 나이가 위인 줄 알았어요. 그런데 어느 순간 아래라는 것을 알게 됐어요.

실개천: 저보다 위구나.

향수: 제가 학년이 하나 위라 그럴 거예요. 그런데 그것을 알았을 때

---

20) 기차 속의 효과(on the train effectiveness): 기차 속에서 잠깐 동안 같이 만난 사람 들은 서로 모르고 앞으로 다시 만날 개연성도 없기 때문에 자신의 속마음을 터놓고 이야기할 수 있는 것을 일컬음.

21) 실개천 님이 '네잎 클로버' 칸에 가서 사람들이 부러워하는 웃음임(주사위가 '긍정 하기'에 떨어지면 그룹 성원들이 모두 칭찬의 말씀을 해 주는 것이므로).

그래도 어쨌거나 결혼도 나보다 한참 먼저 했었고, 아기도 낳았고, 그런 연륜에서 오는 것도 있는 것 같고, 또 상담을 공부한 사람이라 그런지 나이에 비해서 어른스러운 것 같아요. 성숙한 것 같다, 그런 느낌. 어린 사람이 젖을 수 있는 치기 어림 같은 거요. 나이가 모든 것을 다 대변하는 건 아니지만, 그런 건 없는 것 같다. 참 성숙한 사람인 것 같다 그런 느낌. 그전에 잘 몰랐으니까. 별로 접촉이 없었으니까요.

리더: 우리 실개천 님은 참 수용적이에요. 그건 리더로서 정말 좋은 태도지. 같이 함께하는 사람으로서도 참 좋은 태도이고. 영원히 지켜야 될 태도인 것 같아요.

진달래: 편안하게 사람들을 대하시면서 물론 치료자시니까 필요한 말을 기분 상하지 않게 잘 해주시는 것 같아요. 지금 선생님에 대해서 하는 거 아녜요?

리더: 나? 아뇨. 실개천 님에 대해서.

〈다 같이 웃음〉

진달래: 굉장히 참 좋으시잖아요. 부담이 없으신 것 같아요. 부담이 없으면서 함부로 할 수 없는 사람인 것 같아요. 저보다 어리신데도 지켜야 할 선을 잘 알아서 처신을 잘 하세요. 자기관리 같은 것 그런 것을 잘하시는 것 같아요.

망고: 재치 있고 겸손하고 그래서 비록 나이는 어리지만 적응을 참 빨리 하고. 어떤 상황에서 어떻게 처신을 해야 하는지 빨리 깨우치는 것 같아요.

리더: 그다음은 뭐지요?

향수: 이 그룹에서 오른쪽에 앉은 고무줄 님으로부터 뭘 더 보고 싶은지?

리더: 저는 여기뿐만 아니라 우리 집단이 좀 더 심층적으로 들어가지

못한다는 생각을 했어요. 그 얘기를 언젠가 했더니 우린 그거밖에 없다고 다들 그래서, 또 그럴 수도 있지 뭐, 다들 삶의 연륜이 짧은 사람들이고 별로 어려움 없이 살아왔으니까, 그 얘기를 했을 때는 100% 다 받아들였는데. 그전에는 '아 참 뭐가 잘 안 나온다, 정말 개방이 잘 안 되는구나.' 이런 느낌을 받았고, 지금도 그런 건 있어요. 서로가 우리가 너무 잘 안다 그럴까? 그런 것 때문일 수도 있고. 여러 가지 이유가 있겠지만, 자신의 부끄럽고 심층적인 얘기가 잘 안 나와서 그런 안타까움은 있죠. 그런데 이제 그게 없을 수도 있어. 아니면 우리 통찰이 부족해서 안 나온 것일 수도 있고, 그렇죠? 이건 또 리더의 편견일 수도 있어요.

고무줄: 사람들이 나를 돌보지 않는다 할지라도 나 스스로도 돌볼 수 있다.

리더: 그런데 다른 사람들이 다 돌보아 줄 것 같아요.

향수: 자기가 워낙 다른 사람을 잘 돌보아 주니까. 아니야, 그런데 남을 잘 돌보는 사람이 오히려 자기는 그것을 받을 기회가 없을 수도 있어요.

리더: 그럴 수 있을까?

고무줄: 예를 들어 보면, 학교에서 전에 안 좋다는 얘기를 많이 했었잖아요. 그런데 요즘 좀 풀리고 아까 선생님이 섬기는 자가 그렇게 된다 그러신 것처럼 정말 그런 것 같아요. 나중에 다 좋은 피드백이 되어서 돌아오더라고요. 그런 상황에서 사람들이 그렇게 봤을지라도 내가 정말 그런 건 아니라고 생각했던 거, 여기서 내가 힘들지만, 이것이 전부는 아니라고 생각했던 것.

진달래: (뽑은 카드의 내용을 읽어 보며) 이게 무슨 뜻이지요? (리더를 보면서)

리더: 어떤 사람이 진달래를 이용했을 때 그 사람을 직면시키라는 거니까 다른 사람이 하나 필요하네, 이런 거지 뭐. 맨날 돈만 꿔달라는 사람이 있다든지. 그런 것을 가지고 역할연기를 하세요.

실개천 님이 상대편의 역할을 해 주세요.

실개천[22]: 우리 둘이 연인 사이예요. 돈이 조금 필요한데, 사업자금으로 1,000만 원 정도가 필요한데 한 900만 원 정도 내가 모아 놨거든요. 100만 원만 있으면, 그러니깐 100만 원 정도야 보태줄 수 있을 것 같은데…. 이래 놓고 또 사업이 확장되었습니다.

고무줄: 결혼은 안 했고요?

실개천: 아직 결혼은 안 했어요. 새로운 사업 그게 참 잘되어서.

리더: 100만 원 꿔줬지?

실개천: 네. 꿔줬고, 제가 또 갚았어요. 어떻게 사업이 잘 되어서 그때 빌려주신 돈으로 잘 되어서 더 큰 사업을 하는데 500만 원 정도만 더 빌려주시면 제가 잘 되어서 다시 돌려주고, 우리가 더 부자 되면 좋지 않느냐고, 또 빌려줬어요. 이제 두 번째 단계, 사업이 너무 잘되어서 한 1억짜리 사업을 벌이는데 한 2,000만 원 정도는 빌려줘야 될 것 같은데 어떻게 그런 자금 모아 놨을까? 서른 살까지 2,000만 원 정도는 모아 놨을 테니까 우리 그 돈 먼저 쓰고 사업 잘되면 그것으로 아파트 한 채 사서 잘 살았으면 좋겠는데…. 그래 놓고 이제는 오리발 내미는 거예요.

진달래: 돈 벌어 놓고?

리더: 내가 언제 결혼하자 그랬지? 이러면서?

실개천: 네.

진달래: 한두 번도 아니고 계속 그런 돈을 달라고 했을 때, 항상 나에게 결혼하자는 이유하에 그런 얘기를 했었는데, 나보다 오히려 집을 살 수 있는 능력이 되었는데. 아무런 약속도 지키지 않고 그럴 수가 있어요?

실개천: 지키지 않은 게 아니지. 사업이 워낙 잘되다 보니까 결혼할 시간이 없는 게 아니겠어요?

---

22) 실개천과 진달래 사이의 역할연기가 이루어짐.

진달래: 그렇다 하더라도 당신은 남자고 난 여잔데 우리가 비록 동갑이라고 하지만, 내가 만약…. 남자 30세와 여자 30세는 차이가 있는데 어떻게 아직도 결혼할 생각을 안 하고 혼자 일할 생각만 할 수가 있어요?

실개천: 아, 나를 많이 못 믿는 것 같은데, 1년, 2년 정도 늦게 한다고 해서 별 차이는 없잖아? 어차피 우리가 지금 결혼한 것처럼 재미있게 살고 이렇게 서로 사랑하고 있고 많은 시간을 함께 보내고 있는데 꼭 결혼이란 테두리 안으로 들어간다고 해서 서로가 더 좋아지고 그러는 것도 아닌데, 이렇게 연애하는 것처럼 지내는 것도 좋잖아?

진달래: 당신은 지금 일이 있고, 나는 지금 현재 일을 하는 상황이 아니라 집에서는 결혼을 하라고 하고 있고, 집에서는 내가 당신을 도와준 것을 알고 있기 때문에 어느 정도 나에 대한 신뢰감이 떨어진 상태예요. 그렇기 때문에 하루라도 빨리 나는 안정된 생활을 하고 싶고, 계속해서 도와줬으니까 이 도와준 생활을 지속했으면 좋겠다는 생각이 들고 이제 빨리 집에 가서 결혼생활하면서 도와주고 싶은데 어떻게 생각하는지….

실개천: 에이, 그건 걱정 안 해도 될 것 같고, 내가 집에 가서 장인 장모한테 잘 말씀 드릴 테니까 너 꼭 데려갈 거라고, 한 일 년만 있으면 이 사업이 배로 전가할 거고 그땐 더 화려하게 널 데려갈 수 있잖아. 넌 나를 못 믿는 것 같구나.

진달래: 그런데 지금 그럴 상황이 전혀 아니거든요. 나를 믿을 수 있게 해 주는 게 아니라 나에게 해 주는 게 전혀 없고, 오히려 내가 당신에게 당하고 있다는 느낌이 들게 하고 있거든요.

실개천: 넌 이상한 소리를 한다. 돈 조금 빌려주었다고 내가 널 이용하고 있다고 생각하는 거니? 그건 같이 함께 투자한 거지 널 절대 이용한 게 아니지.

진달래: 함께 사업에 투자했지만 그 사업의 소유주는 우리 공동의 이름

으로 되어 있는 게 아니라 당신의 이름으로 되어 있기 때문에, 만약에 우리가 어떤 특별한, 그런 일은 없겠지만, 어떤 일이 생겼을 때 그건 당신의 일이지 나의 일이 될 순 없는 거잖아요. 지금은 두 사람이 결합을 해서 일이 더 잘되도록 노력을 하든가 아니면 이 회사의 명의를 반반 분담해서 공동으로 하든가 둘 중 하나를 했으면 좋겠어요. 그래야 제 맘이 좀 더 안정될 것 같아요.

리더[23]: 그런데 선생님, 좀 더 강력했으면 좋겠죠. 너무 순하지?

실개천: 이용한 사기꾼 남자한테 그렇게 해서 되겠어? (웃음) 선생님 어떠셨어요?

진달래: 너무 신랄하게. 너무 잘하세요. 눈에서 다른 빛이 나오더라고요.

실개천: 그런데 선생님, 필요한 말 많이 했다, 그치?

리더: 못할 것 같더니 딱딱하더라고요. 좀 순하긴 했지만.

진달래: 앞으로 이런 경험이 없어야 될 거예요, 둘 다.

〈다 같이 웃음〉

리더[24]: 또 '네잎 클로버'칸이네.

향수: 굉장히 창피하네. 칭찬을 너무 못 받아 봐서…. (웃음)

고무줄: 향수는 외모부터 참 예쁜 것 같아요. 그죠?

리더: 이름도 예쁘지?

고무줄: 그리고 잘 모르던 곳에서 재치 있게 잘 해나가는 부분이 있는 것 같아요. 처음엔 잘 몰랐는데, 저희와 함께하는 작업들도 맨 처음에 왔을 때 그때 한참 바쁘고 그랬을 수도 있는데, 처음에 잘 못 나왔었지? 그래서 금방 그만둘 것같이 보였는데, 그다음에 끊이지 않고 계속하니까 옆에서 안 보던 면이 많이 보이는 것 같아

---

23) 역할연기에 대한 상담자의 피드백.
24) 향수 님에 대한 집단구성원들의 칭찬이 이어짐.

요. 뭐라고 말해야 하지? 뭐였지? 잊어버렸다.

실개천: 안 보이는 어떤 좋은 점들이 있었는지…?

고무줄: 처음에는 잘 모르던 부분이…. (웃음) 다른 사람들 얘기하는 동
안 생각해야겠다.

리더: 아직 다 끝나지 않았어요. 향수 씨는 같이 계속 있을수록 정이
많이 들어. 굉장히 여성적인 사람이고. 그 능력이 참 부러워. 미
국에 가서 연애했다면서요. (웃음) 내가 못하던 것을 성취해서
서 참 대단해 보여. 그리고 안정되어 있죠.

고무줄: 처음엔 건성건성 넘어갈 때는 잘 몰랐는데 굉장히 따뜻한 것 같
아요. 내담자 만나고 오는 것도 그렇고, 잠깐잠깐 집에 갈 때 얘
기하는 것도 그렇고, 마음속에 참 저렇게 따뜻한 면이 있었구나
그런 게 느껴지고 성격이 참 좋은 것 같아요.

실개천: 첫정을 많이 못 느꼈던 것 같아요. 쉽게 말해서 처음부터 많이
관여하고, 푹 빠지는 스타일이 아니고, 잰다고 할까 한 발을 넣
었다 뺐다 하면서 조금씩 서서히 빠져 들어가는 모습이어서 사
람들이 첫정보다 미운 정 고운 정을 더 많이 줄 것 같은 그런 스
타일인 것 같거든요. 그리고 삶에 대한 고집이 있는 것 같아요.
그 고집은 부정적인 게 아니고 애착이라고 할까 그런 어떤 긍정
적인 고집을 가지고 있는 것 같아요.

리더: 어때요, 향수 씨? 그래요?

향수: 예, 맞는 것 같아요. 그런데 최근에 와서 많이 듣는 소리인 것 같
아요. 뛰어드는 타입이 아니고 좀 살피고 넣었다 뺐다 하면서 들
어가는 타입인 것 같다는 말, 최근에 많이 듣거든요.

리더: 그게 아마 그래서 그런 게 아닐까? 다른 사람들은 집단이나 상
담의 체험이 많잖아. 근데 향수 씨는 좀 부족하잖아. 없으니까
아무래도 낯설어서 그럴 수가 있지, 난 그렇게 이해가 돼요.

향수: 다른 집단에서 다 그런 말을 들었는데 두 집단이나 더 들었구나,
여기 말고도. 그런데 좋게 말씀해 주시는 분도 있고, 단점 같다

고 지적해 주시는 분도 있었어요. 좋게 생각하면 사려가 깊다, 많이 생각한다고 하시는 분도 있고, 나쁘게 표현하면 너무 재서 내가 손해 볼 것 같거나 아니면 자신이 없어서 내가 부족한 면이 드러나 보일까 봐 그게 두려워서 숨기고 싶어서 그러는 것 같다. 그런 애기도 듣고, 그런데 그게 지금 선생님 말씀대로 모두 여기 와서 만난 사람들이니까 그 시점 이후의 내 모습만 봤는데 그 시점 이후의 내 행동들이 아주 적극적으로 언급되지 않았고 일단은 이 집단 안에서. 그런 거….

리더: 그런 것도 있었겠지. 지도 선생님도 바뀌었고 상담도 충분히 못 받았었고 그러면서 약간 속상한 것도 있지 않았을까? 그치?

향수: 그런 것도 있고. 하여튼 이 기간 안에 개인적으로 큰 변화도, 결혼을 했다든지 그런 것도 있었고요. 만약에 돌아가면서 다시 한 마디씩 해 준다면 여기 있는 사람들한테는 '아 성실한 것 같아요.'라는 말은 적어도 한마디씩은 전부 할 텐데, 나를 뺀 이 다섯 사람이 나한테는 성실해 보인다는 말은 아무도 안 할 거라는 생각을 해요. (웃음) 하여튼 최근에 받는 피드백들이 내가 살아 오면서 학창시절 지나면서 받아왔던 피드백들하고는 굉장히 달라요.

리더: 응. 그런데 중요한 것은, '조하리(Johari)의 창', 거기서도, '내가 아는 나, 내가 모르는 나, 남이 아는 나, 남이 모르는 나'가 있잖아요. 거기에서 바람직하다면 남도 알고 나도 알고 있는 영역이 넓어지는 것이다, 뭐 이런 얘기가 있는데, 다른 사람들의 피드백도 귀 기울여 잘 들어야 하는데 다른 사람의 피드백이 내가 못 보는 부분을 본다 이런 건 귀를 열고 잘 듣고, 나를 왜곡되게 지각하는 부분이 있어요. 나를 잘 모르니까. 그런 것에는 좌지우지되면 안 될 것 같아. 자기의 줏대를 가지고 밀고 나가야지, 어떤 점에서 자기가 자기 자신을 제일 잘 알지, 다른 사람은 날 굉장히 부분만 보는 건데.

고무줄: 내가 보기엔 그것이 매력 같은데…. 아무리 좋은 점이라도 나쁜 점이 있는 것처럼 뒤집어 말하면 그럴 수도 있지만 남자한테도 그렇고, 줬다 뺏었다 하는 지혜라고 그럴까 그런 게 오히려 매력일 것 같아요.

실개천: 더 많은 시간을 같이 있다 보면 또 다른 반응을 해 줄 것 같은데, 속도감에서 차이가 나는 거겠죠.

향수: 거기에는 내가 많이 헌신하지 않았다. 여기서 만난 사람들과….

리더: 좀 이질감을 스스로 느꼈겠지 뭐.

향수: 그런 것도 있는 것 같아요. 내가 스스로 느껴서 지레 그러는 거, 실제로도 그런 거….

고무줄: 향수랑 저랑 상황이 많이 비슷했던 것 같아요. 이 기관에 왔는데 아는 사람도 거의 없었고, 학교 사람으로는 아무도 없었고, 전공도 약간 비슷하고 나이도 같고, 중간에 결혼하면서 공백도 있고요…. 비슷한 데가 있어서 조금 더 가깝게 느껴지는 것 같아요. 어느 날 집에 같이 가면서 갑자기 많이 친해졌다는 느낌이 들면서 그때 그런 마음이 더 와닿았던 것 같아요.

리더: 그런데, 다 그렇지 뭐.

향수: 그리고 진달래 님은 자기 스스로가 몰두하려고 굉장히 노력을 하고 헌신을 많이 했잖아요. 시간을 많이 투자하고 일도 많이 하고. 저는 필요한 날만 나오고 일정이 없으면 절대로 못 나오고 그랬으니까, 제가 덜 투자했으니까 그렇게 많이 받아 가지 못하는 거라고 스스로 그렇게 생각해요. 아쉬운 건 저 같은 경우 특별한 일이 없으면 시간 못 채우게 되면 연기시켜 채울 수 있는 기회를 주시면 더 나올 계획이니까 상관없지만, 다들 마무리지어 가는 상황이니까 나를 충분히 알리지 못하고 서로 충분한 교감이 안 된다는 게, 여기서 다 만났던 사람들인데, 앞으로 어디서 다시 만나게 될 수도 있지만, 시간이 다 되어간다 이런 느낌이 아쉽다 이런 거죠. 이런 집단을 제가 전반기에는 거의 못했

고, 하반기에 많이 했거든요. 집단하면서 더 가까워지는 사람들이 있잖아요. 더 개인적으로 알게 되고 그런 것이 뒷부분에 와서 조금씩 생기니까 그런 것이 좀 아쉬워요.

중략

리더: 그래요? 할아버지 돌아가신 일이 그래요? 연세가 어느 정도셨는데…?

향수: 여든 다섯이셔서 호상이라고 다들 그러셨는데 집안에서 저의 위치랄 것까진 없지만 하여간 저의 아버지가 장남이셔서 태어나서부터 지금까지 모시고 살았거든요. 할머니, 할아버지를 구심점으로 단합이 굉장히 잘돼요, 저희 가족이. 그러니까 약간 갑자기 그 구심점이 없어진 듯한 느낌. 보통 사람들이 그냥 할아버지 돌아가셨어, 거기다 여든 다섯이나 되셔서, 그런 거랑은 좀 달랐어요. 거기다 마지막엔 또 암이셨고.

리더: 그래, 나도 그 얘기 몇 번 들었는데, 그 느낌이 잘 전달이 안 되더라고. 할아버지 돌아가신 건 돌아가신 거지. 할아버진데….

향수: 게다가 결혼식 2주 전에 돌아가셨거든요. 그래서 이 결혼을 미뤄야 되는 건가 그랬어요.

리더: 진짜? 그랬었구나…. 얘기하세요, 계속.

망고: 그 융통성하고 우선순위를 잘 정해서 정말 너무 자연스럽게 만약에 제 입장이었으면 일도 중요한 부분이니까 정서적인 부분을 차단하고 일을 더 열심히 하려고 했을 텐데 그러지 않았다는 게 인간관계라든지 어떤 남편과의 관계나 남편이 있기 때문에 새롭게 걸쳐지는 수많은 인간관계를 새롭게 접하면서 그런 것에 심리적인 에너지를 굉장히 많이 쓰고…. 그건 머리로는 할 수 없는 부분인 것 같아요. 마음에서 오는 것이기 때문에 그런 부분이 어떻게 보면 삶에서 참 중요한 부분인 것 같은데, 그런 부분에 더

많이 시간과 노력 같은 것을 쏟아서 여기선 충분히 몰두하지 못했을 수 있겠다는 것을 전 이해를 하고 있어서 나름대로 인간적으로 잘 살아가고 있다 이렇게 느꼈어요. 만날수록 참 정이 많은 사람이다. 정이 많은 것이 좋다는 이론이 있어서 그런 것이 아니라, 자기가 살아온 삶 자체가 사람들하고 정서적으로 상호작용이 많았던 그런 사람의 모습이 아닐까, 참 부럽다 그런 것을 많이 느꼈거든요. 더 많지만 여기까지….

리더: 와…. 그다음. 마지막 있죠. 거기까지만 하고 이제 마치도록 하죠.

진달래: 저 아직 안했는데…. 저는 향수 님이 옷도 참 예쁘게 입으시고 자기관리가 항상 젊고 발랄하고 신선함을 유지하시는 것 같아요. 매일 봐도 한결같은 게 아니라 항상 무엇인가 새로운 모습. 그 기운이 아침에 일어나서 무엇인가 다짐을 하고 나오시는 것이 아닌가 그런 기운이 느껴져요. 그것이 매력이다, 그렇게 생각해요.

실개천: 남편이 그 점에 반했나 봐요.

진달래: 유학 가서 이런 여자 분하고 다시 연애하면 참 행복하실 것 같아요. (웃음)

향수: 와, 좋다. (웃음)

리더: 자존감이 막 팍팍 올라가는 거야. 자, 다음.

망고[25]: 와! 저도 또 '네잎 클로버'가 나왔어요. 선생님, 저는 이거 안 할래요.

리더: 왜?

망고: 너무 많이 들어서…. (웃음) 모였다 하면 들어서…. 사람들마다 그 사람이 항상 집중적으로 보는 그런 게 있어서 이 사람은 항상 그 얘길 해 주고….

---

25) 이후에 망고 님에 대한 집단구성원들의 칭찬.

실개천: 아, 그럼 안 돼요. 우리 그럼 맞춰 주기 하자.

  망고: 많이 만났던 사람들이어서…. (웃음)

실개천: 나는 어떤 얘기하고 싶은데요.

  리더: 그럼 이 사람 얘기만 들어봅시다. 어떻게 생각하는지. 레퍼토리
      를 달리 해서.

  망고: 보통 무슨 레퍼토리 나왔어요?

실개천: 여성적이다. 귀엽다. 성실하다. 예쁘다. 감정이 풍부하다. 솔직
      하다.

  망고: 제가 왜 그러냐 하면 제가 되고 싶은 그 모습에 대한 피드백이에
      요. 그래서 그래요.

  리더: 그럼 그 모습이….

  망고: 노력해서 얻어낸 것, 그것이 아니라, 내 본래의 모습을 봐 줬으
      면 하는데 그것이 아닐 거예요.

고무줄: 그것이 본래의 모습인데….

  망고: 아니 내가 노력해서 된 모습이라니까. 난 어떤 사람이 되고 싶다
      고 적어놓고 그렇게 되기 위해 노력한다니까.

  리더: 아, 그건 그렇게 됐잖아. 노력해서 만든 모습에 대한 피드백이잖
      아.

실개천: 성취잖아.

  리더: 그것이 다시 옛날로 돌아갈 건 아니잖아요. 가식도 아니고….

실개천: 그건 모르죠, 선생님. 예전의 모습은 우리가 모르지, 현재의 모
      습만 보니까.

  리더: 본인이 한번 얘기해 봐. (웃음) 자아비판을 해 봐요.

실개천: 예전의 모습이 어땠는지?

  망고: 글쎄요. 저는 칭찬을 받는다든지 인정을 받는다든지 하는 욕구
      가 제 안에 굉장히 많았다는 것을 아니까 늘 칭찬해 줘요, 나 자
      신을. 다른 사람이 칭찬해 주면 제가 칭찬했던 수많은 것 중의 하
      나다. 그래서 기쁘거나 막 쑥스럽거나 그렇지 않아요. 담담해요.

실개천: 아, 자기칭찬을 하는구나!

고무줄: 어떤 목표를 세워 놨었어요?

망고: 엄청 많죠.

리더: 다른 사람에게서 칭찬받아야 된다, 이런 거예요?

망고: 그런 건 아니에요. 칭찬받아야 된다. 그건 그 사람이 하는 거니까.

리더: 그럼 얘기 좀 해봐, 어떤 건지.

망고: 제가 힌트를 얻은 건 '성공하는 사람들의 7가지 습관' 그것을 보고…. 자기선언선가…. 그런 것이 있는데….

리더: 여기서 말하는 자기언어도 있잖아요.

망고: 나는 모든 사람을 먼저 이해하고 항상 이해하는 사람이다.

리더: '항상'이라는 단어가 붙으면 비합리적일 가능성이 높아요.

망고: 비합리적인데 하려고 노력하니까 그것 때문에 어려움이 있어도 그렇게 되려고 노력하는 게 있다는 거죠.

실개천: 그런데 참 신기해요. 우리는 읽으면 그냥 그런가 보다 하고 그때만 생각하고 지나가버릴 텐데, 자기선언문을 만들어서 그것을 계속 암송하면서 그렇게 되려고 노력했다는 것, 그 자체가 정말 대단하네요.

리더: 망고 님은 자기 개발을 끊임없이 하는 사람이야, 보면.

향수: 맞아. 저도 그거 얘기해 주고 싶었어요. 발전하려는 욕구가 끊임없이 계속 솟아나오고 노력하고. 그리고 또 무엇을 느끼냐 하면 품성·성품이나 외모가 귀엽고, 마음 씀씀이가 따뜻하고, 여성스럽고 여자로서 여성상에 대해서 뚜렷한 자기 생각이 있고…. 다 그런 건 일반적인 견해고, 전 특별히 일적인 면, 일의 어떤 능력적인 면에서 항상 부럽다고 생각을 하고 최근에 한번 제가 느낀 적이 있는데, 전에 그랬던 모습인지 자기가 노력해서 만든 모습인지 또 계속 공부하는 사람이니까 점점 발전하고 있겠지만. 제가 망고보다 학년으로도 후배고, 일적으로도 한참 후

배이기 때문에 더 당연히 느끼는 감정인지도 모르겠는데, 이렇게 보면 상담을 하는   리더로서 일적인 능력 면에서 자기가 배운 이론하고 실제로 일하는 걸 연결시켜서 통합하는 것 그런 능력이 참 뛰어난 것 같고요. 예를 들어서 어떤 이론서를 읽었을 때, 그런 것을 연결을 잘 시키는 것 같아요.

실개천: 실천력이 뛰어난 건가?

향수: 배운 것을 실제에 통합할 수 있는 능력이 있어요. 자기 주관이 있어서 공부하고, 끊임없이 책을 읽고, 수련하고 수양해서 얻은 체득한 그런 것을 잘 통합해서 자기 것으로 잘 만들어 가고 있는 것 같아서 참 부러웠어요.

실개천: 내면의 기준이 있어서 준비를 많이 해요. 그것을 언제 느꼈냐 하면 좋은 기관에 원서를 넣을 수 있는 기회들이 여러 번 있었는데 안 넣더라고요. 왜 그랬는지. 자기는 아직 준비가 안 되었고, 더 많이 배워야 할 사람이지 바로 상담할 건 아니다. 더 준비해야 된다 그러면서 원서를 안 내는 것을 보고 참 다르다. 난 일단 해놓고 나중에 준비해 가는 스타일인데. 나름대로 기준이 있나 보다. 저는 어느 정도의 기준인지 잘 모르겠는데. 그 기준에 어느 정도 도달할 때까지 결코 외적인 일을, 벌이지 않는다는 느낌을 받았어요.(내면의 일을 벌이겠지만) 이런 피드백 받아 보셨어요?

리더: 굉장히 신중하신 편이라니까.

고무줄: 그 일면에는 자기가 관리할 수 있는 만큼만 벌이고 그 양만큼 야무지게 일하고 그런 것 같아요. 사람 면에서는 남을 정말 인정해 주려는 것 그런 마음이 많은 것 같아요.

리더: 그러면 자 이제는 자기긍정, 자기칭찬을 해 보세요.

향수: 어, 진달래 님 한 분 마저 하고요.

리더: 아, 미안해요.

진달래: 여성스러우신 것 같아요. 참 여자답고,

실개천: 그건 늘 듣는 말이고요.

고무줄: 난 그거 잘 못 느꼈는데?

실개천: 딱 봤을 때 부잣집 맏며느리 같잖아요.

진달래: 굉장히 뚜렷하다, 그러나.

고무줄: 오히려 진달래 님이 더 그러잖아요.

리더: 여성스러운 사람이 여성스러운 사람을 보는 거지요.

망고: 제가 똑같은 말만 듣는다는 것에 자극을 받아서 다른 말 많이 들었어요. 구태의연한 게 아니라…. 정말 감사합니다.

〈다 같이 웃음〉

리더: 본인이 자신에 대해서 한번 말해 보죠.

망고: 제가 제 스스로 느끼는 건…. 끈질긴 것 같아요. 제가 그것을 스스로 원하기도 하고, 타고난 것 같아요.

리더: 집념이 있죠.

망고: 그래서 3년 동안 이렇게 어찌 보면 직장도 없이 떠돌이로 있으면서….

리더: 그렇게 됐구나.

망고: 예, 모든 사람이 불편하게 느끼는 사람으로서…. (웃음) 결혼도 안 하고 직장도 안 갖고, 그런 형편을 스스로 만들어 가면서도…. 어떻게 그럴 수 있었을까. 정말 신기해요.

리더: 낮은 인내심이 문제잖아요. 비합리적인 생각 중에 하나잖아. 그런데 망고 님은 좌절에 대한 인내성이 높은 거지. 굉장히 좋은 특성이지. 견딜 수 있는 힘이 있는 거지요.

실개천: 아무나 그렇게는 못했을 것 같아.

망고: 1년 동안 봉급도 하나도 못 받고 정말 노력을 많이 했는데, 저는 나름대로 그런 것이 있어요. '나는 많이 받았다. 나는 많이 줘도 된다.'고 하는 것이 늘 있거든요. 여긴 또 공공기관이니까 많은 사람이 서비스 받기를 원하는 것 같아요. 그러니까 그것이 전에

는 머리로만 판단하면, 적당히 하지, 공무원들의 서비스 정신을 굉장히 강요당하는 경우가 있는 것 같아요. 돈 조금밖에 안 주면서, 넌 공무원이니까 사람들이 원하는 것 다 해 줘. 뭐 이런 푸시 당하는 게 있는데, 거기에 대해서 거부 반응이 있었거든요, 한동안. 여기서 1년간은 내가 조금 소홀할 때도 물론 있었지만, '내가 하나도 안 받고 일한다는 것은 정말 좋은 기회다, 최선을 다 하자.' 그런 마음이 더 컸던 것 같아요. 제가 이렇게 집념을 갖게 된 것에 좋은 영향을 줬던 책이 있는데, 사마천의 '사기' 있잖아요. 역사책인데, 그 책이 사람별로 묶어서 그 사람이 어떻게 살았나를 써놓은 책이거든요. 그 책을 읽었는데, 읽으니까….

리더: 그런 책 보통 여자들 잘 안 읽는데…. 그치?

망고: 읽으니까, 사람의 인생이라는 것은 어떻게 변할지 모른다. 정말 타고난 재질이 있어서 아무도 안 알아줘서 정말 50대, 60대까지도 빛을 발휘하지 못하다가, 어느 순간에 누군가가 알아줘서 완전히 높은 자리로 올라가는 경우가 있더라고요. 나도 그럴 수 있겠다. 저도 제가 그 정도까지 올라가지 못할 상태라는 건 알지만, 하다 보면 언젠가는 저를 들어서 써 줄 것이다. 이 나라는 누군가 사람 볼 줄 아는 사람이 나를 알아볼 것이다. 보통 사람은 못 알아봐도, 날 알아봐서 써 줄 것이다. 그 써 주는 것 때문에 내가 돈을 많이 번다든지, 그래서 위대한 사람으로 추앙받는 것은 아닐 수도 있다. 하지만 그런 사람이 나를 알아봐 줄 수는 있을 것 같다는 용기를 많이 얻었어요.

향수: 그런 게 부러운 점이라 이거예요. 그냥 '사마천의 사기구나.' 하고 그냥 읽고 넘어갈 수도 있는데.

리더: 자기한테 필요한 것을 뽑아내서 자기한테 가져오고.

향수: 그 안에서 자기의 철학을 찾아내서 자기한테 통합시키는 것. 그런 능력이 참 뛰어난 것 같아요.

망고: 사람 일은 모른다. 저는 그런 생각을 해요. 지금 형편없이 보인

다고 그 사람이 영원히 형편없는 건 아니다.

리더: 그럼요. '소년을 깔보지 마라.' 이런 말이 있어요. 그리고 망고님뿐만 아니라 모두에게 해 주고 싶은 말이 뭐냐면, 미래는 준비하는 사람의 것이에요. 도산 안창호 선생님이 늘 그런 말씀을 하셨어요. '너희들은 왜 지도자가 없다고 한탄을 하느뇨? 왜 자신이 지도자가 될 준비를 하지 않느뇨?' 준비를 하는 사람은 언젠가는 그 대가를 받게 되어 있어. 준비하는 것이 지루하고 지겹긴 하지만, 세상은 '꿈꾸는 자들의 것'이거든요···. 여러분이 인턴하면서 고생한 대가를 머지않은 장래에 분명히 받게 될 거예요. 자, 그럼, 오늘 말을 많이 한 것 같다. 어땠어요? 오늘 게임을 통해서 상담을 진행한 것 좋았어요?

실개천: 예, 좋은데요.

리더: 맨날 그렇게 하는 것보다 좀 다양성이 있으니까 낫죠?

모두: 네.

나우리 철학

나는 주위로부터 그리고 나로부터
안정된 곳에서 쉴 수 있도록 여기에 왔습니다.
나는 나를 사랑하고
다른 사람들을 사랑할 수 있어야 합니다.
나는 다른 사람들 앞에서
나를 똑바로 볼 수 있어야 합니다.
나는 내 비밀을 털어놓을 때
더 편안해질 수 있습니다.
내 비밀을 털어놓는 것이 두려워
마음을 열지 않는다면
나는 결국 혼자가 될 것입니다.
내가 여기에서 내 마음을 열 수 없다면
다른 곳 어디에서도 할 수 없습니다.

비슷한 처지에 있는 우리가
이곳에서 함께 나눌 때
나는 있는 그대로 참된 내 모습을
똑바로 볼 수 있습니다.
나는 이곳에서
뿌리를 내리고 성장할 수 있습니다.
그러기에 이제 나는 더 이상 혼자가 아니며
내 자신과 다른 사람들에게
더 좋은 사람이 될 것입니다.

출처: 동부아동시립상담센터.

REBT 집단상담의 규칙

1. 집단원으로서 함께 참여한 다른 집단원과 집단 리더를 인격적으로 존중하겠습니다.
2. 집단상담 중에 나온 내용에 대해서는 반드시 비밀을 보장하겠습니다.
3. 집단상담은 언어를 매개로 이루어지는 활동이므로 폭력적 언어를 쓰지 않겠습니다.
4. 집단상담을 통해 본인뿐 아니라 함께 참여하고 있는 집단원의 문제해결과 성장을 위해 노력하겠습니다.
5. 본 집단상담 시간에 나온 내용에 대해서 집단상담이 끝나는 날로 이에 관한 더 이상의 언급은 하지 않겠습니다.
6. 집단원은 집단상담 중에 집단상담이 자신에게 별 도움이 안 된다고 판단이 들면 집단의 리더에게 양해를 구하고 집단을 떠날 수 있습니다.
7. 리더는 집단상담 진행 중에 본인과 다른 집단원의 성장에 도움이 안되는 발언과 행동이 이어진다면 집단원에게 집단을 떠나도록 요청할수 있습니다.

위의 모든 사항에 동의할 때에 집단상담에 참여할 수 있습니다.

집단원 성명: _____ 별칭: _____

일시: _____ 년 _____ 월 _____ 일

REBT 집단상담의 목표

- 현재 호소하고 있는 증상의 원인을 파악하고 극복한다.
- 다른 구성원들의 어려움을 이해하고 치료적 도움을 준다.
- 자신과 타인을 포함한 인간에 대한 무조건적 수용(unconditional acceptance) 방법을 배운다.
- 인간은 누구나 실수할 수 있고 잘못을 저지를 수 있다는 것을 깨닫는다.
- 자신의 정서적 문제에 대한 책임이 본인에게 있음을 깨닫는다.
- 집단원들이 지니고 있는 자기평가적 사고, 징크스적 사고, 마술적 사고 등 자기파괴적 사고를 포기하도록 돕는다.
- 집단원들이 지닌 비합리적 생각의 제거를 통해 행동적 변화를 돕고 궁극적으로 삶에 대한 심오한 철학적 변화를 성취하도록 한다.

본 집단상담 시간 동안에 위의 목표를 성취하도록 노력하겠습니다.

집단원 별칭 _____

서명 _____

날짜 _____

참고문헌

김명권, 김창대, 박애선, 전종국, 천성문 공역(2001). 집단상담: 과정과 실제.
　　서울: 시그마프레스.

박경애(1997). 인지 정서 행동치료. 서울: 학지사.

박경애(2020). 심리치료와 상담. 서울: 공동체.

이장호(2005). 상담심리학. 서울: 박영사.

이형득 외(2002). 집단상담. 서울: 중앙적성출판사.

홍경자, 김태호, 남상일, 오익수(1996). 청소년 집단상담. 서울: 청소년대화의
　　광장.

Ellis, A. (1962). *Reason and Emotion in Psychology.* Secaucus, NJ:
　　Citadel Press.

저자 소개

✎ **박경애(Park, Kyung-Ae)**

미국 트루먼 주립대학교(Truman State University) 영문학 학사
미국 미주리 대학교(University of Missouri-Columbia) 교육 및 상담심리학 석
    사·박사(1990)
광운대학교 교육대학원 원장(2011. 2.~2016. 1.)
King's College London, Institute of Psychology, Psychiatry, Neuroscience 교
    환교수(2016. 3.~2017. 1.)
University of Massachusetts-Boston 교환교수
광운대학교 학생상담실장
한국청소년상담원 설립 멤버 및 상담교수
미주리 주정부 심리학자
미주리 밸리 칼리지 강사
미국 Albert Ellis Institute for REBT 선정 Ellis Scholar(1995)
현) 광운대학교 교육대학원 상담심리 주임교수

〈상훈〉
국무총리상 수상
세종나눔봉사대상 UN봉사대상 수상

〈학회 및 연구회〉
한국상담학회 법인이사(2013. 1.~2016. 12.)
한국학교상담학회장(2010. 9.~2013. 2.)
한국상담심리학회 산하 인지행동치료연구회장
한국REBT인지행동치료학회장(2019. 3.~)

〈자격증〉
한국상담심리학회 상담심리사 1급
한국상담심리학회 부부/가족상담 전문가
한국상담학회 슈퍼바이저급 전문상담사
한국인지행동치료학회 인지행동치료 전문가
한국가톨릭심리학회 상담심리사 1급

미국 미주리주정부 학교심리학자 자격증
미국 Albert Ellis Institute of Rational Emotive Behavior Therapy 전문가 및 전
　　문가 지도감독 자격증(Supervisory Certificate)(1997)

〈주요 저서〉
－REBT 관련－
『인지정서행동치료(REBT) 단회기 상담사례』(2018)
『인지정서행동치료(REBT)의 기독교적 적용』(2012)
『인지정서행동치료(REBT)』(1997)
『아동 및 청소년을 위한 인지행동치료』(2013)
『아동 및 청소년을 위한 인지행동치료 상담사례』(2013)
『인지행동치료의 실제』(1999)

－그 외－
『심리치료와 상담』(2020)
『지혜로운 부모가 행복한 아이를 만든다』(2015)
『좋은 부모 밑에서 좋은 자녀가 자란다』(2009)
『그래도 자식은 희망입니다』(2006)
『지혜로운 부모가 행복한 아이를 만든다』(2001)

〈주요 역서〉
『REBT를 활용한 정서교육 프로그램 1: 초등학생용』(2018)
『REBT를 활용한 정서교육 프로그램 2: 중·고등학생용』(2018)
『인지치료기법』(2019)
『결혼의 신화』(2012)
『결혼은 애정 어린 사업』(2010)
『우울과 불안장애의 치료계획과 개입방법』(2008)
『화로 키운 아이 화가 될 수 있다』(2006)
『왜 나는 계속 남과 비교하는 걸까』(2015)
『우울증 스스로 극복하기』(2005)

한국REBT인지행동치료 상담센터(www.rebt.kr)
한국REBT인지행동치료학회(www.rebt.kr)

인지정서행동치료(REBT)와 집단상담
- REBT 집단상담의 실제를 중심으로 -
REBT and Group Counseling

2020년 2월 20일 1판 1쇄 인쇄
2020년 2월 28일 1판 1쇄 발행

지은이 • 박경애
펴낸이 • 김진환
펴낸곳 • (주) **학지사**
　　　　04031 서울특별시 마포구 양화로 15길 20 마인드월드빌딩
대표전화 • 02)330-5114　　　　팩스 02)324-2345
등록번호 • 제313-2006-000265호

홈페이지 • http://www.hakjisa.co.kr
페이스북 • https://www.facebook.com/hakjisa

ISBN 978-89-997-2091-8 93180

정가 15,000원

출판 · 교육 · 미디어기업 **학지사**

간호보건의학출판 **학지사메디컬** www.hakjisamd.co.kr
심리검사연구소 **인싸이트** www.inpsyt.co.kr
학술논문서비스 **뉴논문** www.newnonmun.com
원격교육연수원 **카운피아** www.counpia.com